应用型高校
人力资源管理与实践创新研究

雷文静　著

吉林科学技术出版社

图书在版编目（CIP）数据

应用型高校人力资源管理与实践创新研究 / 雷文静
著 . -- 长春：吉林科学技术出版社，2023.6
ISBN 978-7-5744-0696-4

Ⅰ . ①应… Ⅱ . ①雷… Ⅲ . ①高等学校－人力资源管
理－研究 Ⅳ . ① G647.23

中国国家版本馆 CIP 数据核字（2023）第 136712 号

应用型高校人力资源管理与实践创新研究

著　　　雷文静
出 版 人　宛　霞
责任编辑　孔彩虹
封面设计　树人教育
制　　版　树人教育
幅面尺寸　185mm×260mm
开　　本　16
字　　数　290 千字
印　　张　13.25
印　　数　1–1500 册
版　　次　2023年6月第1版
印　　次　2024年2月第1次印刷

出　　版　吉林科学技术出版社
发　　行　吉林科学技术出版社
地　　址　长春市福祉大路5788号
邮　　编　130118
发行部电话/传真　0431-81629529 81629530 81629531
　　　　　　　　　　81629532 81629533 81629534
储运部电话　0431-86059116
编辑部电话　0431-81629518
印　　刷　三河市嵩川印刷有限公司

书　　号　ISBN 978-7-5744-0696-4
定　　价　80.00元

前　言

　　我国高等教育的快速发展，有力地推动了社会经济的发展。社会经济发展的关键资源是人才，因此人力资源在社会经济发展中具有十分重要的作用。高校是我国高层次人才培养的主要阵地、技术创新的战略高地，高校教师作为培养高素质人才的载体，其作用十分重要。我们必须从全局的战略高度来认识加强高校高层次师资人才队伍建设的重要性和紧迫性，采取措施，大胆引进人才，精心培养人才，真正用好人才，把加强高校高层次师资人才队伍建设作为国家发展的要事来抓。加强高校人力资源管理理论研究，是对不适应时代要求的旧制度进行全面、整体、本质、深刻的变革，建立高校人力资源的良性发展机制，以期促进高校与社会经济协调发展。

　　而高校作为培养社会人才的地方，其自身的人力资源管理显得尤为重要。高校只有具备科学的人力资源管理方式，才能为人才培养创造良好的人力资源基础。科学技术的较快发展，高校的人力资源管理工作要不断地进行创新，才能满足时代的进步和高校快速发展的要求。高校人力资源管理的科学发展包含了多个内容，其管理方式应蕴含着科学管理原理和人本思想；把握本校人力资源发展的动态性；不断优化人力资源结构，消除各种阻碍人力资源科学发展的不利因素。在科学发展和创新发展中，使人力资源管理成为高校发展的有力保障。

　　本书主要研究应用型高校人力资源管理方面的问题，涉及丰富的人力资源知识。主要内容包括人力资源管理概述、应用型高校人力资源管理概述、应用型高校中人力资源成本管理、应用型高校人力资源招聘管理、应用型高校人力资源绩效管理、应用型高校人力资源薪酬福利与社会保障、应用型高校教师多维绩效考核创新、应用型高校教师二元激励机制创新研究等。本书是作者长期从事人力资源教学和实践的结晶。本书在内容选取上既兼顾到知识的系统性，又考虑到可接受性，同时强调人力资源管理技能的应用性。本书旨在向读者介绍高校人力资源管理的基本概念、原理和应用，使读者能系统地理解人力资源基础知识，熟练地掌握人力资源基本应用技能。本书涉及面广，实用性强，使读者能理论结合实践，获得知识的同时掌握技能，理论与实践并重，并强调理论与实践相结合。本书兼具理论与实际应用价值，可供相关教育工作者参考和借鉴。

　　由于笔者水平有限，本书难免存在不妥甚至谬误之处，敬请广大学界同仁与读者朋友批评指正。

目　录

第一章　人力资源管理概述

第一节　人力资源管理的基本概念

一、人力资源的概念与特征

资源泛指社会财富的源泉，是能给人带来新的使用价值和价值的客观存在物，在管理中，"人、财、物"中的"人"即人力资源。现代管理科学普遍认为，经营好企业需要四大资源：人力资源、经济资源、物质资源、信息资源。而在这四大资源中，人力资源是最重要的资源。它是生产活动中最活跃的因素，被经济学家称为第一资源。

（一）人力资源的概念

人力资源的观点起源于 20 世纪 60 年代。人力资源是与自然资源或物质资源相对的概念，是指一定范围内人口总体所具有的劳动能力的总和，是指一定范围内具有为社会创造物质和精神财富、从事体力劳动和智力劳动的人们的总称。

对这一概念进行进一步解释：

①人力资源是以人为载体的资源，是指具有智力劳动能力或体力劳动能力的人们的总和。

②人力资源是指一个国家或地区有劳动能力的人口总和。

③人力资源与其他资源一样也具有物质性、可用性、有限性、归属性。

④人力资源既包括拥有成员数量的多少，也包括拥有成员的质量高低。它是存在于人体中以体能、知识、技能、能力、个性行为等特征为具体表现的经济资源。

（二）人力资源的特征

1. 开发对象的能动性

人力资源在经济活动中是居于主导地位的能动性资源，这与自然资源在开发过程中的被动地位截然相反。劳动者总是有目的、有计划地运用自己的劳动能力，能主动调节与外部的关系，具有目的性、主观能动性和社会意识性。劳动者按照在劳动过程开始之前已确定的目的，积极、主动、创造性地进行活动。能动性也是人力资源创造性的体现。

2. 生产过程的时代性

人是构成人类社会活动的基本前提。不同的时代对人才需求的特点不同，在其形成的过程中会受到外界环境的影响，从而造就不同时代特点的人力资源。例如，战争时代需要大量的军事人才，而和平年代需要各种类型的经济建设和社会发展方面的人才。

3. 使用过程的时效性

人力资源的形成、开发、使用都具有时间方面的制约性。作为人力资源，人能够从事劳动的自然时间又被限定在其生命周期的中间一段，不同的年龄阶段，劳动能力各不相同。无论哪类人，都有其最佳年龄阶段和才能发挥的最佳期。所以，开发和利用人力资源要讲究及时性，以免造成浪费。

4. 开发过程的持续性

物质资源一次开发形成最终产品后，一般不需要持续开发。人力资源则不同，需要多次开发，多次使用。知识经济时代，科技发展日新月异，知识更新速度非常快，人力资源一次获取的知识能量不能够维持整个使用过程，需要不断地积累经验，通过不断学习，更新自己的知识，提高技能，增强自我能力。这就要求人力资源的开发与管理要注重终身教育，加强后期培训与开发，不断提高其知识水平。因此，人力资源开发必须持续进行。

5. 闲置过程的消耗性

人力资源具有两重性，它既是价值的创造者，又是资源的消耗者。人力资源需要维持生命必不可少的消耗，同时具有使用过程的时效性。资源闲置，无论是对组织还是对个体都是一种浪费。

6. 组织过程的社会性

人力资源活动是在特定社会组织中的群体活动。在现代社会中，在高度社会化大生产的条件下，个体要通过一定的群体来发挥作用，合理的群体组织结构有助于个体的成长及高效地发挥作用，不合理的群体组织结构则会对个体构成压力。人力资源的形成、使用与开发受到社会因素的影响，包括历史、文化、教育等多方面。这就给人力资源管理提出了要求：既要注重人与人、人与团体、人与社会的关系协调，又要注重组织中团队建设的重要性。

二、人力资源管理的概念与特点

（一）人力资源管理的概念

人力资源管理是对人力资源的获取、使用、保持、开发、评价与激励等方面进行的全过程管理活动，通过协调人与事的关系，处理人与人的矛盾，充分发挥人的潜能，使人尽其才、物尽其用、人事相宜，从而达到人力资源价值的充分发挥，以实现组织的目标和个人的需要。对于概念的进一步理解：

①人力资源管理包括对人力资源进行量的管理和质的管理两方面。一方面，通过获取与整合，满足组织对人员数量的要求；另一方面，通过对人的思想、心理和行为进行有效管理，充分发挥人的主观能动性，以达到组织目标。

②人力资源管理要做到人事相宜。即根据人力和物力及其变化，对人力资源进行招聘、培训、组织和协调，使两者经常保持最佳比例和有机结合，使人和物都发挥出最佳效益。

③人力资源管理的基本职能包括获取、整合、激励、调控和开发，通过这一过程完成求才、用才、育才、激才、护才、留才的整个管理过程，这也是人力资源管理的六大基本任务。

（二）人力资源管理的特点

人力资源管理是一门科学，它具有以下特点：

1. **人力资源管理是一门综合性的科学**

人力资源管理的主要目的是指导管理实践活动。而当代的人力资源管理活动影响因素较多，内容复杂，仅掌握一门知识是不够的。它综合了经济学、社会学、人类学、心理学、统计学、管理学等多个学科，涉及经济、政治、文化、组织、心理、生理、民族、地缘等多种因素。只有综合性的人力资源管理措施才能实现一个企业或组织健康、持久的发展。

2. **人力资源管理是一门实践性很强的科学**

人力资源管理是通过对众多的管理实践活动进行深入的分析、探讨、总结，并在此基础之上形成理论的科学，而产生的理论直接为管理实践活动提供指导，并且接受实践的检验。

3. **人力资源管理是具有社会性的科学**

人力资源管理是一门具有社会性的科学，其内容和特点受社会文化、历史、制度、民族等社会因素的影响。所以，对人力资源进行管理，必须考虑到人力资源所处的社会环境。不同社会环境中的人力资源管理活动有着不同的规律，形成的管理理论也有其自身的特殊性。

4. 人力资源管理是具有发展性的科学

人力资源管理处于不断发展完善的过程当中，有些内容还要进行修改，还需要一个不断深入的认识过程，使之能够更有效地指导实践。人力资源管理的发展到目前为止经历了手工业制造、科学管理理论、人际关系运动、行为科学和学习型组织这五个阶段。

三、人力资源管理的基本职能

人力资源管理的基本职能有以下几个方面：

（一）获取

人力资源管理根据组织目标确定所需的人员条件，通过规划、招聘、考试、测评、选拔，获取组织所需的人力资源。获取是人力资源管理工作的第一步，是后面四种职能得以实现的基础。其主要包括人力资源规划、职务分析、员工招聘和录用。

（二）整合

整合是使被招收的员工了解企业的宗旨和价值观，使之内化为他们自己的价值观。通过企业文化、信息沟通、人际关系和谐、矛盾冲突的化解等有效整合，使企业内部的个体目标、行为、态度趋向企业的要求和理念，使之形成高度的合作和协调，发挥集体优势，提高企业的生产力和效益。

（三）激励

激励是指给予为组织做出贡献的员工奖酬的过程，是人力资源管理的核心。根据对员工工作绩效进行考评的结果，公平地向员工提供与他们各自的贡献相称的合理的工资、奖励和福利。设置这项基本职能的根本目的在于增强员工的满意感，提高其劳动积极性和劳动生产率，进而提高组织的绩效。

（四）调控

这是对员工实施合理、公平的动态管理的过程，是人力资源管理的控制与调整职能。它包括

①科学、合理的员工绩效考评与素质评估。

②以考绩与评估结果为依据，对员工采用动态管理，如晋升、调动、奖惩、离退、解雇等。

（五）开发

这是人力资源开发与管理的重要职能。人力资源开发是指对组织内员工素质与技能的培养与提高，是提高员工能力的重要手段。它包括组织和个人开发计划的制订、新员工的工作引导和业务培训、员工职业生涯的设计、继续教育、员工的有效使用及工作丰富化等。

四、人力资源管理的目标与意义

（一）人力资源管理的目标

人力资源管理目标是指企业人力资源管理需要完成的职责和需要达到的绩效。人力资源管理既要考虑组织目标的实现，又要考虑员工个人的发展，强调在实现组织目标的同时实现个人的全面发展。

1. 改善工作生活质量，满足员工需要

工作生活质量可以被描述为一系列的组织条件和员工工作后产生的安全感、满意度及自我成就感的综合，它描述了工作的客观态度和员工的主观需求。良好的工作生活质量能够使工作中的员工产生生理和心理健康的感觉，从而有效地提高工作效率。

2. 提高劳动生产率，获得理想的经济效益

劳动生产率、工作生活质量和企业经济效益三者之间存在着密切的联系。从人力资源管理的角度讲，提高劳动生产率是要让人们更加高效而不是更加辛苦地工作。人力资源管理能够有效地提高和改善员工的生活质量，为员工提供一个良好的工作环境，以此降低员工流动率。通过培训等方法，实现人力资源的精干和高效，提高潜在的劳动生产率，从而获得理想的经济效益。

3. 培养全面发展的人才，获取竞争优势

随着经济全球化和知识经济时代的到来，人力资源日益成为企业竞争优势的基础，大家都把培养高素质、全面发展的人才当作首要任务。通过对人力资源的教育与培训、文化塑造，可以有效地提高人力资源核心能力的价值，获取竞争优势。

（二）人力资源管理的意义

随着知识经济时代的到来，人在组织发展和提高竞争力方面的作用也越来越重要，因而人力资源管理的意义就凸显出来，具体表现如下：

1. 有利于促进生产经营的顺利进行

企业拥有三大资源，即人力资源、物质资源和财力资源，而物质资源和财力资源的利用是通过与人力资源的结合实现的，即人力资源是企业劳动生产力的重要组成部分。只有通过合理组织劳动力，不断协调劳动对象之间的关系，才能充分利用现有的生产资料和劳动力资源，使它们在生产经营过程中最大限度地发挥其作用，形成最优的配置，保证生产经营活动顺利地进行。

2. 有利于调动企业员工的积极性，提高劳动生产率

企业必须善于处理好物质奖励、行为激励及思想教育工作三方面的关系，使企业员工始终保持旺盛的工作热情，充分发挥自己的专长，努力学习技术和钻研业务，不断改进工作，从而达到提高劳动生产率的目的。

3. 有利于减少不必要的劳动耗费

经济效益是指经济活动中的成本与收益的比较。减少劳动耗费的过程，就是提高经济效益的过程。所以，合理组织劳动力，科学配置人力资源，可以促使企业以最小的劳动消耗取得最大的经济成果。

4. 有利于企业实现科学管理

科学而规范的企业管理制度是现代企业良性运转的重要保证，而人力资源的管理又是企业管理中最为关键的部分。如果一个企业缺乏优秀的管理者和优秀的员工，企业即使拥有再先进的设备和技术，也无法发挥效果。因此，通过有效的人力资源管理，加强对企业人力资源的开发和利用，做好员工的培训教育工作，是企业实现科学管理和现代管理的重要环节。

5. 有利于建立和加强企业文化建设

企业文化是企业发展的凝聚剂和催化剂，对员工具有导向、凝聚和激励作用。优秀的企业文化可以增进企业员工的团结和友爱，减少教育和培训经费，降低管理成本和运营风险，并最终使企业获得巨额利润。

五、现代人力资源管理与传统人事管理的区别

现代人力资源管理是由传统的人事管理发展进化而来的，但前者较后者的范围更广、内容更多、层次更高。其具体区别如下：

（一）产生的时代背景不同

人事管理起源于第一次世界大战期间，是随着社会工业化的出现与发展应运而生的。而人力资源管理是在社会工业化迅猛发展，科学技术高度发达，人文精神日益高涨，竞争与合作不断加强，特别是社会经济有了质的飞跃的历史条件下产生和发展起来的。

（二）对人的认识不同

传统人事管理将人视为等同于物质资源的成本，将人的劳动看作一种在组织生产过程中的消耗，把人当作一种工具，注重的是投入使用和控制。即人事管理主要关注如何降低人力成本，正确地选拔人，提高人员的使用效率和生产效率，避免人力成本的增加。

而人力资源管理把人视为组织的第一资源，将人看作"资本"。这种资本通过有效的管理和开发可以创造更高的价值，它能够为组织带来长期的利益。因此，现代人力资源管理更注重对人力的保护和开发。

（三）基本职能不同

传统人事管理基本上属于行政事务性的工作，其职能是具体的、技术性的事务管理职能，活动范围有限，短期导向，主要由人事部门职工执行，很少涉及企业高层战略决策。而人力资源管理的职能具有较强的系统性、战略性和时间的长远性。为实现组织的目标，建立一个人力资源规划、开发、利用与管理的系统，可以提高组织的竞争能力。因而，现代人力资源管理与传统人事管理的最根本区别在于，现代人力资源管理具有主动性、战略性、整体性和未来性，更适合当今全球经济一体化的组织管理模式与发展趋势。

宝洁公司——员工能力与责任感是构成企业知识资源的基本动力。

美国宝洁公司是一家传统企业，已有 60 年的历史。进入新经济时代，宝洁公司运用新经济和新科技思想，激发员工的责任感与创造力，突出企业"人本资源"基本动力的再造与重塑。从而大大加快了企业科技创新与品牌创新进程。据悉，宝洁公司平均每年申请创新产品与技术专利近万项，成为全世界日用消费品生产中产品开发创新最多的公司。宝洁公司进入中国市场后，组成庞大的消费市场调查队伍，调动员工的工作热情，深入全国各地的大中城市家庭进行广泛调研。10 多年来，已创出海飞丝、玉兰油、飘柔等具有中国特色名字的知名品牌 7 个，这些产品与品牌在中国洗涤产品市场一直居于领先地位，在中国消费者中的信誉度和知晓度极高。

美国著名经济学家戴夫·尤里奇的最新理论，把知识资本简化为数学公式：知识资本＝能力 × 热情（责任感）。这一理论认为，能力强热情低的企业拥有天赋，但没有完成其任务的工作人员；而热情高能力低的企业拥有缺乏教育但很快能完成任务的工作人员。能力值或热情值低，都会导致总的知识本值明显下降，这两种情况都是危险的。宝洁公司的做法正是将知识资源开发利用战略目标锁定在创新人才及其创新能力、创新"热情"等无形资产拥有上，以最大限度地获取知识创新及开拓和占有市场的主导能力。近年来，美国企业除了突出人才等"知识经营"外，都高度重视挖掘员工"热情"这一无形的知识资本,以加速技术创新与资本增值。例如,提出"全面顾客关系协调"的观点,将企业员工纳入内部"顾客关系协调"内容,纷纷营造"维系人心环境",充分尊重员工的自主创造性,激发创新热情;兴起"员工充电,老板出钱"浪潮,亮出"能力再造"新招,为企业技术创新不断注入活力。

当今经济已步入新经济时代,知识、智力、无形资产无所不在,知识成为经济诸要素中的决定要素,成为最重要的社会力量,决定社会和经济发展的前途和命运。面对新经济挑战,宝洁公司把掌握和运用知识的人才视为企业成功之本,重视员工能力与责任意识的培养,从过去的重视资本积累扩张转向重视人才和智能资本扩张管理,以拥有大量人才,拥有大量现代知识资本,创新管理理念,而成为市场竞争发展中的强者。

第二节　人力资源及其开发与管理

一、人力资源的概念

"人力资源"一词从20世纪70年代初作为一个管理术语出现至今,随着认识的深化,在概念上已有非常丰富的含义。从社会学角度来看,人力资源指的是一定时空范围内的人口总体所具有的劳动能力之总和。它偏重的是数量概念和以人的体能为主的、源自"劳动力"或"劳动力资源"的定义。再从动态的角度来看,人力资源的概念既包括现在的人力资源,即符合法定劳动年龄的、正在为社会创造物质和精神文化财富的人们;也包括潜在的人力资源,即尚未达到进入劳动岗位年龄的或因各种原因退出劳动岗位的人们。这里要说明的是,按社会约定俗成的理解,"丧失劳动能力"并不一定包括丧失思维能力或智力,而只是指丧失体能或从事最基本体力劳动的能力,而且一个人的体能可以丧失,也可以重新获得。因此,这一类人仍然是社会人力资源的一部分,即潜在的人力资源。同样,我们说某地区"人力资源丰富",通常是指劳动力资源丰富,其中也包括少量智力低下或是文盲但却有体力劳动能力的人。此外,人力资源之所以被认为是一种经济资源,是因为人具有运用生产资料直接进行生产和推动社会生产力发展的能力,而且现代生产所要求的生产要素整合就是以人为核心的。

现在,让我们转换视角和思路,立足于社会经济的基本细胞——企业组织的角度来认识人力资源的内涵。

人力资源是指存在于企业内部及外部的与企业相关的人员,也就是各级经理、雇员、各类合作伙伴和顾客等可提供潜在合作与服务及有利于企业预期经营活动的人力的总和。也可以说,人力资源是人类进行生产或提供服务的现在和潜在的活力、技能及知识的总称。人力既然可作为一种资源，其价值就存在于有效地利用之中。也就是我们应该全面、正确地认识它的特性，进行合理的配置、管理和开发，使其价值得到最大的发挥。

（一）人力资源的基本特性

按通常的概括，这种特殊的资源具有以下几方面的特征：

1. 人具有协调、综合、判断和想象的能力，而且人们出于利益和意愿，又有个体差异、群体差异、组织差异和文化差异。这是人力不同于其他一切资源的根本特性。由于有了这个基础特性，相应又有下面的特性。

2. 人力作为一种资源与物力资源和财力资源一样是可以加以利用的。但是物力资源和财力资源只能被人利用，而人力资源不能被其他资源所利用，只有人才能利用自己潜在的能力。这是人力资源与其他资源最大及最终的区别之所在。

3. 人，既是独立的，又是集群的。在工作的组织方面，个人与群体必须取得协调，为了实现某种目标，他们必须组成群体。一个群体，不管它是如何或为何形成，一旦形成之后，便必须以群体目标为其活动的中心。这就是群体人际关系。这一点恰好说明，工作的组织和管理必须使个人的能力（体力和智力的总和）、创造力和责任心成为整个群体的力量与绩效的源泉。而群体的凝聚力则是维系这种源泉的根本保证。

（二）人力资源的地位和作用

对所有组织来说，要实现组织目标，必须有人力资源、物力资源、财力资源和信息资源的投入。在这四种资源中，人力资源是最重要的资源，也是最关键的因素。原因是：

1. 对大多数的组织来说，人力资源的费用是该组织所提供的产品或服务中的主要成本。据统计，在化工和石油企业中，劳动力（人力）成本占总成本的25% ~ 30%。而在一些脑力劳动力集中的组织机构中，如在科研和咨询服务型企业中，劳动力的费用占总成本的75% ~ 85%。

2. 人力资源是影响一个组织工作成绩和效果的决定性的关键因素。人操纵机器，人设计新产品，人提供各种相关的服务，人还决定组织的目标和经营策略。任何一个组织，没有必备的人力资源，没有人力资源同其他资源的有效结合，要实现组织目标是根本不可能的。

3. 最重要的是人的创造力、潜能的发挥是无限的。它建立在包括管理、自身素质、目标激励、群体和组织影响等各种因素的交叉作用基础之上。人的这种潜能一旦转化成现实生产力，则成为企业最宝贵的财富。这是其他资源的价值所不可比拟的，这是我们对现代人力资源地位的认识前提。

二、人力资源管理

人力资源管理（Human Resource Management）就是现代人事劳动管理。它是在人力资源的取得、开发、保持和使用等方面所进行的计划、组织、激励和控制的活动。它是研究组织中人与人关系的调整、人与事的配合，以充分开发人力资源、挖掘人的潜力、调动人的积极性、提高工作效率，实现组织目标的理论、思路、方法和技术的管理工作。在这种工作性质和范围的层面上，我们也可把人力资源管理简称为人事管理。但是由于人力资源的固有特殊性，对人力资源管理的认识已不是传统的科学管理原理所能简单涵盖的。现代管理的演进，在很大程度上是围绕着对人力资源的重视、深入认识和积极利用与开发而展开的。现代人力资源管理"不仅涉及企业经营的战术问题，而且是个重要的战略问题"的理念已被越来越多的人所接受。

（一）人力资源管理的范围

大多数学者主张，现代企业人力资源管理的范围应包含以下几个方面：组织设计和组织发展与变革，工作分析与任职人员的条件，人力资源的计划配置与管理，人力资源与人力的招聘、考试、挑选、录用，工作绩效的考核与评价，工作职务的调动与提升，人员的教育、培训和开发，激励和奖惩制度，协调和处理劳资关系，工资薪金和福利，职业安全与卫生，退休抚恤和保险，人事资料的建立和运用，人事机构与人事人员的设置及工作态度的规定等。按比较通俗的提法把以上管理的范围概括为以下四方面：

1. 求才

求才也就是企业吸引和寻求优秀人力资源，通过招聘考试加以选拔，并为之安排最合适的职务和职位。

2. 用才

获得人才后，企业就应当合理地使用人才，要通过工作分析、职位分类、绩效考核、职位调动和提升，根据每个人的个性、性格、气质、能力的特点，扬长避短，恰当地分配工作，充分发挥人才的优点。

3. 育才

人才往往需要通过教育培训以进一步开发其潜力，企业通过提高人才的综合素质，结合组织目标发挥人才更大的作用。

4. 留才

通过求才、用才、育才之后，企业还要珍惜人才，想方设法留住人才，建立良好的工作环境，使之长期发挥作用。这与激励奖惩、人员流动、工资福利、职位的调任和提升、协调人际关系等均有密切的关系。

（二）人力资源管理的目标

以企业组织为主要领域的现代人力资源管理的工作目标，主要有以下四个方面：

1. 经济目标

通过人与事的恰当配合，使人尽其才、事得其人，以最少最优的人力投入，获得最大的工作成绩与效益的产出，从而使企业的生产力得到发展，利润得到提高。

2. 社会目标

要建立和谐的人际关系，使雇主与雇员之间关系合理、得失与共，能够和谐相处、共同努力；也要使企业与社会和国家之间的关系在协调一致的基础上，为社会不断做出积极的贡献；同时，企业人才即为社会人才，企业人力资源素质的提高，也是社会人力资源素质提高的基础。

3. 个人目标

要得到合理的待遇和个人的自身发展，这是每个人的愿望。企业通过不断改善工作环境，提高职工工作和生活的质量，以消除职工身心不适和各种不良遭遇的影响，做到使职工个人获得稳定与合理的报酬和进一步发展的机会，让个人的理想、抱负、才能、知识和经验，都能得到充分的发挥和运用。

4. 技术目标

科技进步要求社会和企业每个成员提高业务水平。用科学的方法，解决组织中的人与事的问题，使人事管理的技能方法更为标准化、合理化和效率化。这不仅对企业有利，还对社会有利。

三、人力资源的开发与优化

人力资源开发与优化（Human Resource Development and Optimization）是 20 世纪 70 年代以来逐渐被广泛使用的一个新概念，它立足于更好地使用人的能力和不断激发人的潜能，从而提高人的整体价值。目前西方国家许多公司纷纷成立由最高主管部门参与的人力资源开发中心，或把"人事部门"改作"人力资源开发与管理部门"，以紧密结合生产经营管理活动来培育人才和用好人才。人力资源开发是一种把人力当作一种财富的价值观。开发的内涵则在于发掘人的潜能和提高人的素质与能力。这种理念和思路主张通过一系列的方法和途径来系统地开发人的潜在能力，从而更有效地实现组织和个人的目标。因为认识到"人"是一种可开发，也必须开发的"资源"，就必须改变过去人事部门只是消极地"管住人"的局面。现在企业认识到必须对人进行培训教育和开发，才能使人不断适应新的环境和目标要求，提高和发挥人的价值。在新技术革命时代，只有充分认识这一点，我们才能在激烈的竞争中，使事业长盛不衰并不断发展。人力资源开发和人力资源管理是同一范畴内的两个概念，彼此各有侧重。一般来说，人力资源开发是比较重视员工内在素质和潜能的提高，强调重视个人内在的个性特征和包括知识结构、观念、气质、能力等在内的综合素质在组织的目标和活动的发展中得到发展。而人力资源管理则比较强调外在组织的需要，把人作为资源进行配置和使用。更进一步地说，组织的成长发展、企业的兴旺发达需要具备有效的员工个人能力开发的机制，使事得其人、人尽其才、才尽其用，这就是人力资源开发的真正含义。人有人的价值，所谓人的价值就是指人的知识技术、潜力及能力在一定组织条件下的实现程度。各人的个性、性格、能力、气质是不同的，也就是各有所长和所短，若一个企业的管理者和领导者能善于组合应用各人之所长，使他们在各展所长的同时，形成配合默契的协作，则每个人的能力和整个组织的工作效率和效益就能超越简单相加的结果，而产生一种价值量的创造性提升。

此外，在实现组织目标的过程中，采取积极的措施，使人与人、人与工作、人与组织之间相互一致，突出发挥优势互补、扬长避短的群体优化机制的作用，则能使企业人力资源的效能趋向于最佳利用状态。同时，不断引进高质量的人才和经常性地提高现有人力资源综合素质是人力资源开发与优化的一个重要方面。

总之，企业的人力资源管理、开发和优化是一个相辅相成、积极互动的机制。现代社会中，一个企业的兴衰成败，往往取决于这一机制是否能依托企业组织的系统功能和管理的职能而始终处于良好运行状态。

第三节　人力资源管理理念的演进

一、传统的人事管理阶段的特点

由于生产力发展相对落后，劳动力价格低廉，又缺乏系统的管理理论指导，企业在因袭管理时期，对人的管理主要集中于活劳动消耗的控制。因此，在管理理念上体现出以下特点：

（一）因人定酬，随机增薪

1. 把工作年限、个人资格和经历作为确定和增加工资薪金的依据

企业首先考虑员工所担任的工作与其所应具有的资格相适应，从而确定基础工资和薪金，并按工作年限、资历和企业盈利状况而增加工资报酬。传统人事管理者认为，员工工作年限越长、资历越久，知识经验就越丰富，对企业贡献也就越大，则其本事、地位和身份，就更应受重视。

2. 企业以工作态度与同雇主的关系作为提升职务的依据

员工职务的提升主要看为雇主卖力的程度及年头的长短，论资排辈。这样使人只安于死守，不多考虑改革和创新，从而影响工作的效率和竞争性组织目标的实现。

（二）少有规章，人治为主

1. 人事管理随意化

企业一切人事管理均以雇主好恶、亲疏作为依据。雇主及其幕僚、工头集制定规矩与执行章法于一身，"言出法随"，使规矩偏向于任意和僵化两个极端。

2. 把人等同于其他资源，"见物不见人"

对人的管理侧重于指挥和监督。

3. 不重视研究人、关心人的需要

人是活的，是有思想、有感情、有需求的，他们的思想、感情、需求也会随着主客观环境的改变而有所变化，再加上各人有其个性、性格、气质、能力方面的差异，因此，企业单纯以繁多、详尽、僵死的法规来处理和解决活的人事问题，是不可能真正取得理想效果的。

（三）纯粹的雇佣关系，缺乏长期眼光

1. 特别强调按劳务市场规则来处理人事问题，假如程序上未做规定的，而实际需要的事也不能办，这样就会严重影响工作实效。

2. 忽视人的培养和能力开发，"养成"方式仅局限于师徒之间的"传、帮、带"。

3. 注重消极防御，把人事管理工作的重心放在专门处理威胁工作顺利进行的"头痛问题"上，制定各种防范性消极行为的规定，缺乏启发人们产生积极行为的措施。

4. 重罚轻奖，致使职工怕受罚而不愿和不敢做没有充分把握的事，缺乏创造性，墨守成规。

5. 多限制、少激励。对职工的行为，多以法规加以严格的限制，缺少必要的激励措施，致使职工对工作都处于消极被动状态。

二、科学管理的人事管理阶段的特点

19 世纪末 20 世纪初，由于社会生产力的发展，机械的广泛应用和动力的改进，使过去许多由人工操作的工作逐步改由机器来代替，因此，企业不仅在生产速度上大大加快，还可以昼夜连续运转，这样就使人的劳动效率得到了极大提高。企业产品急剧增加，为了获取利润就必须把产品迅速销售出去，所以这又加剧了企业间的激烈竞争。为在销售竞争中取胜，企业则需设法降低产品销售价格；为降低售价企业更需要先降低产品成本，而要降低成本又需先提高工作效率。科学管理就在这种背景下产生，并以提高效率为其核心。科学管理的技术与方法，不但在工厂企业中推行，而且引入机关、学校、医院等其他各类组织中应用。科学管理阶段的人事管理的主要特点是：

（一）制定科学的组织原则

在组织内部，企业根据工作性质、产品种类、工作程序、人员对象和地区范围的相同性及相近性，来划分部门和业务工作单位；根据管理幅度原理和控制的有效性来划分组织的不同等级层次，形成相对稳定的、等级森严的金字塔式的组织结构。

（二）重视工作效率和人力配置问题

1. 实现工作的高度专业化

通过动作研究和时间研究，人事管理人员把工作分解为许多简单的专业化操作的动作和程序，每个工人所掌握的工作方法简单化，熟练程度大大提高，避免了不必要的人力、时间的浪费。最为典型的是流水生产线。

2. 建立工作考核标准

管理人员对所属的职工在工作上应达到的要求，用书面条款加以规定，并作为考核和衡量工作绩效的依据。

3. 设立工作评价标准

管理人员规定操作程序与定额方法，用来评定员工工作的难易程度及对组织贡献的大小，并根据评定的结果制定岗位工作应具备的条件及应支付的工资薪金的高低。

（三）改进报酬制度，体现了"奖勤罚懒"的"胡萝卜加大棒"政策

1. 计时工资制

按工作时间的长短给予工资和薪酬，并分为年薪制、月薪制、周薪制、日薪制。

2.计件工资制

根据所完成的工作件数多少，支付工资。

3.**职务工资制**

根据处理工作所需知识技能、工作繁简难易程度，制定应付工资标准。

4.**奖励工资制**

根据工作效率的高低和超额劳动的实绩分别支付具有等级差异的奖励性报酬。

（四）开始注重对职工的工作业务培训

通过实验，总结出一套科学的操作方法与程序，对职工进行培训，并普遍推广，改进管理者与职工的合作方式以提高工作效率。但是，科学管理并未把人力资源的地位提升到超越其他资源的层面，从而聚集于发掘其内在的动力。在今天看来，其作业导向式管理理念，在对待人的问题上存在明显的不足。

三、现代人力资源管理阶段的特点

（一）人事管理的领域进一步扩大，由人事管理传统的狭隘内涵延伸到整个社会环境

以往的人事管理的研究范围多限于人事业务本身，所以其视野和思路是有限的、封闭的、与外界隔绝的，这样导致人事问题治标不治本。现代系统论的观点认为人事管理工作与社会环境有密切关系，要真正解决人事方面存在的问题，必须同时考虑与人事问题和企业目标相关的其他因素。过去的人力资源管理思想把人事工作总看作为静态的、孤立的，因此把人事制度看作固定不变的，以不变的制度来对付变化着的环境，其效果和负面影响是可想而知的。自系统理论和权变理论形成以来，特别是在对人的价值观念进一步更新的情况下，动态的人力资源管理思想渐趋成熟。这一思想明确人事管理会影响到其他因素，而其他因素也会影响到人事管理。由于其他因素经常变化，因而处理人事工作的程序方法以及原则，也需要随之经常修正和调整。

（二）强调组织的开放性与适应性

重视同社会的交流和联系。现代系统理论认为，组织是社会系统的一部分，它与社会系统结合在一起相互依赖、不断交流、密不可分。所以，组织已从封闭走向开放。组织本身又自成一个具有整体性和目标性的系统，并由四个分系统所组成，即输入分系统（如从组织的外部环境——社会大系统中取得原材料和人力）、技术分系统也叫

转化分系统（把原材料加工制成产品）、输出分系统（把加工成的产品输出给社会）、知识和信息分系统（包括处理工作的各种知识和信息）。同时，任何组织都更为重视环境因素。所谓环境，包括政治、经济、文化、人员、技术等因素，此种环境因素不但是经常变化的，而且对组织有很大影响，所以组织为求得生存和发展，就必须适应变化的环境而不断变革和发展自己的系统。现代管理强调组织的灵活性。所谓组织的灵活性，是指组织目标和组织结构要根据情况的变化而进行调整，组织内部的部门和等级的划分、集权和分权、人员的编制和定额等，都应随着目标的改变而不断修改和调整。这种组织的开放性、适应性和灵活性的观念，较之传统的、科学管理的人事管理阶段，已有很大转变。

（三）人事管理人员的专业化程度不断提高

人事管理从原来的执行性职能拓展到决策咨询、系统规划、战略研究和科学评价等多元职能，人事管理人员绝不是"办事认真者都能胜任得了"的，因而就要求管理人员素质不断提高，并向专业化方向发展。只有这样，人事管理人员才能胜任不断发展的现代人力资源管理的艰巨任务。

（四）人事管理的技术与方法的现代化

1. 从定性分析到定量分析

以往的人事管理，一般只进行定性分析，凭领导人和管理者的智慧经验做判断；忽视定量分析，致使所做的判断较为主观。在人员的选拔和人事的决策方面，定性分析和定量分析相结合，不仅可避免管理人员的主观片面性，同时也为考核、检验决策的成效提供客观、切实的标准。

2. 系统模型管理

以系统模型来表示各变量之间的关系，以现代管理规范和准则管理人事档案资源。

3. 应用计算机和现代高新技术

计算机应用于人事管理有四个特点：第一，计算机能做快速的计算与可靠的计算，只要数学模型是正确的，计算结果一定正确；第二，计算机能将大量的数据资料存储在体积很小的磁盘中；第三，计算机能从存储的资料中，迅速检索所需资料；第四，计算机利用先进的软件可以迅速形成精确的方案以供决策，大大提高管理效能。计算机应用于人事管理使人事管理工作从手段到理念视野都进入了一个崭新阶段。

不难预料，随着21世纪科技进步和管理水平的提高，能紧跟知识经济时代潮流的企业必然在人事管理领域有更新、更大的发展。

第四节 人力资源的基本内容体系

人力资源管理是指企业的一系列人力资源政策及相应的管理活动。这些活动主要包括企业人力资源战略的制定，员工的招募与选拔，培训与开发，绩效管理，薪酬管理，员工流动管理，员工关系管理，员工安全与健康管理等。即企业运用现代管理方法，对人力资源的获取（选人）、开发（育人）、保留（留人）和使用（用人）等方面所进行的计划、组织、指挥、控制和协调等一系列活动，最终达到企业发展目标的一种管理行为。人力资源管理基本内容包括

1. 人力资源战略与规划

把企业人力资源战略转化为中长期目标、计划和政策措施，包括对人力资源现状分析、未来人员供需预测与平衡，确保企业在需要时能获得所需要的人力资源（包括数量和质量两个方面）。

2. 工作分析与设计

对企业各个工作职位的性质、结构、责任、流程，以及胜任该职位工作人员的素质、知识、技能等，在调查分析所获取相关信息的基础上，编写出职务说明书和岗位规范等人事管理文件。工作分析是人力资源各项工作的基础，工作分析的信息被用来规划和协调几乎所有的人力资源活动。

3. 员工招聘与录用

根据人力资源规划和工作分析的要求，为企业招聘、选拔所需要的人力资源并录用、安排到一定岗位上。

4. 员工培训与开发

通过培训提高员工个人、群体和整个企业的知识、能力、工作态度和工作绩效，进一步开发员工的智力潜能，以增强人力资源的贡献率，改进组织的绩效。

5. 绩效管理

对员工在一定时间内对企业的贡献和工作中取得的绩效进行考核和评价，及时做出反馈，以便提高和改善员工的工作绩效，并为员工培训、晋升、提薪等决策提供依据。

6. 薪酬管理

包括对基本薪酬、绩效薪酬、奖金、津贴及福利等薪酬结构的设计与管理，以激励员工更加努力地为企业工作。

7. 劳动关系管理

协调和改善企业与员工之间的劳动关系，进行企业文化建设，营造和谐的劳动关系和良好的工作氛围，保障企业经营活动的正常开展。

8. 国际人力资源管理

21 世纪的企业将面向全球经营与竞争，要获得其竞争优势，企业的人力资源管理工作也必须面对全球化，即在跨国经营环境下，掌握跨国文化下企业的人力资源管理问题，掌握影响国际人力资源的环境因素及国际企业人力资源开发与管理的过程。

9. 人力资源研究

企业要实现战略目标，管理者必须重视对人力资源管理工作的研究，即通过对企业人力资源管理者诸环节的运行、实施的实际状况、制度建设和管理效果进行调查评估，分析和查找企业人力资源管理工作的性质、特点和存在的问题，提出合理化的改革方案，使员工的积极性和创造性被充分调动起来。

第二章　应用型高校人力资源管理概述

第一节　应用型高校人力资源管理的理论分析

21世纪的竞争，主要是人才的竞争。高校作为知识创新中心和高层次人才培养主要基地，其人力资源开发能力和管理水平是衡量高校办学水平的基础性指标之一，在很大程度上影响着高校的改革和发展。所以，努力加强高校人力资源的管理、利用和开发，是提高高校核心竞争力的重要途径。高校人力资源的范围较广，是从事教学、科研、管理和后勤服务等方面工作的教职员工总体所具有的劳动能力的总和。一是高校人力资源管理是以人为本的能动性管理。能动性是人力资源的一个根本性质，在人类社会的诸多资源中，人力资源是唯一具有创造性的资源。二是高校人力资源管理是人力资源的整体性开发。高校人员类型很多，既有教学科研及其辅助人员，又有党政管理人员，还有大量的后勤服务人员，不同人员在学历层次、知识结构、能力水平等方面都存在较大差异，而教学、科研群体的学术劳动力是高校人力资源的主要组成部分。因此，搞好高校人力资源的整体性开发，就是要合理配置各方面的人才，必须以教师为主体，挖掘教师的教学和科研潜力，正确处理好局部与整体的关系，把人力资源的潜能转化为效益。三是高校人力资源管理是各项管理工作的核心。高校教学、科研、管理、后勤服务等各项工作协调发展，取决于人力资源系统各要素之间的协调关系，取决于人力资源的合理配置。所以，高校的各项管理工作都建立在人力资源管理的基础之上，高校人力资源的质量，在很大程度上影响着高校教育质量，科研水平和办学效益。

胡锦涛总书记在全国人才工作会议上指出："做好人才工作，落实好人才强国战略，必须以马克思主义为指导，从当代世界和中国深刻变化着的实际出发，根据党和国家事业发展的迫切需要，解放思想、实事求是、与时俱进，树立适应新形势新任务要求的科学人才观。"可见，树立科学人才观既是实施人才强国战略的一个基本要求，又是落实科学发展观的重要保证。科学发展观是对我国社会主义现代化建设指导思想的重大创新，具有十分丰富而深刻的科学内涵。科学发展观与科学人才观是紧密联系在一起的，科学人才观是以"以人为本"、坚持人的全面发展为核心的，而这也正是科学发展观的本质内涵。科学人才观是科学发展观指导下的人才观，是指导发展的，高校的发展离不开科学发展观。同样，高校人力资源管理的发展是离不开科学人才观的。因此，我们应该用科学发展观和科学人才观来审视高校人力资源管理，用科学发展观和科学人才观的理念来指导高校人力资源管理。高校人力资源管理目标，一是科学合理地进行人力资源开发管理，促进人力资源价值实现，最终实现学校的组织目标；二是降低人力资源的投入成本，增加人力资源的资本收益，实现学校管理效益最大化；三是提高以教书育人、管理育人和服务育人为己任的教职工的素质；四是实现学生素质的整体提高。

一、高校人力资源管理

学校人力资源管理是指学校高层管理者为实现学校人力资源扩大再生产和合理分配人力资源而进行的人力开发、配置、使用、评价诸环节的规划、组织、调节和控制，最大限度地发展教职工的积极性，最优达到学校整体工作目标的活动过程。学校人力资源管理的对象是从事教育、教学、生产、科研、财务、行政和经营管理工作的教师、职工与管理人员。学校人力资源管理的目的是合理组合学校人力和科学安排学校人力，形成最佳结构与合力，最大化地提高学校管理经济效益、社会效益、教育效益、科学效益和生态效益，以推动知识经济的发展。学校人力资源管理重要而突出的功能，是对学校人力资源的开发，即一是对学校教职工—人力资源的充分发掘与合理利用；二是对教职工的培养与发展。学校人力资源开发之所以是重要而突出的功能，不仅因为通过开发，教职工现有的知识、智慧和才能得以被尽量利用，而且他们的潜能也能有效地得到扩大和充分发挥。学校人力资源管理主要涉及选人、育人、用人、留人等内容，每一个方面的工作既可能是交叉的，也可能是相互影响的，其具体内容可以概括为人力资源规划、人力资源开发和人力资源评价三个方面。

（一）学校人力资源规划

学校人力资源规划（学校人力资源计划）指的是学校根据发展战略、教育目标与管理目标以及学校环境的变化，科学地预测、分析学校在未来教育、教学、科研、经营管理和环境中的教职工等人力资源供给与需求状况，从而制定相应的政策与措施以保证学校在适当的时间和一定岗位上获得所需人才的数量与质量，并使学校与教职工的长期利益得到满足。学校人力资源规划有长期、中期和短期三种，长期规划为5年以上，是对具体原则、方向的概括说明；中期规划在1~5年之间，对具体要求与政策有较为明确的说明；短期规划一般为年度规划，是具体执行计划，是中长期计划的实施与落实。学校人力资源规划的目的，一是制定学校的战略目标和发展规划。因为学校高层管理者制定战略目标与发展规划时所要考虑的是学校资源，特别是教职工这种人力资源的情况，学校有了人力资源规划，高层管理者就能了解学校目前教职工的余缺状况，并有效进行目标决策。二是检查学校人力资源诸备选方案与政策的效果，因为学校人力资源规划能检查和测算各方案的实施成本及其带来的效益，从而有效地总结学校人力资源管理的经验教训，不断改进工作，提高人力资源管理效益。由此，学校人力资源管理规划有以下五项主要任务：

1. 根据学校总的战略发展规划和中长期教育、教学、科研与经营管理计划，研究"买方市场"变化走向，掌握科学技术发展与教育改革方向，确定学校教职工的需求数量和质量；2. 学校人力资源要研究国家、地方国民经济发展现状与计划，学校所在地区未来人口变动及规划期内人口出生的变化状况，本地区未来学校发展布局调整及学校自身规模变更状况，因信息化而带来学校教育与管理现代化而导致学校形态与组织结构的变化趋向，进而推定未来学校教职工需求的变动情形；3. 分析学校现有教职工的素质、年龄结构与性别结构、学历结构与职称结构、流动趋向与缺勤率、工作士气与情绪的消长走势等状况，决定完成教育、教学、生产、科研、财务、行政和经营管理工作所需各种学历、类别、专业和职称等级的人才；4. 调查分析未来高等师范院校各专业各层次毕业生素质、数量和质量状况以及人才市场的供需状况，确立学校可以从高校毕业生、社会人才供给中直接获得或与高师及教育学院合作预先培训的各种学历、类别、专业和职称等级的人才。如果发现上述渠道不可能满足某种学历、类型、专业和职称等级的人才，还要自己制订培训计划，以培养学校所急需之人才；5. 寻求学校人力资源规划体系中的各项具体计划的平衡，并使其与学校发展规划和教育、教学、科研、经营管理工作计划互相衔接。

（二）学校人力资源开发

学校人力资源开发指的是学校高层管理者运用科学方法，发现、发展和充分利用教职工的士气和创造力，以提高教育、教学、科研和经营管理效率、效果与利益的活动，它包括选人、育人、用人和留人等内容。选人，即选拔聘用教职工，是学校人力资源开发的重要内容。学校选聘教职工的途径有二：一是内部选聘。它主要根据平时绩效考评与平时工作状况择优聘任，签订合同，发给聘书。内部选聘可以鼓舞士气，激发上进心；学校内部教职工对学校整体工作目标、发展过程与存在的问题了解充分，既能有效开展工作，具有继承性，又能形成最佳学校优良传统；学校内部教职工互相了解，领导了解，任用中能扬长避短。二是外部招聘。学校根据教职工任职资格和条件，采取媒体、人才机构到高校、其他学校和部门，通过笔试、情景模拟与试教、面试等程序公开招聘教职工。学校选聘教职工必须坚持计划性、公正性、科学性、平等性等基本原则，以及制订选聘计划、发布选聘信息、进行选聘测试（或绩效考评）和选聘决策等程序。育人，即培养教职工，这是学校人力资源开发的主要工作之一，因为育人是提高学校教育、教学、科研和经营管理工作质量，推动学校发展的基础与动力。学校育人主要通过岗前培训、在职培训和脱产培训等形式对教职工进行思想道德教育、基础知识教育与基本技能训练、专业知识教育与专业技能训练、学校管理知识与技术教育、教育方针政策与法规教育以及公共关系知识与人际关系技能培训等。用人，一要量才录用，用其所长，避其所短，充分调动人的积极性，激发潜能，达到事半功倍的效果；二要合理协调学校人员结构，充分发挥教职工个人优势与集体优势；三要根据教职工的身心要求，重新设计工作，尽可能使工作丰富化，不断提高工作效率；四要注重工作环境设计，为教职工创造一个舒适的工作环境。留人，即留住人才，这是学校人力资源开发的关键，因为留不住人才，就会导致学校教育、教学、科研和经营管理的巨大损失，使学校竞争对手更加强大，失去广阔的"买方市场"，所以留不住人才是学校高层管理者的严重失职。要吸引教职工长期为学校效力，学校高层管理者在人力资源开发中一要善于激励。有效的激励必须建立在认清个体差异，使人与职务相匹配；运用目标，确保个体认为目标是可以达到的；个别化奖励，使奖励与绩效挂钩；激励不分亲疏，努力保持公平性；精神激励与物质激励结合，但千万不要忽视物质因素，在科学理论基础上，遵循学校目标与个人目标结合，物质激励与精神激励结合，外在激励与内在激励结合，正激励与负激励结合，按需激励与民主公正激励结合的基本原则，激发教职工内在动力和要求，使其发奋努力进行工作质量与生产质量创造。二是领导。学校高层管理者在人力资源开发中要强化留人举措，带领并引导教职工朝着预定的教育目标和管理目标方向前进。学校人力资源评价教职工绩效评价是学校人力资源管理必不可少的重要组成部分。学校教职工绩效评价，就是收集、分析和评价教职工的工作态度、行为与工作结果方面的信息，以确定其工作实绩并将绩效价值判断结果反馈给本人的过程。绩效评价的目的，主要是帮助教职工认识自己的优点与不足，发扬成绩，改进不足，并针对教职工的实际需要制订培训计划，改进其未来工作行为，推动学校整体工作目标的最佳达成。同时，教职工绩效评价也是制定学校劳务报酬和奖惩制度以及职称评定、职务升迁的客观依据。教职工绩效评价要遵循公正性、规范性、确切性、客观性和科学性原则，运用因素评法、相互比较法和查核表法等，定期或不定期、定性或定量地对教职工的工作实绩和行为表现等方面进行评价。在程序上坚持自我考评、民主考评、绩效考评等环节，着力在"实际程度"（实际绩效与目标及标准值之比）、"复杂困难程度""努力程度"等要素上进行分析考评，以"达到程度"为主。

二、高校人力资源管理工作未来的发展定位

高校作为一个培养高层次人才，生产和传播新知识、新思想的重要基地，以及它

在国家创新体系中的重要地位，高校的各级领导和管理部门应对人力资源管理给予充分重视，要尽早积极开展人力资源管理工作，并对未来工作的开展进行准确定位。

（一）人力资源管理者素质的提高

作为从事高校人力资源管理的高校管理者需要具有良好的人力资源管理技巧，特别是要正确地掌握好对具有较高教育程度的、学校紧缺专业的人才、高科技人才、中青骨干人才及刚刚加入这个队伍的青年人才进行激励的技巧，这些技巧是人力资源管理中至关重要的问题。现代人力资源管理的方向是将传统的经验型、行政型管理转变为科学化、标准化、规范化的管理，管理者应当具有丰富的专业知识和良好的文化素养，尤其是要坚持与时俱进，进一步解放思想，转变观念，牢固树立校无人才无以立校、无强才无以强校的观念，真正具有识才的慧眼。高校管理者应以全新的人力资源管理观念作为未来工作的指导，这样不但有利于高校的体制改革的逐步推进，而且有利于高校整体活力的激发。

（二）人力资源管理机制的健全

人才资源管理机制是高校人力资源管理工作中不可缺少的要素，也是最为重要的一个环节。根据前文的阐释，笔者认为时下机制不但有实施的可操作性，而且具有实施的必要性和紧迫性。激励与约束机制，在人才使用管理中，在坚持权利与义务相一致的同时，必须把激励机制与约束机制结合起来，调动教师的积极性和主动性；服务机制，新的管理方式应以提供优质服务为主，促进人力资源管理作用的发挥，包括信息服务、科研服务、教学服务，牢固树立以人为本的服务理念；人才使用机制，即合理地配置各类人力资源，实现人尽其才，最大限度地挖掘人力资源的潜能，实现人才使用的最优化配置。

（三）人力资源管理新观念的导入

只有管理新观念的导入，才会对今后的管理工作给予正确的指导，树立高校人本观念。重视人的因素、发掘人的潜力、激发人的主动性，建立一套有利于各类人才成长和发挥作用的机制，把人才培养与人才使用结合起来。关注人才职业生涯的发展，学校参与人才职业生涯规划的指导和管理，关键是要为人才的成长和发展创造一个舞台，使其能够充分施展才华，同时对其发展给予适当帮助和及时引导，让其尽快找到一条科学而合理的成长之路，最终实现自我价值的同时，也实现了人才的社会价值。高校的人才真正做到业务精专、教学科研并重，并且乐于奉献、爱岗敬业。在市场经济和知识经济高速发展的今天，高校应牢固树立人才资源是未来高校发展的第一资源的理念。积极导入全新的人力资源管理观念，建立健全合理、有效的人力资源管理机制，科学合理地完善高校的人力资源结构，以期实现高校人力资源管理的科学化、规范化，进而增强高校在未来发展中的竞争实力。

第二节　应用型高校人力资源管理的重要性

一、高校人力资源管理的重要性

人力资源的管理与开发，是当前企业面对的问题。我们的人力资源素质与我国的这个大国所处的地位还是很不相符。我们应该明白，国际竞争的胜利实际上就是人力资源开发与管理的胜利。一个国家的经济发展，与其人力资源开发与管理的成功有极大的关系，而现在追求发展，就先要重视人力资源管理，在知识经济时代，人是创造知识，传播知识，应用知识的主体，它是生产力诸要素中最关键要素。因此，高效的人力资源管理就成为知识经济发展的主力，所以高校要合理进行人才资源管理，这样才能培养出优秀的、合格的为祖国建设贡献力量的优秀人才。

高校人力资源管理是指在高校为了实现其发展目标，运用科学的方法通过对其内部人力资源进行组织、计划、协调和控制以实现全体教职工的录用、培训、考核、调配直至离职退休的过程。人事管理的效率对高校实现其战略性发展且标有着直接而重要的影响。

高校人力资源管理目标是调动教职员工的积极性、创造性。科学合理的岗位设置，严格周密的绩效考核，公平公正的竞争机制，有效的激励分配机制，灵活配套的各项措施等是调动教职员工的积极性、创造性的关键，也是深化高校人事制度改革，优化教师队伍结构，提高教育质量、科研水平和办学效益的关键。充分认识高校人力资源和人力资源管理的特征，对发挥高校人力资源的整体优势，形成整体合力，提高高校的竞争水平和综合实力，推进高校可持续发展具有非常重要的意义。

（一）能够为高校创造良好的科研与教学环境，培养和谐的人事关系，激发教职工的工作积极性和创造性，提升教学与科研水平

人文环境是一种文化，它孕育于高校对学术和教学质量的长期重视当中。良好的人文环境能够使人心情舒畅，在人与人之间增加和谐的因素，更能促使人尽情地发挥自己的才能。

（二）增强高校核心竞争力，助推高校跨越式发展

高校的学术实力源于教职工的工作质量并直接影响到高校声誉，以至于关系到高校赖以生存和发展的生源。通过对人力资源科学地管理，形成一种人竭其能，人尽其才的教学与科研局面，提升师资队伍的整体素质，吸引更多的人才慕名而来。

（三）加强高校人力资源管理对社会经济发展具有重要意义

高校拥有丰富的人才资源，高校人才队伍是国家知识创新的重要力量和高层次人才队伍的重要组成部分，是实施科教兴国战略和人才强国战略的强大生力军和动力源，在我国全面建设小康社会和加快社会主义现代化建设进程中起着基础性、战略性作用。因此，必须通过加强高校人力资源的开发与管理，建设一支结构合理、素质精良、具有团队意识、富有创新精神的高校人才队伍。唯有如此，高校才能为社会经济的发展，为国家、民族的进步提供强有力的保障。

（四）加强高校人力资源管理是高校战略发展的需要

高校作为培养高素质创造性人才的摇篮与知识创新的重要基地，在国家的社会经济和文化建设中具有举足轻重的地位。它既是人才的培养者，也是人才的使用者，同时还肩负着培养各级各类人才、全面提高劳动者素质的历史使命，因此高校拥有着人才密集的优势。但这还只是一个量的优势，要真正发挥质的优势，就要回归到对高校的人力资源进行现代化的开发与管理。因此，在新的形势下，如何真正做到人才的"为我所用"，提高高校教师的积极性，加快培养适合经济需求的人才，则是高校人力管理工作者遇到的新课题。

（五）加强高校人力资源管理是高校目前人事管理现状的需要

中国高校现行的人事制度暴露的种种弊端的确已经束缚了高校自身的发展，阻碍中国高等教育的发展。传统的高校管理不是将人力作为资源，而是以"萝卜加大棒"的刚性制度管住教职工，以职称、工资、津贴来激励士气与积极性，这就否定了教职在学校管理中的主体地位。而在知识经济时代，普遍推崇以人为本的管理理念。为此，有效开发高校的这一活资源，实现高校人事管理向人力资源开发管理的转变，以人为本是关键，可以寻求多样的管理模式，比如柔性化的人力资源管理，即柔性管理。它是一种围绕如何调动人的主动性、积极性和创造性与促进人的自由全面发展放在首位的管理模式。

（六）加强高校人力资源管理是高校教师自我发展的需要

在高校的发展过程中，学科建设是龙头，教师队伍建设是中心。通过加强高校人力资源管理与开发，对高校人力资源职业生涯进行规划与指导，积极关注高校人才的需求，为他们营造一个良好的教学科研氛围，促进他们自身的发展与提升，从而可以更好地保障高校发展战略的实现。与此同时，高校的发展层次与水平的提高又能为高校人力资源自身的发展提供一个更好、更广阔的平台。因此，必须通过加强高校人力资源管理，促进人才队伍合理有序的流动，强化教学科研的中心地位，调动工作积极性，激发他们的潜能与创造力，以建设一支高素质、高效能的人力资源队伍，从而更好地促进高校的发展与提升。

二、高校人力资源管理的意义

高校作为从事高层次教育活动的组织是人力资源集中的场所，加强高校人力资源管理具有重要的意义。

（一）加强高校人力资源管理有助于提高高校整体的竞争力

教师是高校办学的主体，是高校发展的核心，高校的生存与发展直接取决于该校师资队伍的整体素质。在人才竞争日益激烈的今天，加强高校人力资源管理更是势在必行。高校的每项工作都要靠人去完成，教学、科研、后勤服务等管理工作的协调与发展，取决于高校的教师、研究工作者和行政管理及服务人员的整体素质。所以，高校的管理都是建立在人力资源管理的基础之上的。如果高校能更加注重人力资源管理，就会提升高校的核心竞争力，使高校在竞争中立于不败之地。

（二）加强高校人力资源管理有助于形成合理的绩效考评机制

绩效考评既是教师管理的重要形式，又是激励教师的重要手段，还是教师职务聘任的基础条件。加强高校人力资源管理，高校就可以建立一套科学严格的针对不同人员的考核体系，以减少管理的随意性，提高抗干扰力，真正使考核公正公平。同时，也才能真正做到社会所倡导的"多劳多得，按劳分配"的原则，消除高校存在的"论资排辈""平均主义""大锅饭"和"搞平衡"等不良现象。

（三）加强高校人力资源管理有助于建立完善的人才引进机制和人才培养机制

人力资本是积累与增长的结果，需要通过对人力资源进行培训才能形成。高校人才的来源有两种途径：一种是高校自身培养，以便开发和合理利用，这是许多高校在发展初期的主要人才来源；另一种是引进人才，高校在发展过程中也应重视人才引进，尤其是高校发展到一定阶段，更应重视人才引进，以便形成更加良好的人才结构。高校在人力资源管理时都必须注意人才的两种来源，以便使高校永远有优质的人才资源。为此，高校应加强人力资源规划，以便有计划地将人力资源转化成人才资源。

（四）加强高校人力资源管理有助于建立全员聘用和有效激励的管理机制

高校人力资源管理的一项重要任务就是通过激励机制，吸引、开发和储备人才，激发高校教师的工作热情、想象力和创造力。通过建立相应的奖惩制度、晋升制度及福利补贴制度等来激发调动高校教师的积极性和主动性，并激发其内在动力。

21 世纪的高等教育面临着前所未有的挑战，我们必须意识到高等院校的人力资源管理是学校管理的第一资源。应该把人力资源管理提高到战略地位，这样才会在竞争中立于不败之地。高校人力资源管理是随着管理理论和人力资本理论的出现、发展而兴起的一个新领域，所以高校要从以前传统的注重人事管理向现代的注重人力资源管理转变可能需要一段时间，但是，高校必须重视人力资源管理是大势所趋。我们必须高度重视人力资源管理的重要性。只有这样才能解决目前高校人事管理中存在的问题，激励教职工的积极性和创造性，增强高校的办学活力、提高办学效益，最终达到提升高校竞争力的目的。

三、高校人力资源对于高校的意义

当今世界的竞争，归根到底是人才的竞争。从这个意义上来讲，高校的发展能力与水平是由人力资源水平决定的。近几年来，各个高校都十分注重引进高层次人才，对学历、学习背景的要求越来越高，这也在一定程度上证明了人力资源对于高校的重要意义。

（一）对高校可持续发展能力的意义

高校可持续发展的能力主要体现在三个方面：一是培养出来的学生质量，二是高校的科学研究能力和水平，三是高校的管理能力和水平。要想培养高质量学生，增强科研能力，提高管理水平，基础就是人力资源。如果没有一支高素质的教师队伍，就不可能培养出高质量的学生；没有一支高素质的科研队伍，就出不了有水平的研究成果；没有一支高素质的管理队伍，就不能保证教学和科研的顺利开展。因此，高校人力资源状况对于高校的可持续发展能力具有重要意义，决定着学校的发展前景。

（二）对高校整体实力与水平的意义

人力资源影响高校的可持续发展能力，在一定意义上说是通过影响高校的整体实力与水平来表现的。如果一个高校的整体实力与水平不高，要想实现可持续发展是不现实的。高校的实力与水平的硬件体现在经济实力以及由此改进的办学设施，这与人力资源关系并不密切，软件主要体现在师资队伍、科研能力上。而师资队伍和科研能力，是由人力资源水平来完成的，因此力资源水平影响着高校的整体实力与水平。

四、高校管理的核心是人力资源管理

同其他组织一样，高校资源也包括人、财、物、信息等部分。对财、物、信息的管理都是通过人来实现的。高校人力资源管理的目的就是通过"人尽其才"以达到"财尽其力""物尽其用"。高校人力资源是高校的一项重要无形资产，它渗透到高校组织的整体运作系统中，能为高校创造竞争优势。

（一）高校人力资源是最活跃、最积极的生产要素，具有其他财、物、信息等资源无法比拟的重要性质

人是高校中最活跃的因素，对高校的全部活动起着支配作用，是决定高校存亡兴衰的根本因素。人本身就具有丰富的情感和不同的思维，在不同的时间、地点、情景中会有不同的表现。这是人同其他资源最大的区别。正是人的这种特殊性决定了人力资源的特殊性——不可复制性和不可模拟性，并且具有潜力，其潜力的发挥可能是无极限的。高校之间互相模拟的是那些主观性、能动性不强的资源，如物质资源、财务资源和信息资源等，像高校之间建筑物及教学设备的设计、财务管理制度、信息的来源等都可以互相效仿，但唯有人力资源是永远不可模拟的，具有很大的发展潜力。因此，我们在对高校进行管理时，就必须充分认识高校人力资源的特殊性，充分发挥其不可复制性的优势和自身的潜力，以使管理达到最佳效能。

（二）高校人员具有更大的能动性，对其进行管理有利于高校其他管理活动的开展

高校是我国学历水平最高人才的聚集地，其人员的知识结构、能力结构和道德品质结构都发展的比较理想，在教书育人、科学文化创造以及社会精神文明建设中起着重要作用。高校管理人员如具备敏锐的洞察力和先进的经营理念，就能合理有效地利用好高校的人力资源，进而使高校的物质资源、财务资源利信息资源等发挥更大的效益。

如高校完善了人力资源管理，就可以建立一套科学合理完善的管理体制，包括管理体系、制度建设和管理手段等，这些都是高校高效运作的基础；完善了高校人力资源管理，就可以加强高校的资产管理，合理有效利用高校的资源，同时可以消除高校中存在的各科系间的"贫富分化"，使各科系间的资源均衡化。所以，高校人力资源是高校最宝贵的战略资源，是其他各项资源的根本。只有合理使用和开发人力资源，才能给高校带来持续的竞争力。

第三节　我国应用型高校人力资源管理的现状

一、高校人力资源管理存在一些问题，迫切需要改革

高校的人力资源主要由四部分组成：教学科研人员（含实验辅助人员）、党政管理人员、后勤服务人员及 20 世纪 90 年代衍生的校办产业人员。

在高校，人力资源涵盖人才资源，而人才又是人力资源的主体。目前，高校既是人力资源最丰富的地方，也是人才最紧缺的地方，其现状是：人力资源配置不当，影响高校各项功能的正常发挥。目前许多高校都存在师生比例失调的情况，有的高校还存在行政领导人才缺乏而一般管理人员过多，高精尖人才缺乏而一般教师过剩，教研人员比例过小而非教研人员比例过大，资深教授闲置而年轻教师负担过重，教学型教师过剩而科研型教师不足，一般性研究人员过多而应用开发型研究人员奇缺的情况；另外，一些新设专业和公共基础课的教职工人数不足，缺乏优秀人才，教师超负荷运转，形成师资力量与专业调整不相适应等；与此同时，高校人才的自由流动度比较低，在很大程度上限制了人才资源优势的充分发挥。

从实际情况来看，高校人力资源开发当前存在的主要问题有以下几方面。

（一）尚未确立起人力资源是第一资源的观念

一些高校管理者只重视传统的人事工作，对人力资源管理这一新理论还缺乏了解，认为高校的发展就是靠投入，资金的短缺是高校发展的瓶颈，没有意识到真正的瓶颈是缺乏一支高素质的科技人才队伍。对通过创造良好的工作和生活环境来吸引人才、集聚人才的重要性，还未形成共识。

（二）人才资源管理观念未能与时俱进

教育是计划经济的最后一块堡垒，高校由于其战略地位具有独特作用，受计划经济体制影响更深。人力资本的行政性配置、人事管理的行政性垄断在高校管理中根深

蒂固，人事管理的机构设置和任务分担完全照搬教育行政部门的体系。能进不能出、能上不能下、工资分配"大锅饭"更是计划经济的直接产物，人事管理在拖沓的事务纠缠中低效运作。这就造成了高校对政府的依赖、对市场的迟钝，习惯于接受政府的考察而不是市场的考验，习惯于按部就班地进行人事管理，管理的自主性和改革的动力渐失，高校人才资源管理的特殊性被淡忘，不能也无法在人才资源管理上有较大的突破。

（三）人力资源管理机制研究不够

旧思维方式的惯性以及体制的内在弊端使得高校人力资源管理滞后。管理者局限于庞杂的事务性管理，忽视了对人力资源管理的研究。职务"终身制""能上不能下"的观念很难转变，加强人力资源管理机制研究，建立有效的人力资源激励与竞争机制，是高校人事制度改革的重点。

（四）人力资源缺乏合理配置

在高校内部人力资源市场中，由于市场机制不健全，人力资源整体性开发不够，没有用科学的、符合高等教育规律的人力资源管理手段来规划、管理，造成高校内部人力资源配置不合理，人才的职务结构、学历结构、学院结构、年龄结构不能适应教学科研工作需要。

（五）人力资源流动不畅

由于受计划经济观念的影响，人力资源的行政配置性和垄断性在高校人事管理中根深蒂固，再加上社会保障体系和人才市场的人事代理机制尚不健全，造成人力资源流动不畅。一方面非教学人员缺乏合理流动，而高校聘用临时工则有较大的主动权，这进一步加剧了该类人员的隐性过剩；另一方面，长线专业人才由于无法进入市场进行调剂，出现相对过剩现象，而热门专业一哄而上，缺乏规划，为以后市场饱和后的人员过剩留下隐患。

（六）科技人才资源管理方式与管理特征落后

"事务性"强，战略成分弱；"经验性"强，技术成分弱；"治标性"强，治本成分弱。上述种种问题的存在，从根本上阻碍了高校改革的进程，严重制约了高校科技人才资源效益的发挥及高校科技人才资源管理创新机制的构建，影响着高校科技事业的可持续发展。

由上可见，高校人力资源改革的迫切性不容忽视。人才是最重要的战略性资源的观念已被普遍接受。

人才是决定国家竞争力的关键因素。综合国力的竞争说到底是经济实力和科技实力的竞争，当代科技革命使人才成为综合国力竞争之本。

高校人力资源改革是一项社会工程、系统工程，因为人力资源的配置是双向的，无论是配置的主体还是客体都是人，都有主观能动性，如果二者的能动性基本正确且基本适应，则将实现人力资源的配置优化，反之则不然。因此，必须通过高校各部门、各层次及全体教职工的努力，方能做好高校人力资源开发工作，使之有效服务于社会经济，服务于科技进步。

综上所述，合理、科学地进行高校人力资源开发与优化配置刻不容缓。

二、目前高校人力资源管理的现状分析

（一）人力资源管理缺乏科学性

从理论上说，高校已经经历了传统的人事管理、人力资源管理以及战略性人力资源管理三个阶段。实际上，目前高校人力资源管理理念还尚未达到战略性人力资源管理地步，大部分高校的人力资源管理者无论在指导思想还是在工作方法上，仍处在传统的人事管理阶段，承担具体繁重的事务性工作，对人力资源管理观念还缺乏了解，管理理念和方式相对落后。由于受传统计划经济观念的影响，人力资源的行政配置性和垄断性在高校人事管理中根深蒂固，部分高校的人事工作存在着循规蹈矩、墨守成规的现象，在用人上注重人力资源的职称学历，忽视人力资源的终身教育；注重人力资源的组织建设，忽视人力资源的个体需求；注重人力资源的一般使用，忽视人力资源的开发管理。

过于重视整体数量，忽视人才质量。无论是引进人才，还是开发人才，许多高校把目标首先定在数量上，注重人才数量与速度，而忽视质量与效益的整合。因此，导致部分院校的一些部门，一方面人才开发速度过快，规模扩大；另一方面使已经开发出来的人才资源在实际工作中发挥不出应有的效能，造成了人才开发与实际工作脱节，人才供需结构失衡。

过于重视"开发引进"，忽视"对应"。一些院校制定了许多优惠的人才引进政策，而且政策非常宽松，只要是"双高"（高职称、高学历）人员，不管是否能找到专业的舞台，不管能否有展现才能的场所，先引进来再说，忽视了人力资源的对应性。在开发人才方面，有些院校就以为是对教师实施培训，或送出去读委培等，至于如何合理地使用培养出来的人才，则缺乏配套的机制，不同程度地存在人才学非所用、或用非所长、或大材小用、或小材大用等不合理的现象。

（二）人力资源配置不够平衡

在高校内部人力资源市场中，由于市场机制不够健全，人力资源整体性开发不够，没有用科学的、符合高等教育的人力资源管理方法和手段等来合理、科学、有效地规划和管理高校的人力资源，造成高校内部人力资源配置不够平衡、结构不够合理，人才的职务结构、学历结构、年龄结构、职称结构等不能适应教学科研工作需要。

职称结构不够合理。有的高校由于在年龄结构上出现了"断层"现象，一大批年轻教师中，具有助教或讲师职称的占绝大多数。有的学科还没有配备一定数量的教授级人员，这势必给教学和科研等带来一定的影响。职务结构呈现扁平的"四棱状"。根据《组织行为学》理论，组织的管理层次可以划分为高层、中层和基层。现代控制论的研究结果表明，管理幅度一般以 1 个领导者管理 7 个下属为宜。而有的院校在组织结构上，则出现了高层领导人员屈指可数，中层领导人员占绝大多数，基层人员占少数的扁平"四棱状"结构。人力资源配置的不合理和低效率，造成各层次、各岗位人员的调配不合理，从而造成了人力资源的极大浪费，同时也阻碍了高校的深化改革，使其难以适应高校参与国际、国内市场竞争的需要。

（三）人力资源管理机制不够健全

随着传统人事管理向现代人力资源管理的转变，高校人力资源管理虽然取得了显著的成绩，但是多年来高校的人事制度改革一直是形式多于措施，而措施又多于实施。旧思维方式的惯性以及体制的内在弊端使得高校人力资源管理相对滞后，如职务"终身制""能上不能下""能进不能出"的观念一时很难转变，难以实现人力资源的有效管理。从我国高校目前的情况来看，部分高校没有建立起科学合理的人力资源管理规章制度，无法为学校长期发展提供有力的人才保证。在人才规划设计上缺乏长期战略，人才培养流于形式，人才引进后重使用、轻培养，从而抑制了高校及教职员工自身的可持续发展。

（四）人才流失较重

在高校，教师相对而言自由度比较大，除了上课之外其余的时间可以自由支配，这在一定程度上为人员流失创造了条件。受就业压力的影响，有很多人感觉到直接参与社会竞争还存在不足，于是努力想通过继续攻读博士、硕士来提高学历层次，以满足日益竞争的就业市场需求。为了给自己找到充足的时间能够学习以应对考试，很多人把目标放在了自由程度较高的教师行业，于是这部分人成为高校流失比较大的人员。还有一部分人员到高校之后，对自己定位比较高，感到自己所从事的工作岗位难以完全发挥自己的优势与特长，或者有"不得志"之感，因而容易对单位产生失望感而最终选择离开所在的高校。这些人员是高校人力资源流失的重点，需要引起重视。

（五）人力资源配置结构不合理

虽然社会主义市场经济体制已经得到完善和发展，但是计划经济体制的烙印并没有完全消除。受计划经济体制的影响，很多高校的行政安排决定一切的现状并无有效改变。由于缺乏对人力资源的全面把握，高校在对人力资源进行配置时，就容易出现问题，突出表现在：行政管理人员过多，而基层工作人员很少；新设专业教师不足，师资力量与专业调整不适合，而一些老专业教师比较多；高级人才缺少而一般人员过剩；不能正确搭配科研型教师与教学型教师的比例，或者难以处理教学与科研的关系，等等。这就导致人力资源优势不能发挥，在一定程度上造成了人力资源浪费。

三、加强高校人力资源管理的对策及建议

（一）与时俱进，实现观念转变

现代高校人力资源管理的方向是建立具有中国特色的高校人力资源管理模式：树立人力资源是第一资源的观念，树立人才强国、人才强校的观念，建立正确的用人机制，充分开发和利用人力资源，使高校的各类人才适其位、用其能、献其智，最大限度地在办学兴校中发挥作用。

（二）以人为本，实施人才战略

高校在办学过程中，应坚持"以人为本"的办学原则，坚持以教学和科研为中心，树立正确的人才观念，建立正确的用人机制，始终把"人才工程"作为第一工程来抓。高校是一个人才相对集中的地方，是知识分子施展才华的舞台，也是特别需要各种人才的组织。因此，在选拔人才方面，高校应该以求才之渴、识才之眼、举才之德、容才之量和用才之胆去甄拔人才，挑选出院校所需的知识创造型、知识传授型和知识应用开发型等教研人员和具有开拓精神有能力的管理人才等，使之比例合适、配置优化、素质各具特色，适应于高校功能的发挥，满足高校发展的实际需要。

人力资源理念是人力资源工作的基础，决定着人力资源工作的成效。人力资源理念模糊，其直接后果就是会导致人力资源政策的不连续性，从而给人力资源工作带来损失。因此，高校要有良好的人力资源理念，对于人力资源的配置（如规划、招聘、晋升、调配、轮换等）、培训（如政治理论、职业道德、业务能力等方面的培训）、工资福利、制度建设等方面要宏观统筹，全盘考虑。在树立良好的人力资源理念中，要认真考虑"需要什么样的人才，怎样更好地吸引人才，如何充分发挥人才的作用"等三个关键问题，做到"引进优秀人才，留住优秀人才，用好优秀人才"，这是做好高校人力资源工作的根本。

（三）开发人才，提高整体素质

高校人力资源开发，是指高校组织通过多种有效手段提高教职工工作能力，提高业务水平和组织业绩的一种有计划、连续性的工作。而培养人才是开发利用人才的重要组成部分，在培养人才方面，高校应该始终贯彻理论联系实际、学以致用、讲求实效的原则，来确定培训内容和目标。对高校教师的培训应该建立在继续教育与终身学习的基础上，除大力加强教师的学历教育培训外，还要加强教师以创新精神、创新意识、创新技能为核心的高新技术和先进技术等方面的培训，培养创造型人才。同时，要加强师资培训的制度化建设，坚持重点培养与整体素质提高相结合的原则，以优化教师梯队为目标，以中青年骨干教师为重点。培养具有较强竞争力的学术带头人和青年骨干教师，不断提高学校的教育教学和科研水平。此外，还要加强高校教职员工的政治思想教育，使其具有良好的职业道德和敬业精神。引进人才是建设人才队伍的有效途径，高校应该创造良好的条件"筑巢引凤"，根据本单位的实际需要，多渠道、多层次、多方式引进各类所需人才，不断壮大人才队伍，提高高校的综合实力。

（四）任人唯贤，建立有效激励机制

用人之道，即取胜之道，是一门很深的学问。稍有不慎，轻则延误时机，重则招致失败。因此，高校在人才应用方面应把握以下三点：首先，要建立正确的用人机制。高校应本着"以人为本，效率优先，兼顾公平"的原则，广纳贤才、任人唯贤、人尽其才、才尽其用，在选拔、使用、奖励的过程中，做到公开、公平、公正，实施按需设岗、因事设职、按职择人，坚持"用人不疑，疑人不用"的原则，使其有职有权，有的放矢地开展工作，实行大才大用、小才小用、专才专用，尽力发挥各类人才的优势和特点。其次，要建立合理的考核机制。考核既是检验工作情况、工作绩效的一个重要环节，也是聘任、晋升和奖惩等的依据，制定切实可行的绩效考核办法和建立合理的绩效考核机制至关重要。因此，高校必须建立一套科学、公平、公正的考核评价体系，形成公平、理性、有序的竞争，使人才的贡献得到认可，使真正优秀的人才脱颖而出。最后，要实施有效的激励机制。高校应坚持按需设岗、择优聘任、责酬一致的原则，强化岗位管理，把人员待遇与岗位职责、贡献大小紧密结合起来，实行按劳取酬、优劳优酬，改革分配制度，建立重实绩、重贡献，向高层次人才和重点岗位倾斜的分配激励机制。

高校的人力资源可以分成四部分：从事教学的人员、从事科学研究的人员、从事行政管理的人员、从事服务工作的人员。高校要根据实际需要，对人力资源进行合理配置。第一，要对全校的人力资本做到心中有数，对于人力资本的发展需求、兴趣爱好等能够有所了解；第二，要在了解人力资本的基础上，知人善任，合理安排工作岗位，做到人尽其才；第三，要按照公开、公平、公正的原则和革命化、专业化、年轻化的要求选拔干部，不拘一格，使用人才，把真正有实力、有能力的人才选拔出来，形成有利于优秀人才脱颖而出的良性机制；第四，高校教师是宝贵的人力资源，尤其要注意对教师的合理配置、优化组合，根据专业需求和教师教学、科研等各方面的能力合理配置，充分发挥教师的作用；第五，要建立合理的分流制度，对于不能胜任工作岗位的人员及时调整，避免人力资源的浪费和给工作带来损失。

（五）优化配置，建立科学管理机制

随着教育体制改革的不断深化，高校人力资源市场要适应市场经济发展的要求，打破封闭的管理模式，建立以市场为导向的人力资源管理机制，形成高校内部人力资源市场和外部市场统一的人力资源市场体系。一是推行合理的人才流动机制，实现人力资源的优化配置。高校可以在建立相对稳定骨干层的同时，形成出入有序的流动层的教师队伍管理模式，各高校之间可以实行资源共享、互聘教师、建立客座教授制度等，聘请专家、教授来校短期工作，借助专家的业务实力，带出高水平的学术科研队伍，也可向社会招聘教师，还可返聘高级专家等多种途径，拓宽教师的来源渠道，促进教师资源的合理配置和有效利用。二是营造良好的工作环境，发展和壮大人才队伍。良好的工作环境不仅包括良好的办公环境，还包括良好的人际关系所创造的工作氛围。面对激烈的人才竞争、市场竞争，高校在人力资源管理过程中应充分体现人性化管理的要求，把人性化管理思想融入高校人力资源管理的各个环节，注重人的差异性、层次性，强调人的不同需求，突出人的主体性和能动性，充分重视高层次人才的合理使用，采取一系列有效措施，对现有的优秀人才在政治上予以信任、在工作上予以重用、在生活上予以关心、在待遇上予以优惠，真正做到"事业留人、待遇留人、环境留人、感情留人"，使他们安心本职工作，不遗余力乐于为高校的发展做贡献。只有这样，才能不断发展和壮大高校的人才队伍，提高高校的整体素质和综合实力，从而实现高校的可持续稳定发展和全面腾飞。

高校作为人才聚集和人才培养的基地，承担着人才培养、知识创新和服务社会的重要任务。高校要想培养出好的人才，首先要有高素质的教师。因而，人力资源水平在一定程度上决定了高校的水平，人力资源开发和管理能力极大程度上影响着高校的发展和前途。总之，以科学人才观为指导，坚持树立以人为本、人才工作先行和量才使用、用人所长的观念；以加强能力建设为核心，以创新人才机制为动力，以培养高层次人才为重点，以优化人才队伍结构为主线，以强化人才激励为突破口，紧紧抓住人才培养、吸引、使用三个环节，积极开发利用同内国际人才资源，集聚各类优秀人才，不断提高高校人才的知识创新能力、教育教学能力和服务社会能力，大力加强高校人力资源开发和管理，建设一支道德高尚、业务精湛、规模合理、结构优化、充满活力的人才队伍，为实现高校跨越式发展提供强有力的人才保证和智力支持。

没有天生的人才，人才都是培养出来的，而且始终处于发展状态。如果不建立相应的人才培养机制，就会扼杀人才的成长。因此，培训对于人力资源开发具有重要意义，可以提高人力资源整体素质，形成整体合力，发挥人力资源的最大效益。对教职工进行培训是高校提升人力资源质量的有效途径。要按照"政治强、业务精、作风正"的要求，对全校教职工进行培训，提高教职工的政治素质、思想素质、业务水平、工作能力。第一，要对人力资源的具体负责部门工作人员进行培训，使人力资源部门的工作人员尤其是负责人具有现代人力资源开发的理念，掌握适应新形势的人力资源开发、管理与优化配置的思路与方法，为做好高校人力资源工作提供人力基础；第二，要对教师进行培训，使教师能够掌握现代教育理念，掌握适应教育发展需要的教学理念、教学手段、教学艺术、教学方法，把握学生成长成才的规律，努力实现教学与学校的建设与发展、与学生的成长成才相结合，提高教师的教学水平；第三，要对行政管理人员进行培训，提高行政管理人员的工作水平和业务能力，提高管理效率和管理水平，促进学校管理工作的良性、高效、协调发展；第四，要对后勤服务人员进行培训，强化后勤服务人员的服务意识，服务做到及时、迅速、精品化；第五，要增强全校教职工的科研意识，要求全校教职工在不同工作岗位上能够认真思考，不断研究，形成学术研究的良好风气，以此来推动工作的开展。这样，就能够发挥全校教职工的主观能动性和积极性，团结一心，共同服务于学校的发展，使人力资源的作用能够得到充分发挥。

面对高校人力资源的现状，要认识到高校人力资源的开发与配置并不是轻而易举的，而是一项系统的、全方位的工程，单纯依靠学校领导，或者是人力资源管理部门，难以真正实现高校人力资源优化配置的目标，必须依靠全校教职工齐心协力，团结一致，才能够改变高校人力资源现状，做好高校人力资源工作，发挥人力资源的整体优势，形成整体合力，提高高校的竞争水平和综合实力，提升高校的可持续发展能力。

第四节　新时期应用型高校人力资源管理的特点

一、高校人力资源的特点

高校作为一种特殊的组织，其人力资源有不同于一般组织人力资源的一些特点，高校人力资源可能隐含着巨大潜能也可能产生的极大浪费，人力资源管理在高校内部管理中具有极其重要的地位。高校人力资源的数量和质量决定着学校的生存竞争力及发展活力，制约着学校的发展水平。高校人力资源管理的目的是通过科学管理，谋求教职员工之间、师生之间，教职员工与教育事业、社会环境之间的相互协调达到事得其人，人适其事，人尽其才，事尽其功。

（一）高校组织的特殊性

高校组织的特殊性主要表现在两方面：一是高校是一个特殊的组织，尽管每个高校都有完整的组织结构，但它不同于国家机关，也不同于企业。国家机关自上而下有比较严密的组织管理系统，领导每下达一项任务，下一级必须立即付诸行动，并且这种行动结果容易衡量。在企业，由于经济利益的关系，上下之间的指令与行动也是一气呵成。但对于高校，一个具有公益性质的组织，其自身的特殊性就决定了高校不可以像企业一样时时处处和经济利益挂钩，同时由于大学的学术劳动力本身有很强的独立性和自我意识，很大程度上在时间和意志等方面享受自由，就不能按照企业和行政的做法。二是，行政权力和学术权力之争始终是每一个高校面临的突出问题。高校办学很重要的一个方面是学术自由。教师无论授课，还是研究，或是从事社会活动，都享有一定的学术自由。但学术自由是有边界的，这个边界就是和行政权力的冲突以及和解。如何处理这个矛盾，对大学教师的影响非常大。这是高校人力资源管理不可回避的问题。

（二）高校人力资源管理的目的是服务于学校的学术管理

学术是大学的安身立命之本，那么学术管理也就当然地成为大学各项工作的中心。不容置疑，大学作为一种特殊的社会组织形式自然存在着大量的行政管理，存在着人力资源的开发管理。特别是在大学规模不断扩大、与社会经济的联系日益紧密的情况下，高校人力资源管理更需要向着科学、高效、专业化的方向发展。但是，无论采取何种运行方式和运行机制，都应该保证和服从于高效的学术管理。这就要求学校的领导与管理层的人员要有学术文化和管理文化两种文化背景。

（三）高校人力资源管理的核心是机制创新

高校人力资源管理体系的完善，最终必须通过在用人制度、分配制度、考评制度等方面建立起激励、竞争、约束、淘汰的新机制，以机制的创新推动改革的进程。在人才引进、稳定、利用等环节上、在人才能力建设、人才结构调整、人才配置优化的政策设计上要有新思想、新举措。以实现稳定人才、引进人才，建设高素质的师资队伍和管理队伍，激励教职工的积极性和创造性，多出成果、快出成果，通过转化运行机制，增强学校办学活力，提高办学效益，落实办学方针和理念，实现办学定位和思路。

（四）高校人力资源管理的对象具有多样性

高校传统的人事管理对象是指"三支队伍"，即教师队伍、干部队伍和服务队伍。

管理重点是教师（主要是专业教师）这一块，而市场观念下的高校人力资源管理对象却要根据整体目标的需要，全面规划人才的类型，必须拓宽管理范围，使管理的触角伸到各类人员之中，在运作时，应将各类人员进行细分。将教师队伍分为教学人员、科研人员、教学技术人员和教学辅助人员；将干部队伍分为行政管理干部、党群学工干部；将服务队伍分为一般服务人员、技术服务人员、经营人员和管理人员。另外，还应根据组织的需求物色未来的各种层次的人才，充实组织力量，以保持组织的活力。

（五）高校人力资源管理手段的综合性

高校人力资源管理的目的就是通过满足丰富多彩的合理需求来调动工作积极性，使高校人力资源发挥更强的主观能动性。高校人力资源需求的丰富性决定了高校人力资源管理手段的综合性，不仅要充分利用制度规范和奖惩手段，更要重视校园文化的建设、工作环境的改善，为高校人力资源提供广阔的发展空间。

二、高校人力资源与其他人力资源的不同点

高校人力资源是指高校中从事教学、科研、管理、后勤服务等方面工作的教职工总体所具有的劳动能力的总和，是现代学校管理最根本、最核心的资源。作为一个特殊的群体，高校人力资源除了具有一般的人力资源特征之外，还具有其他人力资源所不具备的独特性。

（一）高度重视自我价值的实现

高校人力资源具有高学历，受过系统专业教育，掌握专业知识和技能，视野开阔，知识面广，重视能够促进其发展的具有挑战性、创造性的工作，对知识、个体和事业的成长有着持续不断的追求。他们要求组织给予其自主权，以便能够用更有效的方式工作，并完成交给的任务，渴望通过这一过程充分展现个人才智，注重自我价值的实现。将挑战性工作视为自我价值实现的方式，自我满足的内驱力使高校人力资源产生巨大、持久而稳定的进取精神，尽力追求完美结果。

（二）注重成就激励和精神激励

高校人力资源更渴望看到工作的成果，认为成果的质量才是工作效率和能力的证明。因此，成就本身就是对他们最好的激励，而金钱等传统激励手段相对弱化。不仅如此，由于对自我价值的高度重视，高校人力资源同样格外注重他人、组织及社会的评价，并强烈希望得到社会的认可和尊重。

（三）重视人格独立和自由

高校人力资源，尤其是专业技术人员不仅富于才智，精通专业，科技知识接受度高，而且更重视人格独立和自由，提倡推崇扁平的层级结构，希望组织资讯公开、科技导向、强调绩效，以创新方式解决问题。他们尊重知识，追求真理。崇尚科学。此外，由于他们是知识型人才，掌握着特殊专业知识和技能，可以对上级、同级和下属产生较大影响，因此传统组织层级中的职位权威对他们往往不具有绝对的控制力和约束力。

（四）学习动机强烈

高校是学习型组织，对"终身学习"理念有着更为广泛和深入的认同。高校的工作主要依赖于知识，为了适应时代发展的要求，提高自身工作能力和水平，他们需要不断地更新和补充知识，才能与专业的发展现状保持一致。因此，高校人力资源渴望并乐于参加各种学习、培训，有潜在而巨大的学习动力。

（五）优质性、创造性与难替代性

高校人力资源的优质性，体现在其人力资本存量的丰富上，他们的劳动具备智能性、创新性和创造性的特点。在工业经济背景下，一个最有效率的工人比普通工人多生产30% ~ 50% 的产品，但在知识经济背景下，劳动价值更多体现在智力劳动和创造性劳动上，技术研发人员能够比普通人员做更多的工作。在工业社会中，同质劳动力具有很强的可替代性，然而在信息时代，很多人才具备特殊才能。在高校也正是因为人才的特殊创意和特殊才华，才造就了一个思想库，这些是难以替代的。

第五节　先前理论的适应性分析

随着经济全球化步伐的加快和知识经济时代的到来，以信息技术为核心的新技术革命从根本上改变了社会经济形态，多元化、个性化的市场环境使得高等教育面临前所未有的挑战。近年来，随着国内外形势的发展和变化，对高校人力资源管理既带来机遇，也带来挑战。全面、科学地分析机遇与挑战，未雨绸缪，及时制定正确的对策，才能抓住机遇，变挑战为动力，取得高等教育在人才队伍建设中的主动权。人力资源管理是高等教育管理的重要组成部分，是高校在激烈竞争中赖以生存和发展的基石。然而高校传统的人力资源管理面临跟不上时代步伐，作用和重要性日趋减弱的命运，此时，人力资源管理创新的概念应运而生。高校人力资源管理创新是指在市场竞争日趋激烈的环境下，为了提升高等教育内部人力资源管理与运作的效率，运用创新思维为高校带来人力资源管理的新思想、新概念和新方法。由其概念不难发现，人力资源管理创新是增强高校智力资本优势和竞争能力，应对知识经济新挑战的重要途径之一。

一、高校人力资源管理创新趋势

当今的知识经济时代，全球市场竞争的日益激烈加速了全球经济一体化、管理信息化的进程，高校由曾经一度的追求利润最大化转向追求整体价值最大化，高校传统金字塔式的权力型组织结构转向扁平化组织结构、团队式的管理运作模式，高校由原先的物力、财力竞争转向对市场瓜分能力和人才获取能力的竞争；高校教职工的管理由被动接受型转向积极参与管理型，由物质推动型激励转为情感满足型激励。为了适应知识经济带给市场环境的变化，高校人力资源管理酝酿着巨大的创新变革中，这种创新主要呈现出以下四种发展趋势。

（一）知识化

知识化是知识经济时代高校未来竞争格局的基本特征。作为知识和技能承载者的人力资源，高校必须以全新的视角认识人力资源管理在高校中的作用。高校人力资源管理的知识化趋势改变了衡量高校的标准和竞争规则，人力资源的知识含量反映了高校拥有的专门知识、技能和能力，是高校创造独占性的专有知识和垄断技术优势的基础。高校作为一种知识整合系统，是创造、传递和运用知识的组织，其中人力资源管理知识化是高校文化与知识管理相互融合所产生的战略资产，是体现高校价值的关键要素。

（二）柔性化

如果用传统规章制度式的刚性管理，高素质的知识型教职工很难从内心深处激发其潜在的主动性和创造力。柔性化的人力资源管理模式是一种"以人为中心"，以"柔性"的方式去管理和开发人力资源，运用弹性工作制、激励导向的薪酬策略与自助餐式的福利相结合的管理模式，是激发高校教职工积极进取的重要手段之一。知识经济社会，工作的弹性制使教职工有更多的自由支配时间，满足他们通过学习更新老化知识，提高高校和教职工的知识存量，提高竞争力。人力资源的柔性管理模式冲破了刚性管理模式的有形界限，不局限于固定的组织结构循规蹈矩进行管理，而是随着时间和外部环境等客观条件的变化而变化，体现"和谐、融洽、协作、灵活、敏捷、韧性"的柔性特征，这是一种反应敏捷、灵活多变的人力资源管理模式。

（三）个性化

随着高校的规模和边界的不断扩展，跨地区、跨高校的不断增多，高校教职工呈现出分散化、个性化的趋势，传统单纯的人力资源人事管理技术已经不能适应高校发展的要求，为了满足知识教职工个性化的需求，传统人力资源管理的许多职能如招聘、培训、激励、考评以及工资福利的制定与执行已经发生重大变化，对知识教职工或小团队进行有针对性的"量身定做"个性化的人力资源管理"套餐"成为人力资源管理创新的趋势之一。

（四）外包化

在未来的高校管理中，应将那些仅做后台支持而不创造人力资本增值的后勤管理业务外包出去。任何不提供向高级发展的机会、活动和业务也应采取外包形式。长期以来，人力资源管理拘泥于后勤保障的功能，其中薪酬、保险、福利、税收、教职工档案、招聘、录用、培训等职能具有明显的事务性、重复性和通用性等特点，这些不创造价值的职能外包给专门的人力资源顾问公司，有助于其从一般的行政管理职能转变为战略性的经营规划职能，使高校更加专注于核心竞争力的培养，突出人力资源管理职能的重点并提高绩效，降低高校的经营成本。

二、高校人力资源管理创新的途径分析

知识经济条件下，高等教育所处的环境日新月异，随着知识化、柔性化、个性化、外包化高校人力资源管理创新趋势的到来，高校传统的人力资源管理已不能够适应高校发展的需要。为了应对知识经济提出的新要求，高校应从理念、角色、职能、文化以及技术五个角度全方位实现人力资源管理创新。

（一）理念创新是高校人力资源管理创新的基础

理念创新是人力资源管理创新实现的根本。为实现理念创新，高校应做到以下几点：

1. 树立以人为本的管理理念

教育的目的是培养社会所需的高层次人才，科研的目的是为社会提供高质量、高效益的科研成果和科技文化含量比较高的咨询服务。人本管理理念是将高校中教职工的发展作为高校发展的重要目标之一，重视人的因素、发掘人的潜力、激发人的主动性，建立一套有利于各类人才成长和发挥作用的机制，把人才培养与人才使用结合起来，形成一大批用得上、留得住的人才群体，正是高校发展的希望所在。无论是教育和科研都无不依靠人来实现，人才是高校生存和发展的第一资源。如果没有高素质人才以及他们主动参与各类教学科研等活动的积极性和创造性，财力、物力便将失去其作用和功能。

2. 树立人力资源管理的战略理念

传统的人力资源管理理念停留在处理具体事务的战术管理，而现代高校人力资源管理理念需要具有战略性、整体性和未来性的特点，结合高校经营方式的转变、战略的调整、行业发展的趋势及人才市场的信息，参与组织的战略决策，做出总体的战略规划。

3. 树立高校与教职工双赢的理念

高校的效率，取决于高校中每个成员能否充分地发挥聪明才智并相互分工协调，这便是高校成功的关键。高校与教职工双赢理念的树立有助于高校经营理念和教职工价值取向一致性的形成，有助于将教职工的职业生涯规划与高校未来的发展远景统一起来。理念的形成还有助于构建高校内部双赢的高校文化，造就教职工积极进取的动力和激情，营造高校内部公平、公正、民主的氛围。

（二）角色创新是人力资源管理创新的表现

传统的人力资源管理在高校中处于配角地位。知识经济时代人力资源地位发生根本的转变，未来人力资源管理将在高校中扮演着以下重要角色：

1. 战略伙伴角色

过去人力资源管理是高校发展战略的被动接受者，高校发展战略决策的制定很少需要人力资源管理者的参与，这往往造成高校人才队伍的提供与培养不能满足高校长期发展的需要。为解决与战略计划割裂的问题，人力资源管理将扮演新的角色，即成为高校战略的制定者和推行者，为实现高校目标制定并实施前瞻性的人力资源战略规划，将人力资源管理与高校战略目标联系起来，以改进教职工绩效与组织绩效。

2. 变革推动者角色

在日新月异的市场环境中，高校成败的关键在于能否主动变革，发现经营问题，提出创新构想。人力资源管理已不仅仅是人力资源管理部门的责任，而是全体教职工及全体管理者的义务。因此，高校人力资源管理扮演变革推动者角色具有很好的高校内部基础，易于提出推进变革的行动纲领，主导高校各个层次进行有效的计划和应对措施，进一步克服变革阻力，推动、帮助各层管理者承担高校的变革。

（三）职能创新是人力资源管理创新的实质

为应对全球化的挑战，高校人力资源管理职能需要有新的发展与创新，在对其进行重新定位的基础上实现以下转变：

1. 激励与整合高校人才资源的功能

人力资源管理的一个重要职能是设计各种激励机制，包括报偿机制、成就机制、机会机制等，建立以激励为导向的管理功能激励教职工，通过有效的沟通激发教职工潜能，完成高校内部人力资源整合使高校人才配置达到最优。

2. 高校文化整合职能

高校教职工来自不同的地区，具有不同的文化教育和专业背景，必然具有不同的价值观念、态度和行为，教职工间文化教育水平的差异需要有不同的管理观念和管理方法。为更有效地管理高校，提高高校运行效率，必须通过人力资源管理的培训来减少高校教职工之间的摩擦，使高等教育面向国际，构建跨文化管理战略，实现成功的跨国合作与经营。

3. 注重教职工职业生涯的发展

如何才能留住人才，使之真正发挥作用，为学校尽心尽力，同舟共济呢？一个切实可行的办法是学校参与人才职业生涯规划的指导和管理。当然职业生涯规划更多的是个人的事情，是谋求自我发展的个人设计，但学校管理部门可以通过一定的辅助措施加以指导，使个人能按照学校的要求与规范谋求个人的成长和发展。这里，关键是要为人才的成长和发展提供一个舞台，让其能够施展才华，实现自我价值，同时给予帮助和及时引导，让其能够找到一条科学而合理的成长之路，把自己的全部身心融入学校的事业发展中，奉献全部智慧。人才要谋求个人职业发展，关键是一个不断提升自我的过程，因此按照努力把高校建成一个高素质、高水平的学习型组织的新思路和新要求，依据学校事业的发展目标与各种人才的个性特长和比较优势，提供不同的培训进修和对外学术交流的机会及有利的创业环境，是学校开发人力资源潜力的有效手段。特别是面对经济、政治、文化全球化和高新技术迅猛发展的新趋势，利用人才现有能量为不断开发人才潜能和能量增量，在提升个人能力的同时，也使学校事业得到一个大的发展，这才是真正的人力资源管理方向。

（四）文化创新是人力资源管理创新的源泉

高校人力资源管理是高校文化的维护者，以优秀的高校文化吸引人和激励人是高校成功经营的关键。文化创新直接影响教职工的观念意识和思维方式，并制约教职工的行为，是人力资源管理创新的根本动力。

1. 建立与时俱进的学习型创新文化

最大限度地发挥教职工潜能，体现人力资源管理的文化创新学习型高校相对于传统科层制的高校组织结构，具有结构扁平化、信息化、开放性的特点，学习型的创新文化以先进的文化理念为核心，充分尊重人的价值，调动每个教职工自主学习的精神、创造潜质和主人翁责任感，在高校内部形成一种强烈的价值认同感和巨大凝聚力，激发教职工的积极性，并通过制度安排，实现教职工在高校统一目标下的自主经营和自我管理，进而形成高校创新的动力和创新型管理方式。

2. 从我国传统文化中汲取营养，是文化创新取之不尽的源泉

纵观高校文化的发展历程，美国的高校文化造就了20世纪中后期美国经济的奇迹，对我国高校文化并对有着深远的影响。美国的高校文化是在各国先进传统文化的基础上改进，是文化创新成功的范例。博取众家之所长，增强我国高校文化创新的民族性，是人力资源管理文化创新的立足之本。只有造就一个文化创新的良好环境，源远流长的中华优秀传统高校文化与知识经济文化相融合，才能真正提升高校的核心竞争力。

（五）技术创新是人力资源管理创新的工具

信息技术已经渗透到高校管理的每一个环节，技术创新大大提高了人力管理管理的工作效率，是人力资源管理创新的重要手段。

1. 数字化的高校人力资源管理

建立教职工资料数据库，将所有教职工信息都储存到电脑信息管理系统中。数字化从根本上改变了传统的人事档案管理制度，大大减少了传统人力资源管理手工操作的工作量，为人力资源外包的实现提供了技术支持。

2. 网络化的高校人力资源管理

网络化使高校内、外部和职能部门间边界逐步趋于模糊。一方面，高校内部的培训、沟通、薪酬、绩效考评等传统人力资源职能可以在一个信息技术平台上完成，改变了逐级下达的科层信息，实现了高校扁平化。另一方面，网络化使高校与外部信息的交流形式发生了根本变化。网站开发与维护是高校文化建设与高校形象宣传的新工具，是由人力资源管理主导完成的一项新的职能，是人力资源管理技术创新的重要表现。

21世纪是知识经济的时代，体现于人力资本和技术创新的知识是经济发展的核心，更需要有创新意识和强烈创业欲望的领导人才，需要懂科学、善经营、会管理的人才，需要勇于创新、不断进取、兢兢业业的技术人才，人的知识及其创造能力将成为知识经济社会的第一资源，有知识的人将成为社会发展的主流。日益走入社会中心的高校，人力资源管理创新是其管理发展的必然趋势，是知识经济时代人力资源管理人员肩负的义不容辞的职责，是经济全球化、人才国际化的战略选择，更是人力资源管理的神圣使命。高校走人力资源管理创新之路，既要务实，全面把握高校存在的历史和现实问题，把教职工的职业规划逐步从谋生的手段转变为"自我发展和自我满足的需要"，寻找到高校利益与个人利益、眼前利益与长远利益的平衡点与结合点；又要敢于大胆创新，借鉴国内外知名高校和成功高校的先进管理经验，并结合高校的未来发展战略，形成集知识性、前瞻性为一体的工作要点，创造性地开展工作，使高校的人力资源管理创新取得突破性的进展。

第三章　应用型高校人力资源成本管理

第一节　应用型高校人力资源成本管理
理论基础

一、高校人力资源成本管理的相关理论

进行人力资源成本管理，需要以一定的理论为基础。人力资源会计理论、教育经济学理论等，都是人力资源成本管理的相关理论。其中，人力资源会计理论，是进行人力资源成本管理的最主要理论。

（一）人力资源会计的基本理论

1. 人力资源会计的含义

人力资源会计在西方有不同的表述：美国会计学家埃里克·弗兰霍尔茨认为，人力资源会计是计量和报告组织的资源——人的成本和价值的程序，"把人的成本和价值作为组织的资源而进行的计量和报告"。它分为两大体系，一是用来计量组织投资于招募、选任、雇佣、训练与发展人力资源与重置现有职工成本的人力资源成本会计；二是用来计量被视为组织资源的人力价值（人力组织的价值）的人力资源价值会计。美国会计学会对人力资源会计的定义为："鉴别和计量人力资源数据的一种会计程序和方法，其目标是将人力资源变化的信息，提供给外界有关人士使用。"

人力资源会计在中国也有不同的表述。阎达五等认为，人力资源会计是"对人力资源进行价值核算和管理的一种活动，包括人力资源财务会计与人力资源管理会计两部分，前者是以会计原则为准绳，主要鉴别、计量与提供有关人力资源的货币性信息，以使信息使用者做出正确的判断和决策的有组织的系统；后者是利用人力资源的货币性信息及其他相关信息，对人力资源的选择、开发、配置、保护、评价等进行判断和决策的会计管理活动"。王文彬等认为，"人力资源会计是以货币形式反映并控制经济组织中的人的成本和价值的管理活动,是会计科学中的一个新兴的分支。就广义而言，人力资源会计应包括政府、社会团体、企事业单位等各类经济组织中人的成本与价值

计量、报告、监督和控制；就狭义而言，人力资源会计则包括具有独立经济利益的各类经济组织（如各类企业、营利性的事业单位等）中人的管理活动"。

总之，人力资源会计是在运用经济学、组织行为学原理的基础上，与人力资源管理学相互结合、相互渗透所形成的一类专门会计学科，是对组织的人力资源成本与价值进行计量和报告的一种程序和方法，是会计学科发展的一个全新领域。

2. 人力资源会计的假设

任何一门学科的建立，都有其基本前提即基本假设。

会计假设是会计系统得以运行的前提条件，人力资源会计也需要相关假设作为基石。其假设前提有以下几点。

（1）主体资源假设

主体资源假设即假设人力资源，是会计主体所拥有和控制的资源，人力资源会计核算和控制的是，组织内部这一空间范围内的人力资源，组织之外的人力资源不属于人力资源会计的核算对象。

（2）存续假设

存续假设即假设人力资源，在可预期的未来期间存续。这里包含两层意思。一是人力资源的载体在可预期的未来会计期间持续存在，不考虑以后的消亡。二是在可预期的未来，该人力资源始终存续在组织之内，为组织拥有和控制。

（3）可以计量假设

可以计量假设即假设人力资源的成本与价值，是可以计量的。这就构成了人力资源会计赖以存在的前提之一。同时，人力资源的成本与价值计量，应该以货币计量为主，并辅以充分的非货币计量手段。

（4）管理影响假设

管理影响假设是指，人力资源会计信息能够反映组织业绩和发展潜力，并促进管理进步。一方面，可以满足组织外部会计信息使用者，对人力资源会计信息的需要，作为决策的依据。另一方面，使组织管理者认识到人力资源会计内在功能，推动人力资源会计的应用和完善，促进人力资源管理水平的提高。

3. 人力资源会计的作用

人力资源会计除了能为组织管理者、外部投资者、债权人、政府有关部门和公众，提供有关企业人力资源变化的信息，满足各方面对这类信息的需要外，还有以下几个方面的作用。

（1）有利于国家进行宏观调控

通过人力资源会计提供的信息，政府机构可以了解整个社会的人力资源开发和利用的信息，政府机构可以对人力资源开发管理先进的企事业单位给予优惠政策，对不重视人力资源建设的企事业单位，采取相应的指导措施。国家还能在宏观上控制人力资源的总量和结构，并促进人才的合理流动。

（2）有利于组织管理者制定合理的经营管理决策

人力资源会计所提供的信息，可以促使组织管理者重视人力资源投资，进行合理的人才资源经营管理决策，克服组织短期行为，使组织在激烈的市场竞争中生存和发展。

（3）有利于加强人力资源的管理

建立人力资源会计，一方面，创造一种珍惜爱护人才的良好氛围，激发员工的工作热情和活力；另一方面，促进员工自觉学习，提高自身素质，增强组织的核心竞争力。

（4）有利于保障劳动者的人力资源权益

人力资源权益的确立，使组织的员工能因其所拥有人力资源的所有权，而享有与物质资本投资者一样的剩余索取权，从而改变了以前由物质资本投资者完全独占剩余索取权的不合理现象。劳动是价值创造的唯一源泉，劳动者应该依自己所拥有的人力资源的所有权，而成为企业的所有者并得以与物质资本投资者共同分享利润。这不但有利于劳动者积极性的发挥，也是我国社会主义初级阶段"按劳分配"为主和非劳动生产要素参与分配相结合原则的真正体现。

4. 人力资源会计的分类

按照会计目标对会计信息的不同要求，人力资源会计可划分为人力资源财务会计和人力资源管理会计。其中人力资源财务会计包括人力资源成本会计和人力资源保障会计。人力资源管理会计包括人力资源价值会计、人力资源投资会计、人力资源供求预测和人力资源会计的职能。

5. 高校人力资源成本会计含义

在人力资源会计发展史上的第一阶段，就产生了人力资源成本的概念。在第二阶段，研究者们开发出了一些人力资源成本的计量模型并在试点企业的会计实践中进行了人力资源成本的计量工作。以后，各国研究者对人力资源成本的计量模型也进行了许多改进工作。因此，人们普遍认为人力资源成本会计是比较成熟的一种人力资源会计模式。

（1）人力资源成本会计的概念

美国会计学者埃里克·弗兰姆霍尔茨认为，人力资源成本会计可以定义为"为取得、开发和重置作为组织的资源的人所引起的计量和报告"。他认为，人力资源会计主要研究两个相互联系的成本类型：一是与取得和开发人力资源使用价值有关的人事管理的职能成本，诸如进行招募、选拔、雇佣、安排和培训人力资源等人事管理活动的成本。这些活动的成本是取得和开发人力资产的成本的要素。人事管理活动职能的成本会计可称为"人事管理成本会计"，它是人力资源成本会计的必要前提。二是人力资源本身的成本，而不是指进行人事管理职能本身的成本会计。它包含计量不同等级人员的取得和开发的成本，可称为"人力资产会计"。上述两方面构成人力资源成本会计。

笔者认为，人力资源成本会计是组织为取得、开发、使用人力资源和为取得及开发替代者以替代组织特定的人力资源的载体所引起的成本的计量和报告。

人力资源成本应包括取得人力资产使用权，提高人力资产使用价值、维持人力资产使用价值、结束人力资产使用价值、保障人力资源投资形成人力资源成本。

（2）高校人力资源成本会计的含义

高校人力资源成本会计，是视人力资源为有价值的组织资源、以货币为主要计量单位，对高校人力资源的成本价值运动（包括人力资源的取得、开发、调配、使用等）进行连续、系统地反映和控制的一门科学。

关于高校人力资源成本会计的界定，需要强调以下几点。

第一，高校人力资源会计的核算内容，是高校的人力资源成本价值运动，即体现在教职工身上的人力资源价值运动。该人力资源必须是高校拥有的资源，人力资源的成本必须是人力资源为高校提供服务时所实现的。

第二，高校人力资源成本会计的核算方法有两种。一是成本法，二是价值法。鉴于高校人力资源预计能创造的未来价值受诸多因素影响，预计创造的价值不仅有直接的，而且更多地表现于间接效果。比如，教师创造的价值表现是对学生道德观、人生观等潜移默化的影响，使用价值法将会带来很强的主观性，因此更宜使用成本法。

第三，高校人力资源成本会计的目标，是要揭示关于高校人力资源的成本信息，进行人力资源的估价和投资效果分析、录用高质量的人才，确定人力投资的方向和规律，为高校更有效地利用和管理人力资源服务。

第四，高校人力资源成本会计，以货币为主要计量单位，计量高校的人力资源成本。但是，这样还不能完全准确地反映出人力资源价值运动的全貌。因为人力资源是一种特殊的经济资源，它虽然具有某些与物质资产相似的属性，同时还有其他资源所不具备的属性，即它的主动性、易变性和适应性，往往难以把其数量化。因此，高校人力资源成本会计还应与其他学科（行为科学、系统科学）交叉渗透，兼容并蓄，研究运用非货币计量模式，进行辅助考核。

6. 高校人力资源投资会计含义

（1）高等人力资源投资会计的含义

人力资源投资会计，是对为了开发人力资源，提高人力资源使用效益而引起的各种人力资源投资的计量和报告。

人力资源投资的主体是国家、社会、企业、家庭和个人。因此，从理论上说，它们都可以成为人力资源投资会计的主体。

因为人力资源会计是对组织拥有或控制的人力资源的数据进行鉴别和计量，高校拥有或控制的人力资源的载体是学校的教职工，在高校里作为人力资源投资对象的学生，不是学校拥有或控制的人力资源。因此，严格地说，学校里学生人力资源变化的信息，不是高校人力资源会计核算的内容。但是，学生是学校教育活动的"加工产品"，学校是利用各方面的人力资源投资，来促成人力资本形成的主体，学校人力资源的价值运动，最终将体现在学生身上。学校是介于学生、家庭和企业、社会之间的桥梁，通过它最容易获得来自各方的人力资源教育投资的综合数据。同时，学校财务部门具备了较完备的会计核算体制，便于进行人力资源教育投资的核算，确定大学生的人力资源培养成本，能够提供比较可靠的人力资源教育投资的信息。因此，在进行人力资源教育投资核算时，将高校作为人力资源投资会计核算的主体，无论从可行性还是从经济性上来说，都是一个较好的选择。

（2）人力资源教育投资的构成

人力资源教育投资主要由国家投资、社会投资、企业投资、家庭投资和个人投资等几个方面组成。

①国家投资

国家投资是指国家用于教育的财政支出，和国家、地方财政分配给各产业、行政部门经费中用于教育的开支。迄今为止，没有一所学校真正地确定过国家投资具体地分摊到每一个学生身上的数额，这是因为没有建立人力资源教育投资核算体系，也没有按学生个人设立明细分类账进行明细核算。因此，学校要进行人力资源教育投资核算，就应将每个学生作为投资核算的对象，将国家的教育投资按受益情况分摊到每个学生头上，从而确定由于国家的教育投资而凝固在每个学生身上的那部分人才培养成本。

②社会投资

社会投资是指热心教育事业的个人或组织对教育事业的资助。对于学校来说，收到的这种资助也应直接或间接地记到受益者的明细账上。

③企业投资

企业的教育投资包括为使员工掌握必要的知识与技能，或提高企业的人力资源素质而进行的教育投资，这种教育投资已纳入人力资源开发成本进行核算。企业为了吸引人才、储备人才，而在学校设立的奖学金；企业出于赞助公益事业或出于商业目的，而资助教育事业所进行的教育投资等。在学校进行人力资源教育投资会计核算时，企业的后两类教育投资都应分摊计入受益者的高校人才培养成本。

④家庭投资

家庭投资是指，家庭在子女受教育期间，所发生的与教育有关的费用支出。这种支出能促进人力资本的形成和积累，使受教育者在未来获取更高水平的收益。

由于家庭在子女的大学学习期间所发生的相关支出，对子女的人力资本的形成和积累所产生的作用有所不同，因此是否将所有的相关支出都认定为家庭的教育投资，或认定为家庭的教育投资时，如何进行适当的变通处理，是计量家庭教育投资时必须解决的问题。

⑤个人投资

个人投资是指作为人力资源载体的个人，对自身进行的有利于人力资本的形成和积累的教育投资。个人投资实际上是由于进行教育活动而产生的机会成本。

对于已达到劳动年龄的学生来说，机会成本是指因继续接受教育而放弃的在原有知识水平、能力经验基础上所能获取的货币收入。当学生在受教育期间因提供有偿服务（如参加勤工助学活动等）而获得收入时，则该学生实际放弃的收入，是他未直接参加工作所放弃的收入与他在校学习期间获得的兼职收入之差。

作为家庭和个人来说，在做出人力资源投资决策时，是要考虑机会成本的。例如，一位对其工作很满意的大学毕业生，在是否放弃现有工作而选择考研时，就要考虑机会成本问题。但是，正如人力资源成本会计核算中，对于人力资源开发成本、替代成本中的机会成本，不出现在财务记录中一样，在高校人力资源投资会计核算中，机会成本也不应计入人力资源培养的实际成本之中。

（二）教育经济学中的教育成本管理理论

教育成本管理属于教育经济学的范畴。教育经济学形成于20世纪60年代，是研究教育与经济相互关系的新兴边缘学科。教育经济学研究的经济理论基础，是马克思主义的社会再生产理论、劳动价值理论和西方的人力资本理论。

教育成本管理理论主要包括教育投资、教育成本构成、教育成本核算、教育成本的预测与计划、教育成本的控制和评估、教育成本分担、教育成本投资决策等几个方面的内容。其中，教育成本构成与教育成本分担，是教育成本管理理论的重要内容。

二、高校人力资源成本管理的动因分析

从目前我国高等教育的现状分析，实行人力资源成本管理，有以下几个方面的动因。

（一）教育资源有效利用率不高，浪费现象还相当严重

出于历史和长期实行计划经济等原因，高等教育投资被当作国家无偿给予教育单位的"赠品"，高校往往不考虑怎样合理使用教育资源，造成高等教育结构以及管理上的许多欠缺。不珍惜教育资源成为普遍的观念性问题，它直接导致了高校资源的普遍浪费和低效率。师生比低、规模效益低、资源利用率也低。尤其是许多高校培养出来的人才不能适应市场需求，造成大量隐性浪费。

这种浪费不仅会给国家和学校带来巨大的经济损失，也会给教育的消费者——学生带来经济损失。可以说，我国的高等教育面临着严峻的形势，要想走出困境，步入良性循环发展轨道，唯有改革才是出路，既要通过多元化的渠道，努力增加教育投入，又要加强财务管理、提高资源的运行效率。进行人力资源成本管理可谓是一剂良方。

（二）穷国办大教育，教育资源匮乏

实行改革开放后，中国经济飞速发展。由于高等教育对经济发展的重要性，人们对高等教育的需求越来越大，要求越来越高，迫使高校的规模迅速扩展，学生数量成倍增加。由于中国还是一个发展中国家，经济较为落后，尽管中国政府用于高等教育的公共开支也有显著增长，但经费增加的速度远远跟不上人员增加的速度。

多年来，政府对高等教育的投入一直处于低水平。近年来，国家下决心改变这一现象，加大对教育的投入。但是，国家对高等教育资金的投向，是向一部分重点大学倾斜，一般学校的投入还不可能大幅提升。如何充分利用稀缺的教育资源，是困扰高等教育发展的难题。

（三）教育面临"两个转变"的挑战

全国人大八届四次会议提出，社会经济发展要实现"两个转变"，即从计划经济向社会主义市场经济转变，经济增长方式从粗放型向集约型转变。由于长期受计划经济体制的影响，过去高校的资源常常是采用平均分配法和均衡增减分配法，不管是什么专业、什么层次、什么部门，大家机会均等地从大锅里分一份口粮。这样做，虽然各条块心理比较平衡，但没有考虑成本的投资效益，因此不可避免地使我们的教育在低效益上徘徊。随着市场经济的进一步发展，国家、社会和民众对高等教育的需求越来越大，而穷国办大教育的现状，使国家对教育的投入远远赶不上高等教育成本的迅速提高，高校资源缺口越来越大。在这种情况下，高校必须实行集约投资的模式，将有限的资源相对集中地投放到效益高、贡献大的部门、方面和专业，并且建立起投入成本和效益挂钩的机制，按市场法则调整资源的配置，使有限的资金产生最大的效益。高校由粗放型投资转变为集约型投资，关键是实行成本管理，将投资与效益挂钩，优化配置资源，以实现"高产、优质、高效"，达到多出人才与出好人才的统一。

（四）实行人力资源成本管理是高校自身发展的强烈要求

随着《面向21世纪教育振兴行动计划》的实施，高校面临着更加激烈的竞争。要想赢得竞争，学校就必须更新观念、深化改革、不断地提高自己的办学质量和办学效益。提出许多实现更高层次的目标、要求，必须通过校内管理体制的深化改革，解决教职工队伍结构不合理，中青年骨干教师不稳定，学科专业狭窄、分割，资源分配低效益等突出问题。

市场经济体制的确定与运行，使我们认识到，不管是营利性组织还是非营利性组织，都必须采用企业精神进行管理和经营。竞争主要是由于争夺稀缺资源及买方市场的压力而产生的。在市场经济体制下，竞争是企业成败的关键。高校虽然不以营利为目的，

但是，企业的竞争精神在高校中同样是非常重要的。目前，高等教育领域虽然尚未形成买方市场压力，不会立即出现生源不足的状况，但是随着教育改革的深入和办学模式的多样化，学生择校入学的情况成为可能，这样对一些学校已经形成了一定的压力，我们相信买方市场在不久的将来肯定会出现。高校应加强人力资源成本管理，不断培养高质量的师资队伍，向社会提供大量的优秀毕业生，发挥出有限资源的最大效益，最终形成竞争优势。有竞争优势的高校，不仅在有限的资源分配上具有优先或更多的获得权，而且这种优势具有滚动效应，能提高学校的声望，得到个人和社会团体的认可，获得更多的资助，如此形成良性循环，改善办学条件。没有效益的高校不适应竞争，不参与竞争的高校，则无法生存和发展。

三、高校人力资源成本管理的研究意义

（一）高校人力资源成本管理研究的理论意义

人力资源是一种稀缺资源，是社会经济发展中最重要、最活跃、最有活力的第一因素。在现代社会中，人力资源，既是经济增长的决定性因素，也是可持续发展的决定性因素，它是高校的兴盛之本。高校的基本职能之一是，要为社会培养高质量的人力资源，这就要求高校首先要有合格的培养人力资源的人力资源。在其他社会资源一定的前提下，高校只有拥有高质量的人力资源，才能为社会培养出更多高质量的人才，才能为社会、为学校创造更高的经济效益和社会效益，使高校逐步提高水平和等级，从而更好地为社会主义经济建设服务。因此，利用人力资源，首先必须要对人力资源进行投资开发，只有把人的才能开发出来，才能充分发挥人力资源的作用。而高校一旦对人力资源进行投资开发，就形成了严格意义上的资本——人力资本。不断地追加投资来开发人力资源，必然使人力资源价值得到增值，使它能创造出比投资开发成本更大的价值。

各级学校都应进行人力资源投资会计核算，向有关各方（包括国家主管部门、监督部门、学校管理部门、学生个人和家庭、学生毕业后的工作单位或继续接受教育的单位等）提供关于教育投资水平现状和教育投资运用情况的会计信息，满足有关各方的需要，另外，也为本单位进行教育投资效益分析，提供必需的资料。

人力资源教育投资由小学、中学、大学各阶段各方面的教育投资所构成。在小学、中学阶段，学校没有专业之分，核算难度比较小；在高等教育阶段，人才培养趋向专业化，不同专业的人力资源培养成本存在明显差异，人力资源投资会计核算应该反映出这种差异。如果解决了大学生人力资源培养成本核算的问题，就可以将其经验向小学、中学推广，最终建立起各级学校的人力资源培养成本的核算体系。

（二）高校人力资源成本管理研究的现实意义

在传统的集权经济体制下，人力资源的调配、使用由国家统一安排，各个具体部门对人力资源的管理相对比较简单。随着市场经济的发展和人力资源的流动加快，劳务市场和人才市场，也逐步建立与发展起来。现实对人力资源管理提出了更高的要求，人力资源会计正是为了促进对人力资源的管理而产生的。

高校人力资源会计作为人力资源会计的一个组成部分，其核算对象是高校人力资源的价值运动，必将为促进高校的人才管理发挥巨大的作用。具体而言，表现在以下几个方面。

第一，它将为高校科学管理人才提供客观依据。通过把人才作为高校的经济资源进行考评，会使高校的财务指标体系更趋于全面客观，从而促进高校对人才管理的优化，提高教育投资的效率。

第二，利用高校人力资源成本信息，进行同类型学校之间的比较，可以找出差距，借鉴经验，正确评估各个学校的价值和成果。

第三，利用高校人力资源成本信息，进行历史数据比较，可以分析发展趋势，及时消除不利发展的因素。

第四，它将为其他行业进行人力资源成本管理提供借鉴。随着经济向前发展，人的因素在经济活动中的作用越来越重要，尤其是在某些组织更是如此。比如，高科技企业、金融机构和事务所，等等。在这些组织中，会计作为一种管理手段，将会在人力资源管理活动中大有作为，人力资源会计的生命力将在实践中体现出来。

第二节 应用型高校人力资源成本的构成分析

一、高校人力资源成本的含义

（一）人力资源成本的定义

成本是指为取得预期的收益或达到特定目的，而在一定对象上所花费的货币性支出或代价。在这一概念中，涉及构成成本的四个要素。一是成本的负担者，即由谁付出代价或支付费用。在这里我们指的是企业以及其他单位或组织。二是成本归集的对象，即以什么为目标来归集付出的代价或支出的费用。三是成本发生的主体，即由谁或哪种行为引起的耗费。四是代价或费用本身。

将成本归集的对象确定为人力资源，即形成人力资源成本。它是为了取得和开发，以及使用人力资源而招致的牺牲。明确人力资源成本的概念，是进行人力资源成本分类、计量以及提供人力资源财务报告的基础。

概括来说，人力资源成本是指为了获得组织的人力资源，而发生的招聘、录用、教育、培训、使用、管理、医疗、保健、福利等方面的费用或支出。人力资源成本包括人力资源的取得成本、开发成本、使用成本、保障成本和离职成本。

（二）高校人力资源的特点

高校人力资源，是将高校中，人的因素资产化处理，是高校拥有、支配并使用的各种具有劳动能力和社会财富创造力的人员的总和。它包括高校中的各类教师、科研人员、行政人员、一般职工，等等。人力资源作为高校资源要素中最重要的要素，是具体的、活生生的人，而人是有生命、有知识和创造力的一种复合体，因而人力资源要素与其他要素相比，具有自身的特征。

具体来讲，人力资源有以下特征。

1. 资源的主导性

在高校的资源诸要素中，人力资源始终处于主导地位。这是因为，在高校的教育活动中，人力资源是能动的资源，而其他资源则是被动的资源。自然资源、资本、信息等被开发和利用的程度，在很大程度上取决于人力资源的开发和利用程度。高校作为培养合格人才的主要阵地，培养人才的人力资源本身的各方面素质，直接决定着高校人才的培养质量。所以，高校要加强人力资源的开发和培养，加大人力资源的投入成本。

2. 价值的无限性

现代社会是知识经济社会，社会发展以智能型发展趋势为主。智能型劳动所创造的社会财富，其价值是体力型劳动所无法比拟的。人的智能和体能，是人力资源价值的主要体现。人的智能与体能相比，经过开发后会释放出更大的能量，具有更大的创造力，其价值将无法估量。人力资源价值的无限性，要求高校在加大人力资源的投入成本时，更要合理地配置人力资源，以求最大限度地发挥人力资源的作用。

3. 能量的潜在性

人的智能和体能，作为劳动能力客观地存在于人体之中，其存在形式主要有显能和潜能。就显能而言，是如何合理利用的问题；而对潜能而言，则需要不断地认识和开发。西方心理学家认为，一个正常健康的人只有运用着其能力的 4% ~ 10% 为其劳动服务，而其他全部以无形的形式隐藏在人体的各个部位。

所以，合理利用和开发人力资源的显能和潜能是高校管理者的首要任务，也是高校降低人力资源成本的一条重要途径。

4.利用的时效性

人力资源以自身的再生产作为存在方式，这种存在有一个生命周期，其开发和利用要受到这个生命周期的限制。人的智力和体力与这个周期存在着相关联系，一般随着年龄的增长呈现上升趋势，智力上升较慢，体力上升较快，而上升到一定程度转而下降。同样，智力下降较慢，体力下降较快。可见，人力资源的有效利用具有时效性，只能适时地开发和利用，不能闲置或长期储备不用。这就要求高校要及时高效地利用所拥有的人力资源，以免造成人力资源不必要的浪费，人为地造成人力资源成本的提高。

（三）高校人力资源成本的概念

高校取得、开发、使用人力资源，要付出一定数量的成本和费用。这是因为人力资源既具有内在价值又具有外在价值。人力资源价值是内在地蕴含于人体内的劳动能力，外在地表现为一个人在劳动中新创造出的价值。人的体力、技能和知识，是劳动力资源内在价值的体现。一个人内在的劳动能力的价值，是只能推测、判断而永远无法准确计量的。但是，它创造出来的外在价值是可以用货币来计量的。因此，可以用外在实现的价值来作为衡量内在价值的一个依据。犹如商品的价值通过价格来表示一样，可以用新创造出价值的大小来衡量一个人内在的价值。人力资源新创造的价值中必然包含人力资源成本，投入人力资源身上的成本最终要由人力资源自己创造出来。

人力资源成本具有质与量两个方面的含义。就其量的方面而言，是指支付给劳动力用以补偿其脑力劳动和体力劳动的消耗，维护人力资源的劳动能力，其实质是维持劳动力及其家属的生活资料的价值，姑且称之为补偿价值。通常表现为在劳动生产过程中投入的一定数量的劳动力而支付的工资或薪金、奖金、医疗、保险、福利费等方面的支出，可以将其作为人力资源成本的一部分。另一方面，是指其质的方面，即为参与劳动生产过程的劳动力所具有的知识、技术、劳动熟练程度，及其他显现其能力而支付的重新取得、开发、教育、培训等方面的支出，即为使用劳动力所必备的教育和训练费用。这部分费用也应计入人力资源成本。除了上述这两部分人力资源成本外，人力资源新创造的价值中还包括另外转化为利润的价值，姑且称之为转化价值，它是指劳动力资源给高校和社会带来的经济效益和社会效益。

高校人力资源成本主要是指高校为了获得开发、管理和维护人力资源而发生的招聘、录用、教育、培训、医疗、保险、工资、福利、使用、管理等方面的费用或支出的总和。

（四）高校人力资源成本的分类

高校人力资源成本依据人力资源成本与组织的关系、人力资源投资的主体、人力资源成本与职工的相关性，可分为若干类别。主要类别有职工人力资源成本和学生培养成本、社会成本和个人成本、直接成本和间接成本等。

1. 职工人力资源成本和学生培养成本

职工人力资源成本是指，高校为取得、开发、使用、保全自身拥有的人力资源使用价值而付出的代价。这些代价包括高校已支付的实际成本和应承担的损失成本。学生培养成本是指，高校为培养学生所耗费的教育资源的价值。

2. 社会成本和个人成本

社会成本是指，国家或社会为培养人力资源，提高人力资源质量而支付的全部费用。个人成本是指，职工和学生个人为接受教育或培训而支付的全部费用，以及因接受教育或培训而放弃的工作收入。

3. 直接成本和间接成本

直接成本是指，实际发生的费用，如招聘费用、培训费用等。间接成本则指，以时间、数量和质量等形式反映出来的成本，如因政策失误、工作业绩的低下而造成的损失等。对于高校来说，间接成本虽然难以用货币来准确衡量，但它的意义和影响往往会高于直接成本。

二、高校职工人力资源成本的构成分析

人力资源具体的成本范围，按历史成本计价原则，伴随高校人力资源的取得、拥有、使用、开发和管理等实际发生的支出，构成人力资源的成本，主要表现为人才引进、教育智力投资、人力资源管理支出。具体包括人力资源的取得成本、开发成本、使用成本和保障成本。

（一）人力资源的取得成本

人力资源取得成本是高校在招募和录取职工的过程中发生的成本，包括在招募和录取职工的过程中，招募、选拔、录用和安置所发生的费用。

1. 招聘费

即招聘活动中的费用，包括招聘广告费、差旅费、招聘工作人员的工资和奖金、招聘活动日常办公费及其他支出。

2. 选考费

在招聘活动中应聘者出现后，从中选拔、考核合适人选过程中的支出。比如，答辩费、考试费、身份调查费等。

3. 安排费

指录用后调配安排到有关岗位过程中的费用。例如，到任差旅费、一次性人才补

贴费、特殊待遇支出、临时生活费等。

（二）人力资源的开发成本

人力资源开发成本是高校为提高职工的技能，为增加人力资产的价值而发生的成本，包括正规的学校教育培训费。

正规的学校教育培训费是指，为了使职工获得一个岗位的工作技能及必备知识，而进行的教育培训活动的支出。比如，教师的报酬、图书资料费、教材费、学费、交通费、所用教学设备折旧费、组织管理人员工资、水电费、劳动者培训期间的工资、奖金及福利费等，同样也可把应接受耽误工作造成的损失计入在内。正规的学校教育培训费是最典型的人力资源成本。

（三）人力资源的使用成本

人力资源使用成本是高校在使用职工的过程中发生的成本，包括使用费、组织活动费、人力资源管理费等。

1. 使用费

使用费指利用人力资源从事劳动，为补偿或恢复其体力、脑力消耗而直接或间接支付的费用。比如，工资或薪金、奖金、福利费（包括医疗、保险、子弟学校、托儿所、住宅、食堂、浴室等福利设施支出）、慰问金、抚恤金等。

2. 组织活动费

组织活动费指劳动者劳动或工作组织维持、运转的有关费用。比如，会议费、办公费、对外联系费（电话费、信件邮资费等），节假日活动、招待费等。

3. 人力资源管理费

人力资源管理费是指高校人事管理部门在识人、选人、育人、用人和留人过程中所发生的除上述费用以外的相关费用。其包括高校人事管理部门人员的工资、福利、医疗、保险费、人力资源管理活动中的激励费等。

（四）人力资源保障成本

人力资源保障成本，是保障人力资源在暂时或长期丧失使用价值时的生存权而必须支付的费用，包括劳动事故保障、健康保障、退休养老保障等费用。

1. 劳动事故保障费

劳动事故保障费是高校承担的职工因工伤事故应给予的经济补偿费用，包括工伤职工的工资、医疗费、残废补贴、丧葬费、遗属补贴等。

2. 健康保障费

健康保障费是高校承担的职工因工作以外的原因（如疾病、伤害、生育、死亡等）而引起的健康欠佳，不能坚持工作而需给予的经济补偿费用，包括医药费、缺勤工资、产假工资及补贴、丧葬费等。

3. 退休养老保障费

退休养老保障费是社会、高校及职工个人承担的保证退休人员老有所养和酬谢辛勤劳动而应给予的退休金和其他费用，包括养老金、养老医疗保险金、死亡丧葬补贴、遗属补偿金等。

三、高校学生培养成本分析

（一）高校学生培养成本研究的意义

高校人力资源教育投资的对象是在校的学生，高校人力资源投资会计，就是要提供通过高校对在校学生的教育投资所引起的有关人力资源变化的信息，也就是提供高校教育投资的投入和产出的信息。但是，由于学校只是一个培养人的组织，培养出的学生价值，必须在社会实践中经过检验，才能得到体现和认可。因此，学校要提供产出的信息，就必须依靠社会各用人单位反馈信息，并根据这些信息对人力资源投资活动进行分析评价。但是，要评价整个社会的教育投资的效益，也离不开学校提供的对学生的教育投资的信息。

高校学生的人才培养成本，是学校绩效评估的重要组成内容，将不同学校的同类人才的培养成本进行横向对比，可以找出差距，发现存在的问题；将同一学校的同样专业的大学生的培养成本进行纵向比较，可以分析高校人才培养成本的发展变化趋势，以消除各种可控制的不利于提高资金利用效率的因素。

学生培养成本是高校培养人才业绩评估的一部分。将人才培养成本指标与同类型高校及先进水平比较，可以找出差距，借鉴经验。将人才培养成本指标进行历史比较，可以分析历史发展趋势，清除可控制的不利于提高资金使用效率的因素。计量人才培养成本可以为确定成本补偿程度提供客观依据，如确定对外提供教学服务的收费标准，确定高校内部各部门提供服务的"转移价格"。

（二）高校学生培养成本的概念

高校学生培养成本是指，高校在教育活动中为培养高级专门人才即学生所耗费的物质劳动和活劳动的价值总和，并且这些资源的价值是那些可以用货币计量的价值。它包括广义和狭义两种含义。

广义的高校学生培养成本是指，培养一名合格人才，国家、家庭和社会所耗费的全部费用，它包括有形成本和无形成本。有形成本是可以用货币计量和表现的耗费。它又可分为社会成本（国家和社会直接承担的教育费用）和个人成本（指学生家庭负担的教育费用，包括学生在校期间交纳的学杂费、住宿费和必要的生活费用等项开支）。无形成本是指，学生由于把时间用于求学而引起的机会成本。

狭义的高校学生培养成本是指高校培养每个学生所耗费的全部费用。它目前主要应由以下五个部分组成。

第一，传授知识消耗的活劳动报酬。比如，教职工的基本工资、补助工资、其他工资部分、职工福利费、社会保障费支出等。

第二，学生助学金（包括学生奖贷学金、勤工助学基金、困难学生补助）、物价补贴、医疗费用等。

第三，传授知识所应具备的物质技术条件消耗费用。比如，实验器具、图书资料、教学仪器设备等的消耗。

第四，教学和行政管理费用。包括办公费、实习费、水电费、取暖费、差旅费、行政仪器设备费、校园卫生绿化费等。

第五，其他费用。指除上述耗费以外的其他开支。比如，外籍专家费、外事活动费、学生活动费等。

（三）高校学生培养成本的构成

高校学生培养成本由直接成本、间接成本和机会成本构成。

1. 直接成本

高校学生人才培养的直接成本是指学生在接受高等教育期间实际发生的有助于人力资本形成和积累并可直接归属于特定的某位学生的有关费用支出。它包括正规教育支出（学生每年交付的学费、住宿费、教材及资料费）、个人的其他自主性教育支出及非教育性支出三部分。

（1）正规教育支出

正规教育支出支出是每年定期一次性支付，或按学期支付的。它对人力资本的形成和积累所产生的作用是在该学年或该学期的学习期间内逐渐产生的。但是，因为在高校人力资源投资会计中并没有对学生的人力资本变化的数据进行计量，而只是在归集和分配学生的人才培养成本，因此，不存在将这笔支出在该学年或该学期的学习期间内平均分摊，并按月计入人力资源培养成本中去的问题。

（2）自主性教育支出

自主性教育支出是指学生为提高自身素质而接受各种课外辅导、参加各种培训及各种资格考试时所发生的费用支出。这部分支出也应与正规教育支出一样，在它促进人力资本形成和积累的期间内，计入学生的人力资源培养成本。

（3）非教育性支出

非教育性支出，也称为维持性支出，可具体分为生产性支出和消费性支出两部分。生产性支出是为维持人的正常生理机能而发生的支出。消费性支出是指用于娱乐、旅游、医疗保健等方面的支出。对于不同地区不同家庭条件的大学生来说，非教育性支出的差异是很大的。

2. 间接成本

高校人才培养的间接成本是指学生在接受高等教育期间，以学校教育事业经费支出的方式所支付的，并需确定受益者然后在受益者之间按受益情况进行分摊才可归属于特定的某位学生的费用支出。

在计算和分摊间接成本时，应注意以下几个方面的问题。

第一，学校教育经费的来源中有一部分是以学生所交学费和住宿费的方式获得的事业收入，这部分收入所形成的教育支出已通过学生个人的培养成本账户计入了他的人力资源培养成本之中。因此，在计算间接成本时，必须扣除相应数额后才能避免出现重复计算的情况。

第二，教育事业费支出的助学金、奖学金，也已通过学生个人的直接成本账户，而计入该学生的人力资源培养成本之中。因此，也不需再次在间接成本中加以反映。

第三，教育事业费支出中的离退休人员费用属社会保障费用，与学生人力资本的形成和积累无关，因此也不应列入间接成本进行核算。

第四，教育事业费的各项支出类别不同，不能采取统一的分摊标准来进行核算，将费用分摊到所有学生身上。而是应首先确定有关支出的受益者群体，然后按一定的分摊标准（比如，某学生本学期所修学分数占受益者群体本学期所修学分总数的比例），将该项支出在受益者之间进行分摊，或在受益者群体中进行均摊。

3. 机会成本

机会成本作为人力资源教育投资中的个人投资的组成部分，在前面已经提过。在这里，只需对机会成本的确定做一个说明。对于一个大学一年级学生来说，他的月机会成本就是当年刚参加工作的高中毕业生的月平均收入。而大学二年级学生的月机会成本，则是工龄为两年的高中毕业生的月平均收入。一年级硕士研究生的月机会成本，就是当年刚参加工作的大学毕业生的月平均收入。

机会成本在进行高校人才培养成本分析时，是应该考虑的一个项目。但是，它不在财务记录中反映出来。

第三节 应用型高校人力资源成本的计划与控制

要进行人力资源成本控制，第一步就是编制人力资源成本计划。成本计划的对象不仅仅是资金，还应包括人、财、物等诸方面。成本计划建立在科学预测的基础上，即根据学校的办学目标和实际条件及有关历史资料，用科学的方法对可能降低成本的项目、内容和力度以及投入项目的成本水平进行预测，为编制成本计划提供依据。

一、高校人力资源成本计划的基本要求

高校的主要任务是培养人才。因此，高校的人力资源配置，应该与人才培养的数量和质量紧密结合。数量指标包括师生比、报考生源与录取学生比、投资各类项目的投入产出比等。人才培养质量包括培养人才的合格率。如毕业生是否受到社会的欢迎、社会对毕业生是否有良好的反馈评价等，都是重要指标，而且由于质量与学科建设分不开，学科或专业的发展前途、近年来取得的工作成就、科研水平、教师的学术水平，也应该成为学校人力资源成本配置的重要参考依据。只有坚持成本的效益分析，才能改变低效率资源配置状况。

（一）成本计划应体现学校的办学方向和办学目标

学校的办学方向和办学目标，实际上既体现学校全体教职员工对学校发展的意愿，又体现了党和国家、各级政府及社会对学校办学的要求。学校的教学、科研等各项活动，都要在党的教育方针的指引下，在各级政府的宏观指导下，在社会的需求激发下形成决策。因此，办学目标也受到外部环境的影响，目标的变动，必然带来各项活动的变动，也就会要求成本计划和使用管理作相应的变化。

（二）成本计划应讲求学校办学效益的整体优化

从系统学的角度来看，追求结构最佳、效果最优是系统的特点。学校的成本运行一样可以组成成本运行系统，这个系统同样追求整体的优化效果。实行校长领导下的经济责任制和成本计划管理，是目前实现成本管理结构优化的要求。系统的最优并不是要求每个元素达到最优，而是要求每个元素互相协作，其整体效果达到最优。如果对学校成本计划不清，也就谈不上各部门的互相协作，更不可能有整体的优化。尤其在现阶段，我国总体财力不足，教育经费一直存在较大的缺口。在这种状况下，成本计划管理水平直接影响着教育事业的发展。在经费紧张的情况下，学校在进行经济决策之前，必须先考虑资金存量，再根据资金的多少来制订教育规划，合理分配教育资源。

（三）成本计划要体现重点，强化激励机制

教育成本计划最重要的是人力资源成本和物质资源成本两部分。学校的基础设施及各种教学设备、仪器，构成了教育活动的基本物质条件，师资队伍则是教育活动的主要承担者，两者构成了关系学校生存与发展的重要的物质资源与人力资源，两者的地位不能失之偏颇。

教师是学校生存与发展的保证，提高师资质量比改进校舍设备和各种教学手段现代化更为重要。因此，把人力资源成本作为教育投资的一个重点，十分必要。目前，高校人员性经费所占比重很高，而教师的工资和福利待遇却很低。其原因是学校闲杂人员较多，导致校园人头攒动，而真正有才能的教师却纷纷跳槽。久而久之，必将影响教育质量的提高。为了改变这种局面，必须做好成本计划工作，把降低人员经费与搞好校内分配制度结合起来，切实提高教师的工资水平，调动广大教职员工的工作热情。为此，高校要建立公开、公平的竞争和激励机制，以岗位目标任务为引导，以贡献、知识、技术水平作为重要的分配要素，按照市场经济的规律和知识分子的劳动特点，建立起一种崭新的人事制度和工资分配制度。

二、高校人力资源成本计划的内容及编制步骤

（一）高校人力资源成本计划的内容

高校人力资源成本计划的内容，应该既能适应高等教育事业发展的需要，又能满足高校人力资源成本管理的要求。高校人力资源成本计划，一般包括职工人力资源成本计划和学生培养成本计划。

1. 职工人力资源成本计划

职工人力资源成本计划由人力资源的取得成本计划、开发成本计划、使用成本计划和保障成本计划构成。职工人力资源成本计划以职工计划人数为依据，分别按照职工类别（教师、教辅人员、行政人员、后勤人员和离退休人员）和成本项目进行编制，反映在计划期内的人力资源总成本水平和单位成本水平，还应反映与上期相比的成本降低额和降低率。

2. 学生培养成本计划

学生培养成本计划有两种形式。

（1）按学生类型编制。以学生类型即本专科生、研究生为对象，按照院系、专业编制成本计划，反映计划总成本和生均成本，还反映与上期相比的成本降低额和降低率。

（2）按成本项目编制。以成本项目为对象，按照院系、专业分别编制直接成本计划和间接成本计划，反映计划期间内直接总成本和间接总成本及成本降低额和降低率。

（二）高校人力资源成本计划的编制步骤

编制人力资源成本计划可分为以下几个步骤进行。

1. **收集和整理资料**

广泛收集资料并进行归纳整理，是编制成本计划的首要步骤。所要收集和整理的资料主要包括以下几点。

①人力资源成本预测的资料。②人事部门的人力资源规划和教务管理部门、研究生管理部门的计划招生资料。③现有职工、学生资料。④计划期内预计减少职工资料、预计毕业学生资料。⑤上一年成本计划执行情况和成本升降原因的分析资料、成本核算资料。⑥国内其他高校人力资源成本水平。

为了编制好人力资源成本计划，还必须深入细致地进行一些调查研究工作，了解成本升降的有利和不利因素，研究如何克服不利因素和降低成本的具体措施，为编制人力资源成本计划提供有用的信息资料。

2. **对成本降低指标进行分析**

首先对上一年成本计划完成情况进行分析，然后根据学校确定的目标成本，结合计划期内各种因素的变化和准备采取的各种措施，进行测算、修订、平衡后，编制人力资源成本计划，以保证成本计划的先进性和合理性。

3. **编制正式的人力资源成本计划**

如果上述两个步骤的工作，均能达到要求，最后确定的成本计划指标，即可作为编制成本计划的依据。编制出的成本计划经学校批准后，可以正式执行。

三、高校人力资源成本控制的内容和环节

（一）人力资源成本控制的内容

人力资源成本的控制是根据成本计划提出的方案，对人力资源的取得成本、开发成本、使用成本、保障成本和日常人事管理成本，以及在培养学生的教育活动中所发生的各种成本数额和效用进行掌握、调节的过程。

从人力资源成本控制的定义可以看出，人力资源成本控制的内容包括人力资源的取得成本控制、开发成本控制、使用成本控制、保障成本控制和学生培养成本控制等。

（二）人力资源成本控制的环节

人力资源成本控制包括前馈控制、运行控制和反馈控制三个环节。

1. 成本前馈控制

前馈控制也称成本计划控制，即科学地制订目标成本计划，力求对运行结果实行目标管理。要进行成本控制，就必须建立成本标准，因此在成本管理中，第一步就是编制成本计划。成本计划的对象不仅仅是资金，还应包括人、财、物等诸方面。成本计划建立在科学预测的基础上，即根据学校的办学目标和实际条件及相关历史资料，用科学的方法对可能降低成本的项目、内容和力度，以及投入项目的成本水平进行预测，为编制成本计划提供依据。

2. 成本运行控制

成本运行控制是指，对高校教育活动的整个运行过程中发生的成本实行严格的控制。高校在教育的整个过程中都存在着不同程度的浪费，如冗员过多、实验设备利用率不高、人才使用浪费等。为使过程控制有效，首先，将成本控制的标准分解到各部门、各岗位和各个阶段、各个环节，让部门领导和教职工都明确其意义，并使成本管理与他们的利益挂钩，从而激励大家自觉采取措施，积极主动地去控制成本。其次，建立有效的监督体系和信息沟通渠道，能及时准确地发现和了解各阶段人力资源成本运行进程中的偏差，并采取有效措施予以纠正。

3. 成本反馈控制

成本反馈控制是每个计划期结束后，编制成本控制情况的报告，对各部门成本预算执行情况进行评价和考核。部门成本控制报告中应列明"实际成本""计划成本"和"差异率"。如果发现负差异额或差异率较大，应分析并找出差异产生的原因和责任归属，寻求有效解决问题的办法。纠正偏差的办法通常有两种：一种是通过改变目标来纠正偏差；另一种是通过适当改变投入的数量和质量，以及人、财、物、信息和系统结构等，来提高系统控制力，使输出尽早满足目标成本的要求。

成本控制是一项系统工程，成本前馈控制、成本运行控制、成本反馈控制，是成本控制的三个环节。三者既相互独立，又是一个有机整体。此外，要使系统充分发挥其最佳功能，还必须注意提高各有关人员的业务素质，通过对各类管理人员进行培训，全面提高他们理财、管财、用财的能力。只有这样，才可能有效地控制每一个成本运行环节，有效地降低人力资源成本支出，减少教育资源浪费，提高资源使用效率和办学效益。

四、高校人力资源成本控制的方法和手段

（一）人头费控制

要发挥高校经费的最大效用，首先应发挥人的效率。在现实情况下，就是要进行学校人事制度改革，消除学校内部机构重叠、人浮于事的现象，努力使教师、学生、干部、职工之间的比例合理化。改革的重点是"三定"（定机构、定岗位、定编制）和推进聘任制。为此，必须做到：①精简机构和压缩编制；②创造竞争、流动的用人机制，推行全员聘任制，允许教师流动；③对富余人员，通过转岗分流妥善安置。

（二）资金控制

1.资金支出要有明确标准

由于成本支出一旦支出就不可挽回，只有事先提出合理的成本限额，使有关的人员在限额内花钱，才能有效地控制支出。例如，因公出差人员的差旅费标准、会议费标准等。

2.建立严格的支出审批制度

在会计核算工作中，处理任何一项经济业务，都必须有一定的凭证作为依据。在成本计划内的，审批可简化，成本计划外的，审批必须严格。没有凭证就不能任意收付款项、动用资产，也不能进行会计核算。

3.通过校内支票进行控制

校内支票是学校通过发行内部货币形式，对流动资金和费用成本进行控制的一种手段。学校根据成本计划中心规定的各项费用支出指标，向各部门发放校内支票。各部门按计划凭支票领取工资和其他支出费用。月末或期末结算，确定各部门执行成本计划的情况。

4.通过校内资金结算中心进行控制

凡是校内各核算单位之间发生的经济业务往来，采用资金结算中心结算凭证的形式，在校内资金结算中心按照内部结算价格进行计价结算。它既是一种内部结算制度，又是对校内成本和资金管理活动进行的一种管理制度。

在校内资金结算中心按核算单位开立账户，校内资金结算中心统一印发内部资金结算中心支票，核定资金定额。各部门每月的用款，经校内资金结算中心审核后方能支用，一般不准超支。如因特殊情况而超支，则要提出追加计划，报批后方能使用。校内资金结算中心有权审查各项收付款项是否合法，如违反制度或资金不足，则有权

拒付。成本支出和成本计划之间的差异，就可以通过比较及时反馈出来。这样就能及时进行控制，在指标范围以内，就同意支付；超过指标，则停止支付。

（三）物质资源的控制

高校应建立物业管理中心，对整个学校的国有资产包括房产、设备、土地等资源，进行统筹管理，杜绝过去管理上存在的分散、无序、浪费等现象。在物质资源利用效率的问题上，一是要充分利用旧有的物质资源，如实验仪器、图书、实验室等。例如，延长图书馆对外开放时间，对外开放图书馆、实验室；有些实验室和大型贵重设备，可试行院际、校际合作统一管理，也可实行租赁制，收取一定的费用等，努力推进学校后勤工作社会化。二是及时更新旧的物质资源，注意整个物质资源内部及物质资源与教学相配套，克服各实验室小而全的现象。例如，对长期闲置的房屋、仪器设备进行重新配置等。

（四）制度控制

制度是学校领导针对管理工作和各项具体操作的要求，用文字形式制定出来的具体规定，是各级教职工进行工作的规范。如财务管理制度、会计核算制度、成本费用管理制度、责任中心考核制度、奖励制度等。这些制度有的规定成本开支的标准，有的规定费用支出的审批手续，对成本能起到直接控制作用。有的对成本控制责任的落实以及奖惩办法做了明确的规定，可以促使成本控制系统长期有效地发挥作用。

第四节 应用型高校人力资源成本管理实施对策

一、高校人力资源成本管理实施原则

人力资源成本管理的目的是，通过成本管理的各种手段，不断降低不合理的成本消耗，提高成本投入的社会效益和经济效益。人力资源成本管理的任务，就是在一定的客观条件下，分析寻找降低成本的各种因素，制定可能实现的最低目标成本，并以此为依据，进行有效的控制和管理，使实际执行结果达到最低目标成本的要求。

进行人力资源成本管理，必须遵循以下基本原则。

（一）以人为本原则

高校人力资源成本管理，必须坚持以人为本的原则。提高办学效益的关键在人，人的意识、人的观念、人的责任心、人的素质、各级干部的管理水平等，都是构成高校成本管理的重要组成部分。成本规划要靠人去做，成本控制要有人去操作，成本投入的效益要靠人去发挥，成本管理要靠人去管理，管理的主要对象也是人。

（二）效益优先原则

成本的投入应向高回报率的项目倾斜。成本配置不能不考虑历史参数，但更重要的是，要看它现在是否仍然具有投资价值，是否有良好的投资效益。比如，有的学科专业，过去有过好的基础和市场需求，但是，随着经济结构的调整，出现了生源严重不足，毕业生也出现就业困难的趋势，这样我们就必须根据成本投入的效益优先原则忍痛割爱，注意及时调整成本的投资结构，提高重点学科人力资源成本的投入，使有限的经费去培养市场对路的高质量的人才。忽视市场需求，盲目追求所谓质量的做法，在市场经济体制下是不可取的。

（三）发展优先原则

由于高校的经费不够充裕，不少学校维持生存的观念往往占上风。但笔者认为，学校要走出困境，发展是硬道理。对一个学校来说，维持和发展都很重要，维持是生存之必需，发展则是维持的基础，两者缺一不可。但面对有限的教育资源，首要的是突出发展，以发展求生存是一种主动的生存方式。学校的教育质量、学科建设是学校发展的关键，是学校生存和发展的希望所在，应该优先考虑加大对这些关系学校发展前途的重要方面的投入，只有学校发展了，生存问题才能解决。

（四）最大效益原则

高校人力资源成本管理的目的就是要不断降低教育成本，培养出更多满足社会需要的人才，力求以最少的投入获得最大的经济效益和社会效益，使单位成本获得最大效益。因此，在成本计划时，不能盲目投入，在操作上应使成本投入向综合效益高的项目倾斜，并且以最少的人力、物力、财力，完成较多的管理工作，不断提高工作效率，在减少管理人员和管理费用的情况下，出色地完成成本管理的任务。

（五）全面管理原则

全面管理原则是指全校、全员、全过程的管理。全校管理指成本管理的全面性，即从校级到各院、系、各部门，以及后勤服务的各个环节都要实行成本管理，计算成本的收支。全员管理指成本管理的群众性，即从校长到每一个教职工，所有的教职员工都要参与成本管理，注意每个环节的消耗。全过程管理指成本管理的完整性，即从招生、专业和课程设置、师资培训、学生毕业以及科研项目的确定等，都要进行成本管理，讲求经济效果，通过预测、计划、控制、核算、分析、考核等方法进行所费与所得的比较。

二、高校人力资源成本管理实施条件

（一）以权责发生制作为会计核算基础

高校现行的会计核算基础，是收付实现制。它是以实际收付的资金为标准的，以实际收到和实际付出的货币资金的时间来划期，确定本期收入和支出的一种方法。收付实现制简单易行，在会计期末不需要调整应计项目和递延项目，但是，这样不能正确反映各期的事业计划执行情况和期末的财务状况。

权责发生制以权责关系的实际发生及其影响期间为基础，来确认收入和费用。凡应属于本期的收入和费用，不论其款项是否已支付，均应作为本期收入和费用处理；反之，凡不属于本期的收入和费用，即使款项已经收付，也不作为本期的收入和费用处理。权责发生制的原则主要是从时间上确定会计确认的基础，其核心是根据权责关系的实际发生和影响期间，来确认单位的收入和费用。根据权责发生制进行收入和成本费用的核算，能够正确地衡量各会计期的经营业绩和财务状况。权责发生制是进行成本核算的基础。实行权责发生制，有利于正确计量高校人力资源成本。

（二）全面准确地计算固定资产折旧费用

现行的事业单位会计制度，包括高校会计制度，存在的问题之一就是缺少对固定资产折旧的核算和反映。这也是非营利组织不能进行准确的成本和费用核算的原因之一。

这种情况主要存在几种弊端：一是从报表上无法反映固定资产的实际价值；二是价值背离，固定资产的账面价值与实际价值随着时间的推移背离越来越远；三是虚增资产；四是成本计算不完整。

固定资产支出属于资本性支出，不能将当年的固定资产建造和购置费用全部计入当年成本，而应该采用折旧的方法，将当年消耗的固定资产价值计入当年成本。对不同的固定资产，需要确定不同的折旧年限。还要注意将科研、后勤等方面使用的固定资产与学校培养、教育和管理学生使用的固定资产区别开来，科研用固定资产的折旧费用不宜全部计入人力资源成本，要研究如何核算和分摊固定资产折旧费用的方法。

（三）树立增强成本效益意识，重视教育成本核算

多年来，国家对高校实行了"供给制"，高校的所有经费全部由财政包下来，学

校需要多少钱，就要多少钱，由国家财政平衡着单位的预算。在这种状况下，由于国家拨付的资金是无偿的，又缺乏具体的考核支出效果，因而高校只是想办法把教育经费花掉，将"拨入经费"转化为"经费支出"，至于开支是否合理和必要，则少人过问。高校既无筹措经费的压力，也不承担相应的经济责任，实际成了经济核算的从动者。然而，当国家对高等教育管理体制进行改革时，人们才似乎从中意识到了办教育也要讲求经济效益。

旧的高校会计核算体系，通常只核算经费支出，而忽视经济效益考核，排斥教育成本核算。因此，高校对国家下拨的教育经费，只是简单地计算支出数，并以此作为向国家申请预算的数据资料而已。长期处于"年初报预算，年终报决算，支出靠拨款，不足伸手要，教育成本不计算，经济效益无人管"的状况，从而造成高等教育人、财、物的极大浪费。虽然后来国家在对高校财务制度进行改革中取消了预算内外割裂核算和使用的办法，实行了"核定收支，定额或定向补助，超支不补，节余留用"的预算管理模式，但由于其仍局限于计算预算收支余超的阶段，并未真正实行教育成本核算，从而致使高校降低教育成本、提高办学效益变成了一句空话。而这种教育成本核算的滞后性，以及由此形成的各种弊病，严重制约着高等教育事业的发展，使高校有限的教育经费造成了严重的浪费。这与目前高校主动适应市场经济需要，优化资源配置，发展有中国特色的高等教育不相适应。因此，必须改革高校现行的会计核算模式，建立新的教育成本核算体系。

三、高校人力资源成本管理实施条件

（一）人力资源规划是高校人力资源成本管理工作的基础

1. 高校人力资源规划工作的重要性

对于高校来说，要把引进、开发、利用人力资源工作摆在首要位置。高校要在保证人力资源质量的前提下，力求以降低人力资源成本为目标，充分重视人力资源的开发和利用，注重教职工的能力开发、综合素质开发，重视智力投资，合理配置人力资源，增强激励效能，提高管理水平。高校只有拥有一定数量的高质量人力资源，才能达到传播科技知识、培养专门人才、开展科研活动的目的，才能为国家建设做出更多的贡献。

因此，高校必须做好人力资源规划工作。人力资源成本中一项最大的支出就是工资支出，而工资总额在很大程度上又取决于学校内部人力资源的分布状况，即处于不同职务、职称或不同级别的职工的数量构成。如果不进行人力资源规划，或者人力资源规划不切实际，必然使组织在人力资源成本方面处于被动和盲目的局面。一是因预算太低，无法满足组织对人力资源数量特别是质量的需求；二是因人力资源数量和质量的失衡，在对人力资源成本无法控制的同时，造成人力资源数量和质量的浪费。因此，通过人力资源规划，预测组织员工数量变化和结构变化，并做出相应的调整，进而把人力资源成本维持在相对合理的水平线内，无疑是促进高校可持续发展的不可或缺的部分。

2. 人事部门在人力资源规划工作中扮演重要角色

高校人事部门应该从传统的人事管理职能向现代人力资源管理职能转变，根据学校不同时期的发展状况进行人力资源规划，使人力资源与高校的发展要求相适应，把对职工的管理提高到战略决策的地位。

高校的人力资源规划与人力资源成本管理密切相关。高校人事部门要根据学校各类人员的实际需求做好补充更新规划、晋升规划、培训开发规划和工资规划，以便于财务部门根据人力资源规划测算相关的人力资源成本。

（二）建立人力资源成本控制系统

高校通过建立人力资源成本控制系统，使实际成本不超过预定成本限额，从而实现降低成本，提高经济效益，不断提高人力资源成本管理水平。人力资源成本控制系统，包括组织系统、信息系统、考核制度和奖励制度等内容。

1. 组织系统

成本控制系统必须与教育组织机构相适应，即成本预算是由若干分级的小预算组成的。每个小预算代表一个分部，院系专业或年级等其他单位的财务计划，与此有关的成本控制，如记录实际数据，提出控制报告，也都是分小单位进行的。这就是所谓"责任预算"和"责任会计"，按学校的组织结构合理划分责任中心，明确由其控制的行动范围，是进行成本控制的必要前提。

2. 信息系统

成本控制系统的另一组成部分是信息系统，也就是责任会计系统。责任会计系统是学校会计系统的一部分，负责计量、传送和报告成本控制使用的信息。责任会计系统主要包括编制责任预算、核算预算的执行情况、分析评价和报告业绩三个部分。

通常，学校分别编制成本和财务等预算。这种预算主要按院系等单位情况来落实学校的总体计划。为了进行控制，必须分别考查各个执行单位的业绩，这就要求按责任中心来重编预算，按责任中心来落实学校的总体计划。这项工作被称为责任预算，其目的是使各责任中心的管理人员明确其应负的责任和应控制的事项。

在实际工作开始之前，责任预算和其他控制标准要下达给有关人员，他们以此控制自己的活动。对实际发生的成本，占用的资金，以及取得的收入和收益等，要按责任中心来汇集和分类。为此，需要在各明细账设置时考虑责任中心分类的需要，并与预算的口径一致。在进行核算时，为了减少责任的转嫁，分配共同费用时，应按责任归属选择合理的分配方法。各单位之间相互提供劳务或物资，要拟定适当的内部转移价格，以利于单独考核各自的业绩报告预算的执行情况。

在预算期末要编制业绩报告，比较预算和实际的差异，分析差异的产生原因和责任归属。此外，要实行例外报告制度，对预算中未规定的事项和超过预算限额的事项，要及时向适当的管理级别报告，以便及时做出决策。

3. 考核制度

考核制度是控制系统发挥作用的重要因素，主要内容有以下几点。

①规定代表责任中心目标的一般尺度。它因责任中心的类别而异，可能是可控成本（包括人员经费、公用经费、业务经费）、投资收益率、设备利用率等。

②规定责任中心目标尺度的唯一解释方法。例如什么是生均经费支出、生均设备费等作为考核标准，对它们必须事先规定正式的统一的解释。

③规定业绩考核标准的计算方法。例如，成本如何分摊、相互提供服务和产品使用的内部转移价格，使用历史成本还是重置成本计量等，都应做出明确规定。

④规定采用的预算标准。例如，使用固定预算还是弹性预算，是宽松的预算还是严格的预算，编制预算时使用的各种常数是多少等。

⑤规定业绩报告的内容、时间和详细程度等。

4. 奖励制度

奖励制度是维持控制系统长期有效运行的重要因素。人的工作努力程度受业绩评价和奖励办法的影响。工作人员往往把注意力集中到与业绩评价有关的工作上面，尤其是业绩中能够影响奖励的部分。因此，奖励可以激励人们努力工作。

奖励有货币奖励和非货币奖励两种形式，如提升、加薪、表扬、奖金等。惩罚也会影响工作努力程度，惩罚是一种负奖励。

规定明确的奖励办法，让被考核单位明确业绩与奖励之间的关系，知道什么样的业绩规格会得到什么样的奖励，恰当的奖励制度将引导人们去约束自己的行为，尽可能争取好的成绩。奖励制度是调动人们努力工作以求实现高校总目标的有力手段。

（三）推行生均成本核算体系

1. 生均成本核算是实行人民助学金制到缴费制转换的基础

1997年，全国高校实行并轨收费，由此，高等教育的发展政策发生了根本性的转变：以扩大教育供给替代抑制教育消费，以需求定发展代替以条件定发展。大力发展教育规模，不断提高教育质量，努力使高等教育机构容纳更多的来自社会各界的受教育者，使各阶层的人都能受到平等教育的权利，获得均等发展的机会，成为高等教育发展的主流。而对于高等教育缴费制度下明确规定需缴的各种费用数额，应该有一个科学的分析和定位依据。我国现行的高等教育虽然没有将培养的学生作为一种商品，但就学生的收费多少应依据其培养成本的大小和按照教育成本的一定比例合理收费分担。

2. 生均成本核算是改革现核算体系的重要目标

总的来说，进行高校人才成本核算，是为了促进资金使用效率的提高，优化资源配置，为企业推行人力资源会计提供核算基础和可资借鉴的经验。具体目的有以下几点。

（1）计划和预算

新颁布的《事业单位财务规则》规定，国家对事业单位实行核定收支、定额或定向补助、超支不补、结余留用的预算管理方法。定额标准如何确定，怎样才算合理，这就要依据一定的客观及科学的标准。核算人力成本，无疑为制订计划和预算提供了一个标准。

（2）控制

在执行预算过程中，需要一种尺度衡量实际操作执行情况与预算的差异，以采取恰当的措施，或者修正预算，或者改进工作。

（3）评价

人才成本可用于高校培养人才业绩评估的一部分。将人才成本指标与同类型高校及先进水平比较，可以找出差距，借鉴经验；将人才成本进行历史比较，可以分析历史发展趋势，消除可控制的不利于提高资金使用效率的因素。

（4）定价

核算人才成本可以为确定成本补偿程度提供客观依据。如确定对外提供教学服务的收费标准，确定高校内部各部门提供服务的"转移价格"。

3. 教育成本的核算对象

根据高校的特点，应分别按照各专业、类别、层次的学生作为成本核算对象，编制成本计算单，全面反映各专业、各层次学生生均教育成本和教育总成本。高校成本核算对象，按专业性质划分为理工、农医、文史、艺术、财经、师范等；按培养学生层次划分为博士、硕士、学士（本科生）、专科生，等等。划分成本核算对象，有利于教育成本的归集和分配，以便于准确地计算各级各类学生的培养成本。通过以上论述，达到对高校建立生均成本核算体系的初步认识。

第四章　应用型高校人力资源招聘管理

第一节　应用型高校人力资源招聘

高素质人才是高校发展的重要推动力，目前高校的发展不仅取决于先进的仪器设备、高端的校园硬件设备及富足的财政投入，更取决于学科领域有造诣的专家学者的数量。所以，人才的吸收引进已成为各大高校的工作重点。浏览各大高校招聘网站，其招聘条件中无不体现对高学历、名校毕业及海外留学背景的热衷，有些高校甚至把海外留学背景作为定级薪资待遇的条件。此种现象与前些年某些企业过分追求高学历与留洋背景相似，但事实证明高学历、留洋背景并未推动企业的高速发展。那么以人才密集型为特征的高校是否会重蹈企业覆辙？这是一个值得探讨的问题。

一、"转型"解析

2004 年，普通高校招生突破 400 万人，高等教育已经进入大众化阶段，并继续向普及化高等教育阶段发展。精英教育的模式发生了变化，学生群体的多元价值观对高等教育和高校教师产生了影响，高等教育、高校和高校的学生呼唤新型教师的出现，并对教师的素质、结构等产生了作用力，教师群体逐渐分化。那些适应者留下来继续在高校发展，不适应者则离开了高校，这是中国高等教育宏观方面的第一个转型。

第二个转型是，随着我国信息化的高速发展，高校教师的角色和功能也逐渐发生了重大转变。高校教师传播知识的功能逐渐减弱，道德指引和学习促进的功能逐渐强化。"传道、授业、解惑"的传统师道不仅没有丧失生命力，反而在新的社会转型期焕发出新的生机，被赋予新的内涵。"面临着其他信息提供者和社会化机构作用的不断增强，人们期望教师担负起道德指引和教育指引的作用，使学习者能够在大量的信息和不同的价值观中不迷失方向。"教师逐渐成为学习的促进者和道德的指引者。高校的教师招聘行为也应该顺应这种变化，注意选拔那些能够促进青年学生道德发展和学习能力发展的候选人进入高校，从事教育职业。

第三个转型是，教师招聘行为已成为高校这一组织实现其战略目标的重要环节。

教师招聘作为高校人力资源管理战略的核心，对于高校战略目标的实现，以及人力资本的增加都起着越来越重要的作用，人力资源管理也已由以往的行政支配角色转变为高校的战略伙伴角色。因此，应该持续深化高校人事制度改革，建立真正有效的激励竞争机制，优化教职工队伍的结构。人事制度改革要有利于教师聘用由身份管理向岗位管理转变，由高校行政管理向法制管理转变，由行政任用关系向平等协商的合同聘用关系转变，由微观的人事管理向宏观微观相结合的人力资源战略管理转变。

要使一流的高校具有一流的教师队伍，首要的和基本的关口是教师招聘环节。教师招聘应该放眼国内，力争引进国内一流的教师和研究生，不要只局限在本省、本自治区或本直辖市范围内，更不能大量留用本校的毕业生（除非经过公开公正公平竞争表明本校的毕业生确实更优秀些）。无数事实证明，高校教职工队伍的学缘多元化是高校活力的源泉。至于招聘对象的毕业学校是否有层次上的要求，如是否必须出自"985工程""211工程"的高校，是否必须出自世界名校，则要根据招聘学校的层次和招聘岗位的具体要求来确定。归根结底，只有招聘对象的能力和水平才是最终的衡量尺度。虽然有的企业招聘高校毕业生时很刻板，必须是某些名牌高校的毕业生才会纳入其招聘的视野之内。但"英雄不问出身"，教师招聘既然是一种人才选拔活动，"血统"、出身不会不考虑，务实才是最重要的。

二、招聘权的行使

招聘权的行使目前主要有两种模式：一是分权式，由学院等具体用人部门提出人选，由学校决定是否聘用，具体用人部门的意见具有相当的影响力；二是集权式，具体用人部门的权力是虚的，实际的决定权在学校。两种模式都有弊端。

分权式的后果是，由于害怕新来者的超越和竞争，往往拒绝引进能力水平比自己高的候选人，形成"万马齐喑"或者只愿意引进"拜倒和臣服"在已经形成的学术权威下的候选人。集权式的后果是，由于精力有限，往往不太可能陷入烦琐的招聘事务中，结果造成细节上的较多漏洞。为此笔者建议，大量的前期工作由专业的服务公司负责操作，学校的招聘委员会只在决策阶段进行参与和最终拍板。招聘委员会的组成人员应该既有学校内部的专家，也有学校外部的专家；既有本学科的专家，也要有教育专家、心理学专家和人力资源管理专家。无论什么模式，招聘人员的专业眼光和道德水准必须是一流的。

三、高校人才招聘现状

（一）注重高学历

某些高校招聘条件让人望而生畏，我们首先来看一个案例：系招聘保卫处干事1名，男性，党员，应届硕士毕业生，学生干部优先，年龄30岁以下，专业不限。我们在调研中发现，竟然有42名应届硕士生投了简历，最后符合条件并参加面试的有25人。当前随着对教学科研人员要求提高，对教辅人员要求也有水涨船高之趋势。造成这种现象的原因主要有以下三个方面：一是由于前些年大学扩招的影响，导致高学历人才供给高于需求，尤其在高校相对密集的各省会城市如北京、上海等热点地区；二是受传统思想的束缚，认为进入高校工作似乎更显高雅，更有保障；三是当前高校测评中把教职工整体学历作为重要的考核指标之一，导致高校招聘盲目倾向高学历，忽略了人员结构的梯度问题。

（二）避免"近亲繁殖"

这种留任制度首先在西方发达国家盛行，例如，哈佛大学为保持学校声誉，博采众家之长，明文规定本校应届毕业生不论学历高低，不论优秀与否，一旦毕业必须离校，不予留任。近年来，国内很多高校在人才招聘过程中也引用此种模式，例如，北京大学、清华大学等名校招聘启事上已明确原则上不留本校毕业生。

（三）注重结构化面试

注重结构化面试是应聘者与用人单位之间面对面近距离交谈的一种方式。面试过程中可以通过观察应聘者对问题的回答，全面考查其知识面、科研水平、思维活跃性及口头表达能力。还可以通过观察其临场表现，了解其应变能力、个人气质及情绪控制力。因此，面试成为各高校人才招聘的重要方法之一。但是，传统面试由于受考官能力、见识、素质、经验及个人喜好等因素限制，使面试缺乏规范，影响面试质量。解决传统面试的不足，要求高校人力资源管理者具有现代人才管理知识，运用科学方法和手段，规范程序，对人力资源进行测评。随着结构化面试在企事业单位中的成功运用，近年来，这种面试方式也被借鉴到高校人才招聘中。结构化面试过程中相同职位设立相同的面试题目，并统一制定面试的形式、内容，程序及评分标准。

第二节　应用型高校人力资源的招聘流程

高等院校隶属于国家事业单位，是事业单位一个重要的组成部分。因此，高校各项工作的开展必须符合国家规定下的事业单位的各项制度要求。事业单位应当形成科学化、制度化、规范化的人力资源管理体系，包括招聘行为的规范要求。为此，国家人力资源部门专门出台了《事业单位公开招聘人员暂行规定》，对事业单位的招聘范围、整体计划、招收条件和招聘程序以及信息发布相关问题和资格审查标准等内容进行了详细的规定。同时，中共中央组织部、人力资源和社会保障部联合发布了《关于进一步规范事业单位公开招聘工作的通知》。《事业单位人力资源管理条例》对招聘有明确规定，除特殊政策外，所有事业单位新增工作人员只能面向社会进行招聘。文件对公开招聘的具体事项以及实施细则都做出了明确的规定，自此，事业单位的公开招聘有了全面详细的操作依据。

一、事业单位公开招聘的招聘特点

从《公共机构公开招聘条例》来看，高校招聘有以下三个特点：

（一）严谨性及规范性

与其他事业单位一样，高效也需要每年在官方网站上公布招生计划和职位，招生对象、招考程序、实施办法以及操作步骤都应包含在公布的内容中。有关招聘计划和招聘职位的相关信息，一旦公布就不能随意修改，高校必须在招聘计划规定的有效期内完成招聘，期间应根据已公布岗位要求，严格按照计划实施公开招聘。

（二）公平、公开、公正

公平是目标，在公开招聘中是至关重要的一部分。公开是关键，它体现在三个公开当中，分别为信息、过程和结果的公开。公正是根本，没有了公正就不能称之为公开招聘。公平、公开、公正在公开招聘中不可或缺，三者交互共存贯穿全程，为高校公开招聘工作的顺利进行保驾护航。

（三）监督更到位

通常来说，招聘有很大的自主性，对于招聘内容、招聘方法以及招聘人员等问题，除了要达成内部的统一意见以外，并没有过多地受到其他监督。与此相反，事业单位的公开招聘工作受到社会和内部相关部门的监督。而高校的公开招聘更是自始至终接受其所属人社部门、所属主管单位等的严密监督。

为使高校就业环境得到改善和优化，2017年出台的《教育部等五部门关于深化高等教育领域简政放权放管结合优化服务改革的若干意见》中，提出了要给予高校公开招聘人才的自主权，各高校可以根据自身职业发展，院校学科建设和教职工队伍的需要，自行制定人事任免标准。高校人才招聘应坚持围绕主业，突出重点，支持创新。这使得高校能够根据自身情况招揽所需人才，更切合实际地为岗位量身定制招聘方式，这同时也意味着高校人才招聘模式可以更加多样化和个性化。

二、满足学校对各类人才需求的招聘特点

从满足学校对各类人才的需求来看，高校招聘有以下四个特点：

（1）职位类别多。高校与其他事业单位相比职位类别相对较多，包括专任教师、教辅人员、科研人员、行政管理人员以及工勤人员。对于不同的职位类别，实行公开招聘的方式、流程都是有区别的，不能采用同一种模式，否则招聘结果就会不甚理想。

（2）招聘周期长。高校的公开招聘相对于其他事业单位而言，时间跨度长，由于高校对于人才的专业化能力要求较高，符合条件的人相对较少，尤其是针对专任教师及各类优秀人才，高校的招聘大多是常年有效的。

（3）考查方式多。高校职位类别的多样性，这决定了岗位需求和对应聘人员要求的多样性。高校应当根据实际岗位需求制定录用标准，结合应聘人员和职位需求，对其进行针对性的考查，这样能够有效提升招聘工作效果，有利于高校吸纳最适合的人才。

（4）人才招聘主要模式转变。网络化的技术变革与信息化程度的不断提高，使得传统的现场招聘已逐步走向更宽广的无线网络空间。应聘者更多地选择在线填写以及投递简历等。

三、高校人才招聘的管理流程

招聘工作是整个人力资源信息化管理的起始，承担着高校招聘信息的发布、人员应聘、人才遴选与进校审核、报到服务等多项工作。基于高校的事业单位属性及高校对人才需求的专业化、多样化、复杂化，高校的人才招聘面临着巨大的挑战。因此，如何落实好事业单位的政策及规定要求，同时能够为高校发展"双一流"大学建设提供足量的、优质的师资队伍来源保障，并为后续人力资源工作流程做好基础数据的采集工作，人才招聘管理模块的建设便显得尤为重要。

（一）建立完善的招聘网站

高校人员招聘工作覆盖面广，涉及的人员包含编制内外，岗位包括教学科研、行政管理、服务支撑、实验技术等。利用招聘网站等渠道，公开发布招聘消息，有意向的应聘者便会进行应聘，应聘者的电子简历也会随之发送到学校的 E-HR 系统，人力资源工作人员通过筛选，择优进入面试阶段。应聘人员信息在人才库存储，实现"一次录入，长期可用"，为应聘者提供更便捷的应聘渠道。同时，通过招聘被录用的应聘者，不必再次采集个人基础信息，只需在人员库中移动流转。聘用人职后，员工的简历会进入 E-HR 系统的下一个阶段进行管理，因此，要实现真正意义上的电子化招聘，建立完善的招聘网站十分必要，这样才能保证信息化招聘的顺利进行。

（二）建立功能齐全的招聘后台

招聘是一个复杂的过程，包括制订计划、发布信息、收集应聘信息、组织笔试、收集人事信息、为新员工报到提供服务等步骤。传统的人事招聘工作需要投入大量的人力物力，且涉及多个部门之间的协调，这些事务性工作占用了人力资源管理人员大量的时间。信息系统的建设，使大部分流程工作不受时间和地域的限制，这些工作都可以在互联网上进行，实现应聘人员与招聘人员、不同部门工作人员之间的快速沟通，大大地提高了工作效率。

在 E-HR 系统中，相关单位应根据业务需要可直接在系统中提报招聘需求及计划，学校人力资源部门对全校用人需求进行统一规划、配置。通过招聘网站发布招聘职位，应聘人员在线填写简历。再通过简历导人功能建立人才库，根据招聘计划对简历进行高效筛选和分类，实现在线通知笔试面试时间及应聘结果。同时，可设置岗位模板及胜任力测评功能，帮助学校明确岗位需求、用人标准，甄别人才，发掘应聘者潜在能力，快速高效地实现人岗匹配，完善招聘流程，提高招聘效率，精准地选拔人才。整个招聘流程的每一个节点的情况都可以公布于众。与传统邮件投递简历相比，更加公平、公开、公正。而且，全流程的信息化使审核人员能够更及时、全面地了解应聘人员的情况，实现人才引进的可持续性。

第三节　应用型高校人力资源招聘中的人才测评

一、高校教师岗位需求

（一）高校教师的岗位类别

《国家中长期教育改革和发展规划纲要》（2010—2020）明确规定了要进一步提升教师队伍整体素质，使教师队伍能够具备高尚的教师品德、精湛的业务素质、合理的教师结构体系以及洋溢出年轻的活力。这一纲要指出，要对高校进行分类，并采用分类管理的方式进行管理，这也是2010年至2020年高校发展的关键目标。

当前，我国高校按其不同的发展方向和阶段，大概能够分成四种类型：研究性高校、教研型高校、教学型高校和应用型高校。其中，研究型高校最看重科研，并将其奉为高校存在的使命，其重点是为国家和社会培养人才；教研型高校不仅重视教学，而且重视科研，只是与研究型高校相比，科研的比重和水平相对低一些；教学型高校主要是本科教育，其工作重点围绕培养人才和教育教学开展；应用型高校则重点为社会培养高素质、高技能的综合性的应用型人才。

科研、教学以及公共服务是我国高校的职责所在。依照高校的三类职责与中国目前的岗位制定指导文件，高校的岗位类目可以依据工作人员所从事的工作性质和岗位，分成管理岗、专业技术岗和工勤技能岗。其中，从事教学和科研工作的教师的工作岗位属于专业技术岗位。当前，我国高校对教师专业技术岗位的分类有以下三种形式：

第一，根据工作内容和性质的不同，教师岗位可分为教学、科研、教学科研并重三种不同的岗位。其中，教学科研并重的岗位是我国高校当前最主要的岗位，该岗位可以根据工作任务偏重进行进一步的划分，细分为教学为主、科研为主、教学科研并重以及基础研究等四种类型。

第二，根据职务不同，依据专业技术进行划分，教师岗位可分为教授、副教授、讲师、助教四个等级。教授岗位有一至四级的划分，副教授岗位有五至七级的划分，讲师岗位有八至十级的划分，助教岗位有十一至十三级的划分。

第三，根据受聘年份的不同，教师岗位分为固定期限聘用岗位和无固定期限聘用岗位。参考《中华人民共和国教师法》的相关法则，我国高校目前正在陆续采取教师聘任制，这改变了高校教师职业终身制的传统，要求高校与受聘教师签订聘用合同。依照合同的内容，可以把教师岗位分为固定期限聘用岗位和无固定期限聘用岗位。

高校这样设置教师岗位，目的就是更有效地管理高校教师队伍，使其能够发挥各自专业所长，使各位教师的能力得到最大限度发挥，从而建设一支高素质、高水平的教师队伍。另外，通过教师岗位的细分，能够使管理工作更加科学合理。

（二）高校教师的岗位分析

岗位分析指的是采取系统性的方式搜集目标岗位的相关内容信息，并对这一职位的工作内容、工作性质、工作职责以及符合岗位要求的工作人员的知识、技能等进行有效的调研，给出科学且规范化的描述和记录。岗位分析是人力资源管理的重要职能，是对岗位的任务、职责、权限、工作条件、任职要求以及岗位量化标准等采取科学合理的规范。岗位分析的目的就在于能够更科学合理地对该岗位进行管理，以便于能够发挥该岗位的最大功效，最终完成工作单位的任务目标。

高校教师岗位分析的基础与宗旨，就是依照高校的工作内容以及工作特点，建立健全教师岗位职责，对每一个岗位的设定、工作任务、任职要求等给出科学合理的说明，明确每个岗位所要完成的任务以及其担负的责任权力等，并让每一位应聘者看到各个岗位之间的差异性，使其对同类型岗位之间的差异能够做到深度有效的理解，以便实现科学选用人才的目标。

1. 高校教学科研型教师的工作职责及作用

教学科研型教师要担任本科生的理论课程教学任务。其中，教授或副教授要作为本科生课程的主讲教师，承担一些科研和教研任务，也要依照实际工作要求指导本科生的社会实践等工作，还要承担学科建设或者班主任工作等各项工作内容。高校对教学科研型教师的考核，主要看其是否达到高质量的教学任务以及能否获得高水准的科研成果等。

（1）担负高校人才培养工作。课程教学和实验教学是必须承担的工作内容。此外，还要对本科生的毕业论文、毕业设计以及实习进行合理的指导，遵循教育部和高校关于教师承担本科生课程教学的有关规定。教学考核的内容主要有本科生课时，指导本科生毕业论文或者毕业设计的数量，指导本科生创新项目的数量、课时，指导人数，讲座学时，科研论文数量，教学奖项，教研项目以及经费数量等。

（2）担负高校科研工作。教学科研型教师所承担的工作主要有科学研究、教学研究、教改项目、发表论文、出版著作、申报教学或科研成果奖项以及专利等。科研工作的考核内容有论文、著作、科研成果、经费数量、获奖项目数量、专利数量以及参加国内外学术会议次数等。

（3）担负学校、学院以及社会相关的工作。学科或者专业建设要积极参与，学术交流活动要积极进行组织，对青年教师进行指导工作，兼任班主任，承担学生的课外指导工作，并参与社会公共服务中。在服务工作方面，要参与其他一些服务项目工作，如国内以及国际上的学术兼职工作、省部级以上项目评委工作、学科和实验室建设等。

2. 科研型教师的工作职责及作用

科研型岗位更重视理论和应用上的基础研究工作，因此考查更偏重于论文、专利、著作以及科研成果等内容，其中，侧重于应用研究的岗位所要考核的内容主要有科研经费的到款数额、授权发明专利数、科研成果是否转化为社会经济利益等。

（1）担负科研工作。申请并承担高水准的科研项目，并给出相关论文成果，申报专利、出版著作等。

（2）担负培养人才的工作。完成课堂教学、指导学生实习工作、指导学生的毕业论文或毕业设计等。

（3）担负高校、本学院或者其他的社会服务性工作。

3. 教学型教师的工作职责及作用

教学型教师的主要工作职责是担负相应学时的课堂教学内容，为本科生提供高水准的课堂教学，并且获得显著的成果；高校精品课程需要由教学型教师来建设，同时还有编写改进教材，开展教学方法的建设工作等；指导本科生的社会实践之类的人才培养工作，并担任班主任等工作。对教学型教师实行考核的重要内容有教学工作量、教学质量以及教学成果等的考核。

高校基础课堂教学与人才培养的工作基本上都是由教学型教师来承担。

（三）高校教师的岗位内容

科学研究、教学任务、师资建设和公共服务是高校教师岗位的四个重要工作内容。

教学任务主要有六个方面的内容：第一，教师要在每个学年完成相应的教学工作，其中主要是本科生的公共基础和实验课程，此外还有专业学科方面的基础课程教学工作；第二，参与国家规划教材的编辑出版工作，以及国家精品视频公开课和资源共享课的主持新增工作；还要主持省级精品资源共享课的新增工作；第三，担任包括课程建设、教材建设、实验室建设等方面的教学质量工程项目负责人，作为第一作者在核心期刊发表人才培养方面或者教学研究方面的相关论文；在本专业课程担任责任教师、教学团队带头人或者首席教授，服从或者协调团队教学及其他各项安排；第四，需要指导本科生毕业论文（从毕业设计开始阶段直至论文答辩全程）及前期的实习生产和课程安排设计等；第五，担任科学研究指导、科技类竞赛指导、招聘相关宣传工作等工作，担任辅导员或班主任等职务；第六，担任国际国内教学机构和期刊职务，参加相关学术和教学会议。

在科学研究领域，包括以下要求：第一，在任职期间，主持新的科学研究项目；完成指定的年度科学研究任务；第二，在聘用期间，作为第一作者在 SCI/EI 等国际重要学术期刊发表学术论文；第三，任职期间申请或被授予国家发明专利；第四，100号完成任职期间主持参与的科研项目；第五，任职期内必须做好有关科学研究的保密工作、科学技术的交流工作和国内外科学技术合作相关工作等。

师资建设的有关内容包括三方面内容：第一，积极参与人才引进工作，包括教授、副教授的聘请和学院对全国优秀人才（含教育部学科评价体系中的人才）的引进；第二，努力争取各项省级以上优秀人才称号，在研究上发扬科学精神和钻研精神；第三，负责对新入职青年教师进行培训（教学研究和课堂、实验教学等方面）和指导。

公共服务方面的内容有三个方面：第一，搭建学术交流桥梁，联系介绍国际国内知名专家学者来校进行学术交流或者进行学术报告和讲座等；对本校本科生出国留学进行协助，包括择校及推荐导师和相关辅助工作；第二，积极参与学院教学方面的建设工作，对学科专业和实验室建设项目进行协助，帮助编写相关申请表等；第三，如有学院扩大或实习基地建设等项目，应积极进行协助。

二、高校人才测评体系

（一）高校人才测评相关概念及原理

1.高校人才测评相关概念

素质测评是指评价主体采用科学的方法，收集主要活动领域中被测对象的代表性信息，并对其中的部分质量评价指标体系进行量化或者价值判断，也可以通过收集代表性信息直接判定某个质量特征的过程。例如，学校在招聘和聘用人员时，一般采用情况登记、面试或者评估技术来收集应聘者的具体信息，然后对岗位要求的素质做出一系列综合判断，来确定是否录用。

人才测评的科学性是人力资源工作的基础，人才测评在人才选拔领域是一个非常重要的招聘方式，无论是企事业单位还是个人都越来越重视这个部分。究其原因，主要是人才测评结合了管理学、测量学、心理学等多个学科的理论和方法，并综合运用了人格特征、职业定位、能力结构等多种测量评价方法。当下，很多发达国家人力资源管理决策的重要依据之一就是人才测评。

2.高校人才测评原理

人才测评的本质在于挖掘个体的潜力和潜在特征，以此为基础，对各类人才进行更为客观的测评、评价和选拔，为各行业提供科学的人才选拔方法，优化人力资源管理，取得最佳效果。

无论是对高校还是应聘者，人才测评都扮演着重要的角色。高校在组织教师招聘中，教师供大于求的现状为人才测评提供了实践的基础。高校人才测评最常见的方式是：采用特定的方法和流程对应聘者进行综合考查，并以此为基础，选拔最合适的应聘者。

人才测评在高校教师招聘中居于人才选拔的重要位置，起着具有识别、预测、诊断、指导和激励等作用。现在对以上作用做出简单的介绍：

（1）识别功能。人才测评最直接的功能是鉴别，它可以直接识别和评价人才的质量和水平，从而优化人力资源配置。

（2）预测功能。预测功能是对人才素质发展趋势的预测，通过对人才现状所进行的评估，高校可以通过人才测评全方位地对应聘者进行了解，了解其职业理想和潜能，以此对其未来进行预测。通常来说，人才素质的稳定性越高，预测的有效性也就越强，借助预测功能，人力资源的开发就越来越科学，从而进一步强化教师队伍建设。

（3）诊断功能。诊断功能能够在第一时间对高校人事情况进行诊断，对高校人力资源开发和成长进程进行阶段性评估，并对存在的问题及时进行解决和优化，进一步助力高校人力资源开发优化战略。

（4）指导功能。在高校的人才评价体系中，对人才的要求主要表现在内容和评价指标上。应聘者需要在内容和评价指标的基础上，充分运用评价标准来调整自己的表现和行为，从而在各个方面提高自己的能力和技能，充分发挥指导作用，可以对人力资源进行高效整合，进而体现其指导方向的正确性。

（5）激励功能。一般情况下，被评估者在看到评估结果以后，会激发其心理积极向上的情绪，从而经过一直的学习，自觉地提高自己的综合素质和能力。人才评价的激励功能可以有效地提高人力资本。

从高校教师招聘中应聘者的角度来看，人才测评实现了应聘者的自我认识、个人与岗位的匹配度以及自身潜能的开发。通过人才测评，能够让应聘者对自己有更深的认识，可以对自我的能力以及职业方向有更加清晰的了解，与此同时，可以使得每个应聘者通过人才测评对自我的定位更加明确，进而判定其余职位的匹配度。经过人才测评后，可以使应聘者对自身的状况和优势，以及自身的不足都有更加深的了解，以此进行修正，不断完善和提升自己，从而使个人的职业生涯得到更好的发展。

此外，通过人才测评，可以尽可能地实现人才与岗位的最佳匹配，以最科学、最客观的方法选择最合适的候选人，减少因经验造成的错误判断，充分发挥主动性，实现人才最佳利用的目的。人才测评颠覆了以往凭借经验去选拔人才的方式，并为其提供科学性更高的人才选拔方法，它不仅可以对人才现状的测评分析，更实现了对其进行未来发展趋势的预测评估。在此基础上，高校在教师招聘上使用人才测评的评估方法，一方面提高了人才招聘的质量，另一方面也使得选拔标准更加科学和客观，有利于吸引人才和留住人才，不断强化高校教师队伍建设。

（二）高校人才测评要素及意义

1.高校人才测评要素

师资力量对高等院校教学质量、综合实力等诸多方面有着重要影响。因此，高等院校必须高度重视对教师的招聘和提拔，确保把合适的人安排在合适的位置上。教师能力并不能通过单一维度的考试或者测评来获得，必须要对教师进行多维度测评，确保其拥有较强的综合实力。目前，测评正逐步向全面性迈进，测评包含的内容也越来越丰富，主要集中在以下四个方面：

（1）专业知识。丰富的专业知识储备是教师的基本素质之一，也是有效完成教学目标、保障教学质量的基础。对于高校教师而言，专业知识主要由三个部分构成：一是专业基础知识，它是教师从业的基础性条件；二是专业主体知识，指的是学科理论知识的储备和应用等；三是专业前沿知识，它超越了学科的现状，是对未来学科走向的预判。这三种知识并不是孤立的，它们之间存在着一定的联系：专业基础知识可以有效提升教师对主体知识的理解以及教授能力；而后两种知识的融合，能够切实提高教师的理论水平。高校教师首先应该具备扎实而丰富的专业知识，这样才能够承担教书育人的使命，才能够为不断提升教育教学水平、提高创新能力打下坚实的基础。

（2）教学能力。高校是人才输出的重要基地，承担着为国家、为社会提供优秀人才的艰巨使命，高校教学实力对于人才质量的高低具有直接的影响。教育教学工作是教师承担的主要任务，优秀的教师资源、强大的教学能力为培养计划的实施、培养目标的达成奠定了坚实的基础。因此，在人才测评中，教学能力是高校选拔教师的重要评判指标。教学工作不仅是课程的讲授，它包含一系列的重要内容，需要对各类知识融会贯通，并通过丰富的形式传达给学生。在传授知识的过程中，教师要结合学生的学习能力，因材施教，以实现最好的学习效果。教师的教学能力具有三个方面的内容：一是语言表达能力；二是观察能力；三是创造能力。语言是传达思想最基本的工具，在课堂教学中具有重要作用，语言表达能力是教师应该具备的基本能力。观察是实现因材施教的重要手段，教师要善于观察学生课堂上的状态，了解学生对知识的掌握程度。创造能力与以上两种能力不同，它是一种辅助能力，能够起到锦上添花的作用，教师在教学过程中加入更加生动的元素，能够提高教学效果。教师必须具备一定的教学能力，以更好地提高办学质量。

（3）科研能力。目前，教育和科研已经越来越密不可分，在高校的工作中更是如此。高校教师不仅要为学生传授知识，还要承担研究工作。教师科研能力的高低直接影响着高校综合的科学研究能力的强弱。同时，科学研究能力的提升对于教学工作质量的提升也有促进作用。因此，高校教师应该积极开展科学研究工作，开拓新的知识领域，不断提升自己的科学研究水平。

（4）学习能力。现在世界的变化几乎是以分秒来记的，知识也随之不断发生变化，这就要求教师在教学的过程中，要紧跟前沿教学的步伐，不断地学习新的知识，以应对不断变化的教学形势，教师要保持对新知识的好奇心，要乐于接受新事物，吸收新知识，这样才能够让自己的知识体系与时俱进，从而不断传授学生新知识。正因为如此，人才测评必须将学习能力作为一项重要的指标。另外，教师要通过参加培训等方式来提高知识储备。

（5）合作能力。无论是在教育教学工作中还是科研工作中，教师都需要与不同领域的人交流合作，合作能力的强弱直接影响教学、办事的效果。教授相同学科的教师需要交流，教授不同学科的教师之间也要进行知识互补，有效的沟通协作对于教学质量的提升大有裨益。在科研工作中，只有合作意识强的队伍才能够高效完成各项任务。高校教师要培养并逐步提升合作能力。

2.高校人才测评意义

高等教育持续不断的发展需要多种资源的投入以及不同资源之间的合理配置，这些资源包括人才资源、物质资源以及相关制度等。在诸多的资源中，人才资源直接决定着高校能够走多远。因此，如何引进优秀人才，已经成为高校越来越重视的问题，基于此，高校人才测评应运而生，并逐步受到高校的青，它通过全方位、多角度对人才进行综合测评，能够让招聘者了解被测评人的综合素质，确保招聘的人才是高校需要的。因此，人才测评不仅能够满足社会对人才选拔的需要，也能够体现出社会对人才的重视，对于高校教师选拔而言，也具有重要作用。

（1）有利于发现真正的教育事业人才。若一个学校聘用了太多不合适的或对教育事业兴趣不大的人担任教师，那么即便是制订完备的计划、周密的组织结构和全面的控制系统，高校的科研也无法取得长足的进步。只有借助人才测评，高校才能对应聘者进行全方位的评估，对其进行更加精准的把握，同时让高校可以将应聘者进行比较，测定与岗位之间的匹配度，以此提高招聘决策的合理性和科学性，从而让热爱教育事业和具备较强教学功底、未来发展趋势好的人从事教育工作。

（2）有利于未来建立一支高素质的师资队伍。在同一个学术层级中，一方面要不断调整教师队伍的排列组合，使得教师素质结构比例更加合理；另一方面要求每个教师能够具备较高的专业素质。借助人才测评的帮助，高校可以全方位地去了解每位教师的职业理想、心理素质、潜在能力等，对教师未来发展潜力有更深层次的了解，以便于对教师队伍进行完善的配备和政策的制定，从而建立一支高素质、高效能的教师队伍。通过人才测评，预测人的内在潜力可以为组建完美的师资队伍，配备优秀的教师梯队提供可靠依据。

（3）有利于减少不必要的失误。在员工招聘中应用人才测评的作用十分明显，大大降低了由于经验管理造成的失误。从现代管理学的角度出发，可以将人力资源看作企事业单位对特殊生产资源的采购，在这个过程中，就难以避免产生质量检测的问题。人才测评知识解决这个问题的最好工具，它可以最大限度地避免由于用人的失误而造成的损失，为高校把好人才引进这一关口提供科学依据。

总的来说，人才测评技术的诞生实现了对人才的识别由凭借经验到依赖科学、由只观表面到评估潜质、由测评现状到预估未来发展的跨越。目前来说，测评工具并不是完美的，可以进行进一步的优化，例如对应聘者的专业能力和个人素质的检测水平还有进步空间。从高校招聘人才的角度出发，在决定使用这个工具时要进行多方的考量，并且在专业咨询公司的指导下，科学合理地进行使用，如此才能确保其在高校招聘工作中发挥积极的作用，帮助高校招聘到更加优质的人才。

（三）高校人才测评指标体系的构建

高校教师招聘最重要的任务是选拔高质量的人才，因此，如何确保选人、用人的合理性以及科学性，如何确保选择的人才是高校需要的，已经成为高校教师招聘过程中需要解决的重要问题。人才测评技术为有效解决这一问题提供了有效途径。人才测评技术的发展和在高等院校教师招聘中的应用，它对于提高招聘人才质量、提升师资队伍的整体实力具有积极作用。为了更好地完成人才测评工作，高校应该建立人才测评的指标。

在建立测评指标的过程中，必须遵循五个原则，即科学性、客观性、完备性、可比性、执行性。高等院校应当结合自身教学水平以及对人才的需要，设定测评指标，并力求实现对选聘人才的多维度考核。指标体系的建立是实施测评的基础，也是评价教师整体素质的基本手段。高校应该充分重视指标体系的选取，并结合岗位的特殊性，制定不同的测评指标。

要实现针对不同岗位设置不同的指标，高校首先应该对所有岗位的职责进行整理，并针对需要招聘教师的岗位，明确招聘的要求，在此基础上建立指标库，对指标的层次进行梳理。抽象性的指标应该置于较高层级，在逐步划分的过程中，级次逐渐增加，指标的要求更加具体，随着级次的增加，指标数量越来越多，测量的维度也越来越多，从而全面地反映被测者的综合素质。但是，指标数量并不是越多越好，多指标会给测评工作的开展带来一定的困难。综上所述，高校应该结合教师岗位的实际情况选定测评指标，指标数量的多少既要考虑到测评的全面性，又要考虑到测评的可操作性。

按照高校设置的教师岗位的不同，测评指标也存在差异，它主要包括三个等级的指标。其中，一级指标包括四项内容，分别是知识、技能、态度和个性。二级指标是以一级指标为基础，将每一项的内容再进行划分，在二级指标中，知识包括三个部分：一是教育理论知识；二是专业知识；三是相关知识。技能又细分为四项：一是教学能力；二是科研能力；三是学习能力；四是合作能力。态度被划分为四个部分：一是热爱教学；二是治学严谨；三是诚实正直；四是尊重他人。个性动机方面，主要包括四个部分：一是自信；二是成就动机；三是社会责任感；四是奉献精神。针对二级某些项目再进行细分，即得到三级指标，比如，教学能力又包括三个方面：一是语言表达能力；二是观察能力；三是创造能力。

岗位的不同，测评指标的选择也会有所不同。常见的岗位类别包括三种，即教学科研系列、教学系列、科研系列。在二级测评指标的运用中，这三个岗位是不一样的。在教学科研岗位的测评中，二级指标一般更加重视教学以及科研两方面的能力；在教学岗位的测评过程中，通常不会对科研能力提出较高的要求；科研岗位的测评中，在科研能力以及合作能力将会是主要的测评指标。因此，在测评实施的过程中，根据岗位的不同，各能力重要性的不同，分配的权重也会有所差异，这种方式能够实现招聘中对人才进行科学客观的评判。

（四）高校人才测评的科学性

1. 测评方式客观、公正

传统测评方式具有一定的缺陷，主要体现在主观性太强，缺乏科学性。传统的测评方式一般都是根据测评人的经验对被测评对象进行评价，很少利用测评工具，这种方式主要依靠个人的喜好，容易产生用人不当、任人唯亲等问题。人才测评技术的出现和发展，为人才测评提供了更合理、有效的方式，最大限度地减少了主观的干扰。因此，人才测评技术是经过实践证明的，能够保障测评结果全面准确的方法。在进行相同类别、相同级别以及相同岗位的人才测评的过程中，人才测评技术能够保证被测评对象能够在完全一致的环境中进行测评，无论是测试题还是所处的环境，都是相同的，这种方式保证了测评的公平性，实现了更加科学的选人、用人。

2. 评价结果准确、可靠

传统人才测评、选用人才的方法基本上是通过查阅个人档案，或是根据被测评对象提供的简历，对测评人进行评价，但是由于这些个人信息的描述有着较强的主观意识，测评人很难真正了解被测评人的实际情况。另外，传统的人才选拔考试也存在着一定的弊端，主要体现在考查内容单一，一般只侧重于单向素质水平的考核。对比之下，人才测评技术考查的内容则更加全面，包含诸多测评目标系。人的素质是由多方面的素养和能力组成的，只有通过多方面的测评才能够更加准确地判断一个人的综合实力。人才测评考查的内容主要包括五个方面：一是人的实际能力；二是经验以及业绩；三是潜在智能水平；四是心理本质；五是职业倾向。在测评的过程中，必须要保证测评内容完整，争取全方位进行测评，尽最大可能提高测评的准确性。

3. 选才效率高

人才测评技术不仅可以对单个人进行素质评估，也可以在相对大的范围内对一批人同时进行评估。从目前的发展情况来看，一些较为先进的技术已然可以做到人机一体化，相比于之前依靠经验来选拔人才的模式，这种模式节省了人力物力，大大提高了选拔效率。

（五）高校人才测评评价中心技术

1. 评价中心技术的内涵

评价中心会涉及不同种类的测评方法，常用的方法主要包括三种，分别是测验、情景模拟和面试。情景模拟这种评价方式较为复杂，可能会让测评对象进入几个不同的情景中。为了保证能够对被测评者进行多维度的测评，确保测评结果的准确性，通常要整合多种方式的测评结果。评价中心常用的技术包括七个方面：一是公文处理法；二是小组讨论；三是模拟面谈；四是案例分析；五是管理游戏；六是智力测验；七是投射测验。测评中心应当结合实际工作情景，设置相关问题，并在测评对象应对的过程中，由测评人对他们的表现进行打分，以判断他们是否适合相应的工作。

评价中心改变了过去使用纸笔测试、面对面问答等测试工具进行测试的方式，以公文筐、角色扮演、无领导小组等模拟性的测试方法来进行测评，再辅以部分传统的测试方法，从而测量人的能力、性格、知识、动机，从而在动静态两种环境中都能提供多维度的评价要素和资料。因为评价中心采用多方面、多个测评人员、多个评估工具来全方位考查被测评者，效果远远高于一般的测评方法。

评价中心（assessment center），也被称为评鉴中心，是一种全新的对人力资源评估的技术，近几年开始流行，被用于选拔、评价以及培训管理人员等工作，被广泛应用于对中高层人员的人力资源活动进行全方位测评的工作中。它是一种综合性的测评方式，既不是公司单位，也不是一个具体的地点。在这个测评中，多个主试需要采用多种评测方式针对被测者进行素质测评。全部的活动均是围绕素质的管理评测这一核心来进行的。

评价中心通常包括面试（interview）、文件筐测验（in-basket）、角色扮演（roleplay）和无领导小组讨论（leaderless group discussion）等人才测评的技术。《关于评价中心的实施标准和道德准则》指出，多样化的标准行为的评估技术构成了评价中心，针对被试者在模拟中的表现及行为，由多名观察员进行记录核算归类，再将记录的结果上交给委员会，由专家评委组对其进行商讨，并且通过多要素、多方面的综合分析最终的结果。

2. 评价中心技术聘任教师的步骤

（1）为了更好地培训评价人员组成专业的评测机构。评价中心兼具选拔技术和人力资源咨询机构两种功能。选择好评价中心人员是成立评价中心的重要一步。一般情况下，评价者会由两个及以上层级的直属管理者和人力资源部门或其他相关部门人员共同组成，要尽量选取知识面广、经验丰富的人员担任，有条件的单位要进行系统的学习训练，从而提高评定者的信度。

（2）通过岗位工作分析来建立评价指标体系。应该对拟应聘的教师进行多维度的系统考核，以此来确定该岗位所要求的专业基础知识、工作职责等素质要素，为评价中心提供评价素材，并为技术设计奠定基础。工作分析一般采取重大事件法、面谈法、问卷调查法等。在此基础上，分析工作结果，得出该岗位密切相关的专业素质以及其他一些按要求应当符合的标准，最后再将相关的素质要求和标准汇总，以此来建立相应的评价指标体系。

（3）依靠评价模型使得测评更加的合理和科学。通过对多种指标全方位进行对比来实现对综合素质的测评，这样可以对人才实现多维度、深层次的考核。这可以视为综合测评的一个分支。综合评价的特点有两点：一是需要从不同的角度对事物或者人员进行测评；二是需要完成量纲转换的过程，将具有不同量纲的测评指标值变为相对值，即实现由量纲到无量纲的转换，再根据这些相对值，对事物或人员进行整体评价。在人才素质测评的过程中，既有定性的测评，也有定性的测评，同时，测评一般是多维度的，因此，在测评模型的选择方面，模糊综合评价更加适合。

（4）借助与实际情况相契合的评价方法，完成情景设计工作。情景设计能够对评价结果的准确性产生影响，因此情景设计工作至关重要。

（5）测评与计分。人员综合测评的过程就是数据收集的过程，即按照既定的指标，收集与被测评人相关的信息。测评的实施需要完成三个阶段的工作：一是准备阶段，即安排好测评场所，布置好环境，确保测评用的道具以及文件等准备就绪；二是让被测评人在模拟的情景中给出反馈，具体的测评活动包括小组讨论以及扮演角色等；三是测评人根据被测评人的表现进行打分。

（6）最终评价。评价中心会对被测评人进行多维度的测评，测评结果也是根据每一项测评分数计算得出的，因此，任何一个被测评人的最终评价得分，必须要等到所有测评内容结束后才能够得出。评价中心会根据被测评人的综合表现给出得分，在此基础上，将得分带人数学模型中，通过分析，再给出最终的测评结果，并出具测评报告。

3. 评价中心技术过程中需要注意的问题

（1）把好测评者的素质关。若把应聘者比作千里马，测评者则是能够识别其的伯乐，学校招聘的教师质量取决于测评者自身素质的高低。所以，选择正确的测评者，并对其进行相应的培训，是在测评之前一定要做好的准备工作。

（2）测评技术相关分析。由于评价中心采用多种评价技术，在对应聘者进行能力素质测评时会出现一些交叉测试，这就需要在设计测评时要进行测评技术与测评要素的相关分析，在评价内容指标与权重上进行合理分配。

（3）评价中心技术的局限性。首先与其他评价技术相比，评价中心需要较多的人力、物力以及财力，而且耗时长。其次由于应聘者是在被观察的情况下进行，测评者可能会因为紧张或抵触情绪而无法发挥出其实际的水平。

第四节　应用型高校人力资源招聘 的问题与对策

一、高校人力资源招聘中存在的问题

目前，高校逐年扩招，新兴学科和专业层出不穷，但是从事一线教学和研究的教师数量仍存在很大缺口。由于大部分高校条件有限，不能给高层次人才提供较高的待遇，所以引进人才出现困难，进而造成部分课程的教师短缺，甚至"断层"，师资队伍建设受到严重影响。所以，当高校急于扩大师资、大量引才的时候，往往缺少对素质的严格考核。因此，高校必须要面对且解决的问题就是教师招聘。

（一）人力资源规划不足

人力资源规划是招聘的前提，更是人力资源管理的基础，包括总体规划和业务规划，如团队在一段时期内是否要增加人员（临时的或长期的），通过什么形式增加（内聘或外聘）以及对增加人员的岗位和具体职责进行解释，并为调整岗位、增减工作量、组织培训等行为的理论基础，确保能够科学、合理、有序地开展人力资源活动。现阶段学校招聘主要考查的是岗位需要以及人员的工作经验，但是并没有系统分析应聘人员对于特定岗位应该具有哪些能力和素质，也没有形成书面的文字说明材料，更没有根据学校的发展前景对特定岗位设定应聘条件。

目前大多数高校的人才引进计划即是整合基层对于需要招聘的教师提出的年龄、学历、职称等方面的标准得出的引进计划，这样的制定形式多凭经验而缺乏全面性和严谨性，没有综合考量学校的组织文化、学科建设、发展目标等对人才的需求和匹配问题。这样的引进方式给学校的招聘工作带来了高难度和高风险，选择的标准和范围都没有具体的界限，且不能与学校各部门实际的引才规划及具体岗位形成良好的匹配。

（二）招聘信息不对称导致缺乏针对性

信息不对称是高校招聘过程中的普遍现象，学校和应聘教师都更多地关注他们容易得到的显性信息，如应聘者的年龄、学历，学校可提供的岗位、薪酬等。而获取信息的通道不畅使得很多隐性信息不能被准确获取，只能靠经验判断。信息不对称大大增加了高校和应聘者双方的机会成本，高素质人才很难遇到整体实力强的高校，高校也不容易招聘到高素质人才，特别是影响到特聘教授岗位的设定。从每年的11月开始，各大高校便进入了招聘季，负责招聘的部门奔波于各地的招聘会，收集了众多的求职简历，但是经筛选发现真正能够和岗位匹配、符合招聘需求的少之又少，不能实现优中选优。

（三）招聘工作公开化程度受限

虽然公开招聘教师的形式已经得到普遍应用，但是在实践过程中仍存在一些亟待解决的问题，这主要有三点：第一，公开招聘制度不规范。这一方面是因为公开招聘制度的推行还处于缓冲期，制定完善的制度需要经过长期"实践—认识—实践"的过程；另一方面则源于不同地域、不同学校的发展水平不一致，认知程度不同。第二，评价机制不健全。在公开招聘过程中，尚不具备一套评价标准来让学校判定应聘者的综合能力及岗位匹配度，然而能否提供好的待遇在很大程度上决定了学校引才的成败。从一定意义上讲，学校为了招聘更多人才，很可能采用适当降低原有人才待遇的方法来满足整体经济条件的限制，但是这样容易引发原有人才的心理失衡。所以，学校必须充分发掘和发挥所引进人才的学科特点及专业水平，使其能够符合并推动学校的整体发展。第三，"关系"社会屡见不鲜。高校需求薄弱、招聘岗位少、就业竞争压力大等原因使得毕业生在找工作时习惯于借助老师、同学、朋友等社会关系的帮助。

（四）人员甄选存在问题

从某种意义上讲，招聘程序即是测评人才的过程。人才测评的目的是区分人才个性特征且实现人才和岗位的最佳匹配，它的实现途径是以心理学、管理学理论为支撑，并采取心理测试、情景扮演等方式，从而全面、深入地分析评价人才的能力、水平等个性特征。例如，长期以来招聘时必然考虑年龄和学历因素。随着社会进步，业绩的重要性明显得到提升，每个时代都有符合其规律和特征的招聘方式，现阶段则需要更客观、全面的人员甄选形式。

目前教师到高校应聘时需要提交包括简历、学历证、学习成绩单等基本材料，同时还要有能够表明其思想及业务能力方面的综合材料。实际的招聘情况体现出两个特点：第一，个人积累的教学经历、协调能力可以有效提升其教学活动能力；第二，中小学及中等院校更多地注重教学，而高校必须兼顾"产学研"的关系，三者不分伯仲。

现阶段，多数高校招聘工作的特点为"重学历轻能力""重智力轻心理""重业绩轻潜力"，更倾向于拥有高学历、热门专业、名校毕业、有研究成果的应聘者，而忽略与招聘岗位相匹配的能力、个性、潜力等方面的考量。如果应聘者是一位人才，招聘程序似乎变得更为简单，只要研究方向符合高校发展，取得了一定的科研成果，便可以省略试讲环节，面试也只是简答的面谈。但是，这并不能准确考查应聘者的综合能力，更弱化了对于思想品德、职业道德、价值观念及团结协作能力等方面的考查在招聘程序中的重要作用，容易产生不利影响，即招聘的"人才"教学水平低、科研能力差，不能胜任岗位，不利于建设优势学科，不利于学校发展。

（五）招聘权行使不合理

我国大部分高校的人力资源部和专业学院（系）两个部门对于招聘权没有明确分工。行使招聘权的模式主要有两种：第一，分权式，先由用人部门给出建议人选，再由学校做出是否聘用的决定，在这一模式下，实际用人部门具有绝对的主动权和影响力；第二，集权式，实际用人部门不具备实权，真正的权力仍是归学校所有。现阶段我国大多数高校采取集权式的招聘方式，职能部门统一具备招聘权，这一权力由人力资源部行使。实际用人单位对应聘者进行考核，给出参考意见，但不能做出决定，只有人力资源部可以决定是否聘用。这种方式的端在于人力资源部往往精力有限，无暇顾及招聘的烦琐事项，导致细节漏洞较多，同时人力资源部不具备决策职能，只可遵循行政计划和命令而行使职能

二、高校人力资源招聘中存在的问题的解决对策

对于上述高校招聘工作中的问题，仅从招聘程序或是招聘环节入手并不能找到问题的症结，必须要通过协调人力资源管理系统来解决根本问题。但是目前人才竞争愈演愈烈高校在引才方面面临着巨大的挑战，既没有主动权又没有绝对优势，这直接导致教育、科研、人才等因素受到严重制约。高校应以尊重人才需要为前提，以制定符合学校建设目标的人才引进和管理政策为抓手，以内部的良好环境为支撑，以自身特色、个性为亮点，广泛吸引优秀人才，形成一支高水平的教师队伍。具体要做好以下六方面工作。

（一）广泛收集信息并制定详尽的人力资源规划

信息收集工作作为招聘的基础工作，其重要性日益显著。在这一方面，应当做好四个方面的工作：首先，明确学校发展战略和学科建设目标；其次，了解学校的软实力，包括文化环境、个性特征等，明确优势和劣势；再次，掌握学校现有师资力量和发展趋势，分析主要专业、年龄、学历、职称等因素对教师队伍的影响；最后，了解人才市场供需状况。学校人力资源部门可以根据这些信息通过进一步分析了解学校未来发展人才的方向与数量，学校可以从这些方面来宣传自己的特色以吸引优秀人才等。

人力资源部结合各方面的基础信息，科学制订人才引进和招聘计划。寻找人才首先要明确需要什么样的人才，现有哪些人才，明确今后朝哪个方向发展。人才引进计划的制订要结合高校战略目标和学科建设目标，分解战略目标与学科建设目标，最终得出具体岗位对人才的需求。要想实现有的放矢地引进人才，必须要深入研究教师队

伍的专业、年龄、学历、职称和规模等要素，并结合专业紧缺程度与队伍建设需求制订招聘计划。合理、稳定的人才结构、梯队和供给离不开科学的规划。此外，可操作的招聘方案也很重要，具体来说需要明确的招聘时间、方式、条件、人员等信息。同时进行关于工作内容、背景、员工必要条件的分析工作。其中，岗位说明书的作用至关重要，因为它明确了特定岗位的工作内容和范围，任职者的条件和职责。高校招聘时应严格遵循岗位说明书要求，选拔出与岗位匹配的优秀人才。

（二）发布真实准确信息

信息不对称将直接带来应聘者入职后的心理落差，甚至严重影响工作效率。所以，高校在招聘时应提前将招聘信息通过多种方式进行全面、真实的宣传，必要时可提供真实工作环境和内容的体验，并对求职者最关注的问题进行详细介绍，例如福利待遇、晋升空间等。这样做既能帮助求职者有针对性地投递简历，减少他们的时间成本，也能有效提高选中最优人选的概率。

招聘会是最常见的高校引才方式之一，因为这里人才济济，同时它也是对高校进行宣传的好平台。此外，招聘会也是高校对于应聘者的第一次面试。另一种发布招聘信息的方式即通过新闻媒体的宣传，这种宣传形式的受众面更广，能够吸引到更多人的关注。还有一种特殊的高校教师招聘方式，即只面向应届毕业生的招聘。这种方式具有较强的针对性，既能帮助高校全面了解应聘者的综合能力，包括在校期间的学习、适应、发展等情况，以便对应聘者做出客观、真实的评价；也能帮助应聘者通过校园网等途径快速准确地找到感兴趣的岗位信息，以及想要应聘学校的详细介绍，从而提高应聘的成功率。

（三）建立科学的招聘考核制度

在招聘过程中，有形的材料容易被评估，而无形的能力和精神等不易被发现。此外，应聘者也会注意多展示优势，避免劣势，这样也给招聘工作增加了难度。为了可以优中选优，应注意以下三方面内容：

（1）考核步骤要完整。分三步考核应聘者：第一步，面试；第二步，试讲；第三步，借助已有材料考查、印证所具备的能力。

（2）考核内容要全面。严格按照考核步骤对应聘者的外显行为及隐性因素均进行考查，外显行为包括学历、技术等级、知识结构等，隐性因素包括思想品德、职业道德、团队协作能力等。

（3）考核标准要分化。在师资队伍和工作侧重方面，每所高校都有自己的特点。教师按其承担任务的不同而被分为"学科领军人物"与"普通教师"两种类型，所以对他们的考核也要采取分类考核的形式。对于学科领军人物重点考核学术水平、组织及协调能力，因为他们肩负着组建科研团队、开展科研活动、攻克学科难点的重任。

对于普通教师则重点考核教学与研究能力、知识结构等内容。分类考核有助于高校聘用到好教师。

（四）成立招聘委员会

组建招聘委员会，制定严格的规则和制度，个人意志不能代替集体决定。招聘工作要做到有章可循，有规可依，更加公开，更加透明，进而实现有效抑制招聘过程中的不良之风。高校公开招聘教师除了为空缺岗位补充人才外，更重要的意义在于转变大家固有的思维模式和陈旧观念，每个人都可以通过努力实现自我价值。推行过程中绝不能因为人为因素使得此项工作流于形式。因此，对公开招聘的每个环节都进行严格规范，以求实现招聘程序的公正、规范，尤其是要客观、准确地表明教师的权利和义务。

（五）注重学历的同时注重实际工作能力

在招聘引进人才时，既要重学历，更要重能力。高校在招聘教师时，一方面考核应聘者已取得的业绩；另一方面需要考核是否具备潜在能力。这可以借助个人简历、学术报告、推荐信等显性材料对应聘者进行考核；也可以通过试讲、集体评估等进行能力和潜力的考评；还可以通过委托第三方机构在合法合规的情况下收集更多应聘者以前的信息和资料，以便准确、客观、全面地判断应聘者是否符合招聘岗位需求。

（六）明确权责，制定合理的招聘程序与流程

我国高校普遍存在的人力资源部和专业学院(系)对于招聘权没有明确分工的现象，这不利于高校招聘工作的长远发展。对此，应该下移招聘权到各学院（系），提高专家的话语权，同时明确工作职责，建立分工协作机制。这样既缓解了人力资源部的工作负担，也使各院系可以根据自身特点更有针对性地组织自主招聘。职责分工，见表4-1。

表 4-1 高校教师招聘各部门工作职责一览表

专业学院（系）	学校人事部门
1. 本学院制定人力资源规划	1. 组织、协调、汇总
2. 对特定工作岗位进行工作分析(包括工作内容、工作背景、教师的资格条件和类型)	2. 对候选人进行初步面试、筛选，然后推荐给学院（系）考虑
3. 负责笔试考卷的设计	3. 提供真实工作预览
4. 对应聘者最终的教学和科研水平进行测评、核定	4. 负责应聘信件登记
	5. 负责体格检查与背景调查
	6. 负责正式录取书的寄发
	7. 负责录取手续的办理

第五章　高校教师培训与发展

第一节　高校人力资源培训与发展的理念

随着科技的迅猛发展和科技在社会、经济各个方面作用的增强，人力资源的开发与利用已成为一个国家经济增长和社会发展的关键因素。高校是培养专门人才的重要阵地，高校人力资源开发的成效将直接关系到国家的前途和民族的未来。高校人力资源开发体系是十分复杂的，它涉及学校内外部环境、教育价值观、知识技能培养等许多方面。高校人力资源开发与管理主要包括两个主体：教师和学生，本文主旨在于对高校教学和科研的主要承担者—教师—这一重要的人力资源的开发问题进行阐述，并对信息时代和社会主义市场经济条件下高校教师的发展趋势、培养目标、培养方式等进行了简单的分析，提出了自己的看法与观点。

一、高校人力资源的基本特征与素质要求

高校是一个特殊的管理领域，它不仅仅承担着传播人类历史文化知识、推进社会文明的任务，更承担着进行科学研究、推动社会经济发展的重任。随着社会经济的不断发展，管理学的应用范围也从单纯的企业管理中拓展至社会系统中的每个角落。针对教育的管理虽然作为一种教育现象由来已久，但是真正地将科学的先进的现代管理理论运用到教育领域还是在 20 世纪中叶才开始的。一百年的风风雨雨使得管理理论产生了很大的变革，但是有一点却是亘古不变的，那就是适应时代要求的管理才是好的管理。针对教育的管理更应该是如此。管好学校，校长是中心人物；教好学生，教师是中心人物。学校没有教师，就谈不上传授知识和培养人才；学校没有高质量的教师，就谈不上提高教学质量。因此，在学校人力资源结构体系中，教师是一种关键性的人力资源。较其他组织领域内的人力资源来说，教师应该热爱教育事业，热爱学生；精通自己所教授的学科，有比较渊博的知识；熟悉教育科学，懂得教育规律；有良好的语言表达能力；品德高尚、为人师表；身体健康；等等。这些主要说的是不同时代、不同社会制度的教师所应具有的基本特征，而在现代社会，特别是当今这个以知识经

济为主体的信息时代里，教师还应该具备以下几个方面的素质要求：

（一）必须树立正确的世界观、人生观和价值观

人类社会的超速发展使科技的发展与人文、社会科学的发展不同步，科技、经济飞速发展，而伦理道德却失掉了它在人们心目中的神圣地位，修身养性也在这个利欲熏心的社会中变成了一种奢侈。有的教育工作者在巨额经济利益的驱动下，激烈的市场竞争使自己成为经济动物，把一个教育工作者的良心、民族的自豪感、历史的使命感和社会的责任感统统都丢掉了，虽为师而不成范，丧失了为人师表的资格。所以，作为 21 世纪的优秀人才要成为一名合格的教师，成为国家的脊梁，必须要有崇高的理想境界和无私奉献精神，忠于祖国，热爱人民，只有这样，才能为了正义、和平及社会进步而做出一定的贡献。

（二）必须具有宽厚扎实的知识基础

"师者，传道授业解惑者也。"也就是说，作为一名教师的基本职责就是传播道理、教授知识和解除疑惑。没有一定的知识储备，根本就无法为人师，无法承担社会所赋予自己的责任。社会在发展，时代在变革，教师的职责与行为方式也要随之发生相应的改变以适应社会变迁所带来的挑战与机遇，所以具备合理的知识结构就成为作为一名教师的最基本要求。

（三）要有高度综合的创造能力

知识创新能力数字化生存诸要素中最活跃的因素，国力的竞争实质上是知识创新能力的竞争，谁能创造出新的满足社会需求的知识产品，谁就掌握了竞争的优势。而教育则是推动社会进步与发展的催化剂。这不仅是作为人才的重要职责，更是作为一名教师所必备的因素。诚然，在当今社会，对人的要求是多方面的，除此之外，还要有竞争意识、独立意识、团队意识、合作精神、强健的体魄等。

二、高校人力资源的发展方向

高等教育是一种特殊的教育层次，它能够使人在知识层次、技能本领和精神风貌等方面都有一个质的飞跃。现代高等教育是一种非义务教育，具有广泛的社会职能，其服务对象和范围也在不断拓展，对社会就业结构具有一定的调节功能。在信息时代里，高校教师人力资源的开发应该体现在学习目标的树立、教育主题的确立、教育主导功能的认定、教育时空观的转变、教育内容和方法的选择以及教师观念的变化等方面。具体来说，就是：

1.信息时代要求人要面向世界、面向未来，这就要求学生必须树立短期或长期的

学习目标，明确自己的学习方向，并不断地朝这个目标和方向努力。这时，教师如何引导学生树立正确的学习目标就成为关键。通过学习目标的树立，学生还可以完成对教师的选择，使教与学的互动模式得以实现。不仅如此，教师和学生的角色还可以进行互换，即教师可以求教于学生，做到真正意义上的"师不择于人，有能者为之"。

2. 教师应该明确对于学习者来说，教师的一切努力都不可能替代学生对学习的投入程度和掌握科学的学习方法。学习成绩不是教师的恩赐与馈赠，而是学习者的自我索取。教师在教学过程中只是起到培养学生的主体意识，提供主体参与的机会和条件，养成学习的能力和习惯。所以，在信息时代，教育主体应该是学习者，而不是教育者。也就是说，教与学的过程中，教育的主体是学生，而不是教师。

3. 信息时代的学生应该能够进行创新性学习，即可以在学习过程当中将现实与未来联系起来并促进时间上的一致性（预见性）和将自身融入学习环境当中去，创造出学习空间的一致性（参与性）。所以，信息时代的教师就应该以激发学生进行创新性学习为己任。并且，教师还应当借助电脑技术进行"虚拟教学"的软件开发与应用，为创新性学习在技术条件上提供保障。与此同时，教学工具与手段的开发和利用也将是教师的任务之一。虽然这可以由专业人员完成，但是这方面教师具有得天独厚的条件，那就是与学生的接触。与学生接触，可以使教师得到第一手的资料，明确学生需要什么，怎样才可以使学生能够更好地学习，对课本产生更为浓厚的兴趣。

4. 在信息时代，人们接受教育的时间将增加，贯穿人的一生。以在校学习为主要形式的职前教育和以函授、远程教育形式为主的职后教育就会形成回归教育。在这种形式下，教师也需要不断地进行再教育，充实自己，以便应对现实需要。在教育学问上，学校将是学习者接受教育的基本场所，但不是唯一场所。多媒体、网络化、虚拟性和交互式手段将近距离和远距离教学互通有无，相辅相成，大大改善了教学环境和学习条件。这就要求教师的职业技能要不断提高，不仅要熟练掌握多媒体教学技术，还要熟知网络知识。

5. 以纸张为信息载体的教科书向只读光盘、重复擦写光盘教科书方向发展，使教科书多媒体化、程序控制化、互动化，更便于修订。教学方法、考试方法也将由于电子技术的帮助使教学的情景模拟、教学个别化和交互化成为可能。这样看来，教师不仅将增加做课外功的数量，也要增强课外功的质量。

在当前我国的现有环境和经济条件下，教师的培养应该在两个方面进行着重培养：一是对现有的教师资源进行潜能开发和素质提高，二是加大对师范教育的管理力度，以培养适应信息时代要求的人力资源。对于现有教师资源的潜能开发，应本着全面锻炼提高、缺什么补什么的原则，制订和实施培养计划，切实贯彻三为主原则——在职为主、业余为主、自学为主——并以合适的方式加强培养力度。与此同时，还要摈弃"教学是硬任务，教师进修是软任务，远水难救近火"的错误思想，踏踏实实地将教师素质的培养落到实处，而不是高举素质教育的大旗却空喊口号。要从学校发展的中长期规划入手，科学的预测和编制教师培养规划，统筹安排，既要照顾当前教学的急需，又要看到长远的需要。要依据培养、提高教师的原则，从实际出发，建立适应现代化教育事业的教师培养体制。

三、高校人力资源的培训与开发

人力资源的开发任务，特别是高校教师人力资源的开发任务主要应该由高等师范教育承担，要想提高教师的综合素质，就要落实各种政策、制度，将师范教育的管理搞上去。具体来说，应着重抓好以下几点：

（一）拓宽培养锻炼教师的渠道，注重师德师资培养

从培养方针上看，要坚持邓小平提出面向现代化、面向世界、面向未来的方针，培养能适应现代化教育发展需要、面向现代化教育实践、适应现代化教学模式新趋势的复合型教师；从培养内容上来看，要把提高教师的政治思想觉悟、工作经验和提高专业知识等有机结合起来。无论教书还是育人，教师都在告诉学生怎样做人，教给学生做人的道理，这就要求教师有高尚的品质，更高的思想境界，言行一致，以身作则，成为学生的表率。从培养的层次来看，对不同的对象有不同的要求。教师的水平是参差不齐的，因而在培养时应区别对待。对文化水平较低、教学困难大的教师，首先要过好教材关，实行教什么，学什么，缺什么，补什么的原则，做到弄通教材，掌握教法；对基本胜任教学的教师，要以教学大纲和教材为中心，学习系统的专业知识，拓宽知识面，进一步提高业务水平和教学能力；对业务熟悉，经验丰富的骨干教师，应鼓励他们总结经验，撰写文章，成为学科带头人；对没有学过教育科学的教师，应组织他们学习教育学、心理学、教育法，逐步掌握教育规律。从培养的形式来看，贯彻"三为主"原则，要把自学、学校教育、境外培训等有机结合起来。从培养的宗旨来看，要坚持围绕教学、服务教学。有的教师脱离教学需要，完全从兴趣出发；或者好高骛远，置教学工作于不顾，一心只在科研上下功夫；又或者忙于兼职工作，三心二意教学、全心全意赚钱……这些都会造成教师素质降低、师资道德沦丧，所以对教师的培养应紧跟时代特点，做到有的放矢，注重师德培养，多方位、多渠道的提高教师素质。

（二）加大教师培养力度，知人善任，正确使用教师人力资源

要调动各方面的知识性力量，运用各种培训场所、阵地，多种形式、多种渠道加大教师培养力度，加快教师培养速度。培养能适应教育发展趋势的教师队伍，要把重点放在年轻教师身上。采取以老带新、以新促老的方法，既注重培养青年教师的创新

能力、自学能力，使其更快、更好的成为一名优秀教师，也可以促进教师的进一步提高。同时，有计划地组织教师参加各种学习，邀请专家、学者做学术报告等形式，合理安排教师的课程，促使教师在原有的基础上循序提高。邓小平曾指出：人才只有大胆地使用，才能培养出来。可见选才固然重要，用才更重要。所谓用才是指领导者把所属组织中的每个人做出合理、科学的安排配置，从而使每个人才的潜力都能得到充分的发掘。在教师人才的使用方面，我们要做到以下几点：1. 用人风气要正派。它要求用人者本身要德才兼备，要能克服和抵制用人上的不正之风，确立良好的正确的用人导向，清除用人上的腐败丑恶现象。2. 用人方向要正确。用好人才必须坚持党的干部路线和要求，并且配合高校这个特殊的环境，作为培养、考核、任用的指导方向。全面正确的把握德才兼备的原则，防止和克服只重才、不重德，只看文凭，不看水平的错误倾向，要重视解决用人所造成的积极或消极后果及人心得失的问题，要懂得用人具有强烈的导向、示范效应。3. 用人机制要改革。要通过实绩考核和社会公论来评价人才，领导和学生相结合来识别人才，这也是相辅相成、互相联系的两个方面，是选拔任用制度改革的两个基本点。4. 用人方法要科学。在人才使用上要明确分工，用其所长，各司其职。要按实际需要因事、因时用人，这样易协调能力与职务的关系，做到唯才是举，大才大用，小才小用，通才通用，专才专用，避免出现小才大用和大才小用的情况。5. 要建立以人为本的管理体系。要建立科学严谨的教工培训体系、多维交叉的教工激励体系，灵活机动的人与事相互适应的管理策略，从而让教工同高校一起成长，使教工能够分享高校成长所带来的好处，给教工发挥潜能，施展才华提供舞台。在这种高校文化氛围下，教工能够感受到成功的幸福，能体会到人格的受尊重，也才能自觉自愿开拓创新、敬业敬职。

（三）优化教师环境，稳定教师队伍

教师成长始终要受到社会环境的制约。我国目前由于在人力资源开发上还存在一些欠缺，对教师所处的环境重视不够，对教育的投入不足，从而加速了教师的流失。由此，教师作为一个特殊的职业，在人力资源开发战略中，我们就要从实际出发，一方面，要注重教师的培养、选拔和录用；另一方面，更要注重尊重知识，尊重教师，优化教师环境，稳定教师队伍，为教师队伍的开发创造良好的社会环境、政治环境、竞争环境等。稳定教师队伍。"当今世界政治风云变幻，国际竞争日益激烈，科学技术发展迅速。世界范围的经济竞争、综合国力竞争，实质上是科学技术的竞争和民族素质的竞争。从这个意义上说，谁掌握了 21 世纪的教育，谁就能在 21 世纪的国际竞争中处于战略主动地位。"法国学者罗多万·里基塔在《处在十字路口的文明》一书中写道："毫不夸张地断言，世界过去的列强是拥有巨大自然财富的国家，后来是掌握最大工业潜力的国家占了优势。但对于未来世界来说，具有最先进的科学、教育和文化体制的社会将是世界之最强者。"在未来的国际事务中，经济发展始终处于中心地位，经济增长模式将是依靠科学技术的进步和科学管理的水平，掌握现代科学技术和先进的管理水平需要的是人的素质。因此，应将教育摆在战略地位。而教师则是促使教育快速发展的关键。所以，我们主要谈一谈高校教师队伍的稳定问题。一要拓宽以国家为负担主体的多层次多渠道的教育投资。特别是在目前我国教育经费总额不可能大幅度增长的情况下，努力提高教育经费的使用效率。建立起规模适当、布局合理、层次结构、专业比例合理的教育组织系统，以利于人力、物力、财力的充分利用，避免浪费。从而积累经济实力，为教师提供优厚的工资福利待遇和良好的工作条件，并以此吸引其他高校教师。二要加强高校自身文化建设。在我们所面临的激烈竞争的时代，高校人力资源管理的核心对象将是富有创新精神的、层次较高的教育工作者，在实践中，只有塑造以尊重人、关心人、信任人、培养人为核心的高校文化氛围，才能聚集人才，建立高校自身独特的文化，从而在高校竞争中成为赢家。

第二节　高校教学人员的培训与发展

随着现代高职教育的发展，新的教育理念，管理理念日益成为各高职院校关注的焦点，其中人力资源管理已成重中之重。高职院校要求得生存和发展，必须有大量的、高素质的教师人才队伍，得到这些人才，一是靠引进，二是立足校本培训。引进是有限，人才来源的关键应该是立足自我培训。只有通过不断、有针对性地对教师进行培训与开发，才能提高教师的教育教学能力和实际操作技能，满足高职院校发展目标的实际需要，同时也是增强竞争力的根本保证。

一、人力资源开发与高职院校人力资源培训与开发

人力资源开发就是以发掘、培养、发展和利用人力资源为主要内容的一系列有计划的活动过程。它以人力资本投入为前提，包括人力资源的教育、培训、管理以及人才的发现、培养、使用与调剂等诸多环节，通过政策、法律、制度和科学方法的运用，提高人的素质和能力，挖掘人的潜力。力求人尽其才，才尽所能。人力资源开发的基本途径是教育和培训。对高职院校来说，培训是开发的基础。开发是在培训的基础上进行有针对性的知识的更新或者实践技能的提高。

高职院校人力资源培训与开发是高职院校依据教育教学的需求与发展的需要，对教师的潜能与职业发展进行系统设计与规划，向教师提供教育教学所必需的知识与技能的过程。通过培训与开发可以使教师明确自己的教育教学任务、工作职责和目标、

提高知识和技能，具备与实现高职发展目标相适应的自身素质和业务能力，在最大限度地实现自身价值的同时为高职教育的发展创造更大的价值。

二、高职院校人力资源培训与开发过程分析

高职院校人力资源培训与开发是一项系统工程，它涉及培训与开发的指导思想、领导决策、培训目的、培训组织、培训方法、成本费用等。因此，要有效地做好这一工作，必须进行培训的过程分析。培训项目的全过程按时间顺序应包含培训需求分析、制订培训计划、实施培训计划、评价培训效果四个部分。

（一）培训需求分析

培训需求分析是整个人力资源培训与开发工作的基础，是通过组织分析（哪些部门需要培训）、工作分析（完成教学任务需要的知识、技能、行为和态度）、人员分析（谁需要培训），了解组织和个人的培训需求，确立目标。即在需求分析的基础上，确立培训要解决的问题和必须达到的目标。

（二）制订培训计划

培训计划有长期计划和短期计划两种。长期计划是高职院校人力资源规划的组成部分，是以高职院校的发展战略规划为基础制订的；短期计划即培训实施计划，以长期培训计划为依据。并从现实中的培训需求出发和结合实际具体制定，以提高培训的针对性和有效性。包括培训内容、培训目标、培训对象、培训时间、培训场所、培训方法、培训所用教材及预算等。

（三）实施培训计划

根据培训计划主要做好收集培训相关资料；比较目标与现状之间的差距；分析实现目标的培训计划；对培训计划进行检查，发现偏差并进行纠正；公布培训计划，落实培训计划。

（四）评价培训效果

进行培训效果评价目的是在于了解是否达到了培训目标和要求，肯定成绩，找出差距，吸取教训，以改进今后的培训工作，提高培训工作的水平。评价培训效果主要有确定培训评价标准、对学习者进行考核、针对标准评价培训结果、评价结果的转移（把培训的效果转移到教学实践中去）。

三、高职院校人力资源培训与开发的方法

高职院校人力资源培训与开发的方法是多样化的，为了达到培训目的，其方法应符合现代高职教育发展的要求，这样才能起到应有的效果。

（一）直接传授法

直接传授法是指培训者通过一定途径向培训对象发送培训信息。主要有授课、专题讲座、报告会等形式，注重理论的体系性，强调应知应会，适用于知识面类的培训。如高职院校的高校岗前培训，新知识、热点问题等方面知识的培训。

（二）校企联合法

校企联合法是指高职院校与社会上相关企事业之间的合作关系，是提高教师特别是中青年教师的专业技能和实践能力的一种师训方法，也是高职院校培养"双师型"教师的有效方法。高职院校要有计划地选派专业课教师到企业深入生产第一线进行顶岗工作或实习锻炼，提高实际操作技能，加快了解自己所从事专业目前生产、技术、工艺、设备的现状和发展趋势的有效途径。

（三）实践教学法

实践教学法通过加强实践教学环节提高教师的专业实践技能，专业教师要积极承担实践教学任务，在指导课程设计、毕业设计和实训教学中，尽量结合实际，真题真做。在建设专业实训中心、教学工厂过程中提高教师的专业实践能力和技术开发能力，这也是培养"双师型"教师的方法之一。

（四）导师带培法

导师带培法是指为帮助新进教师（从大专院校分配的毕业生及新调入的教师），使他们能够尽快地掌握高职教育教学规律，在教学实践中应用高职教育理念而开展的新老教师之间的传帮带式的一种培训活动。新教师在老教师的指导下，认真听课、备课，积极探索教育教学规律，研究课堂教学艺术；老教师对新教师的指导应尽心竭力，言传身教。可以使新教师尽快适应教学工作，提高业务水平。

（五）自我开发式

自我开发式是指学习者自我决策、自我分析需求、自我规范学习目标、自主决定学习方法，评价其结果的学习过程。对于高职院校来说，培训以个人自我培训为佳，在这种自我培训中，培训主体和客体以及培训的规划、实施和监督都是教师自身。通

过自我开发式培训，学习者的学习不再是直线式、被动式的反应过程，而是自觉参与和主动探究的过程，这种方法主动性、有效性强，效果显著。

（六）网络培训法

网络培训法是通过公共的因特网或私有的内部局域网展示培训内容的一种培训方法。虚拟现实技术、情景模拟技术、互动、学习者之间的相互沟通以及实时视听技术等都能运用到网络培训上。这种培训方式可以随时随地向学习者传送培训内容，节约培训成本，提高培训管理效率。高职院校人力资源培训与开发应注意的几个问题。

1.培训的长期性。要把培训开发作为一项长期的工作来做，要按时间、层次、项目安排周密、扎扎实实地培训，不能走过场，不能顾此失彼或忽视培训效果的后显性，不能一劳永逸。

2.注重实践能力的培养。培训开发应重点放在对"双师型"教师的培训上，这是由高职教育自身的特点所决定的，在进行理论知识培训的同时，更应加强实践动手能力的培训。使高职院校的教师成为既是讲师、教授，又是工程师、高级工程师的"双师型"教师。他们应该是既能以扎实的专业理论知识授课，解决教学实践中出现的问题，又能以丰富的实践经验和熟练的技术指导学生实际操作的专门人才。

3.因材施教。根据高职院校发展战略目标及个人自身特点，有的放矢地安排适当的培训计划，取得培训的最佳效果。

4.注重培训效果的评估。人力资源培训应为高职院校实现发展目标服务，与实际工作紧密联系起来，不能为培训而培训或为文凭而培训，应通过一定的方式，对培训效果进行评估，不断改进培训工作，真正发挥人力资源培训与开发的作用。

总之，高职院校要发展就要培训和造就大量的、符合高职院校发展特点的优秀教师人才队伍，加大高职院校人力资源的培训与开发力度，对教师进行针对性、科学性的适时的理论知识和实践技能的培训与开发，必将使高职院校不断增添活力，为高职教育的发展奠定坚实的基础。

四、新建本科院校教师培训存在的问题

（一）培训体系不健全首先，缺乏培训规划、培训管理不健全

有些高校未针对本校教师的拟订科学、统一、规范、可操作性强的培训中长期规划。未建立培训相关制度,或制度规定不明确,或制度条款已不适应现阶段的培训现实需求。此外，由于新建本科院校自身的管理制度存在一些弊端，沿袭了一些传统的思想顽症，使得"论资排辈""重老轻少"的现象在培训中仍然有所体现：领导干部、高职称高

学历人员培训机会多，培训待遇高，普通教师、年轻教师培训机会少，培训待遇低。这种极不规范的培训规划和派出制度限制了年轻教师的培训机会和学习热情，对学校的学科建设和发展也是极为不利的。其次，培训目标定位不明确。许多教师参加培训的目的不是更新知识结构，提高自己的教学科研能力，而是为了评定职称、提高学历、晋升职务、完成考核要求而被迫学习，甚至把宝贵的半年进修培训计划当作是身心放松的休息度假，不认真进修，草草了事。最后，培训机构课程体系、指导体系不健全。许多高校师资培训机构进行的是普遍培训，未能根据参培教师实际情况，有针对性地开设课程和进行培训，培训体系不能适应新形势下的要求，缺乏科学合理的指导体系。而送出教师培训的学校也认为，只要参培教师职称学历上去了，科研任务完成了，培训就是成功的，并不关心实际培训内容和效果。

（二）培训内容和培训条件有限

新建本科院校为了提高本校的教师学历结构、职称结构，对教师的培训要求仍以学历提高、职称培训、学术培训为主，而基础能力培训、专业课程进修、外语计算机培训、实践能力培训、教学素质培训、新兴技术知识培训等丰富多样的培训内容和方式却未能受到学校重视。以至于有的教师虽然攻读了博士，成了副教授，但教学效果却不好，动手实践能力也不强。应用型教师的培养成了一句空话。在培训条件上，有的新建本科院校由于师资队伍紧张，经费不足，能够派出培训的教师人数有限，尚不能满足本校教师特别是中青年教师的培训要求；有的高校培训机构因人力财力时间投入有限，使得培训条件不能满足参加培训教师的需要；有的新建本科院校教师的教学科研任务重，特别是学校紧缺专业的教师和需要行政坐班的教师缺少参加培训的机会和条件。

（三）缺乏科学的评价机制

教师培训需要评估考评来反馈，同时又以评估考评作为培训改进的依据。然而当前的培训缺乏有效的质量监督、考评机制和跟踪管理。任何一个系统，只有通过评估和信息反馈才能实现有效控制，进行完善，从而提高效益，达到预期目标。教师培训作为一个系统，显示出一定的盲目性和自发性。

五、本科院校教师人力资源培训与发展的改进措施

（一）建立健全教师培训与开发体系

作为新建本科院校，应明确教师培训与开发对提升本校师资队伍水平的重要性和

迫切性，切勿把教师培训当作一项可有可无，可多可少的人事工作。必须紧密结合学校建设、改革和发展的实际，坚持制度建设与机制创新相结合，细化培训种类，制定培养办法，完善管理制度，明确各种培训的范围、条件、方式、要求、管理实施相关负责部门，形成以教师培训工作规程、教师继续教育制度为重点的教师队伍建设体系，为学校教师培养、教师队伍建设整体水平的提高提供科学有力的制度保证。实施教师继续教育登记制度，继续教育对象以紧缺专业教师、重点建设学科教师、发展潜力大的中青年骨干教师为主，并把继续教育、培训工作作为衡量教师职称职务晋升、考核评优的重要参考依据。此外，应逐步建立富有弹性的教师培训学习制度，实行弹性的培训课程体系、学习时间、培训管理等。作为高校教师培训机构，应适应时代的发展和知识的更新，不断加强培训课程体系的灵活性、针对性、实用性，继续开拓高级研修基地、教师实践基地、教师职业发展指导中心等多种培训基地，丰富培训机构的多样性。

（二）拓宽培训渠道和方式

教师培训与开发应充分利用各种资源，不断丰富培训内容，拓宽培养渠道，力求人力资源开发形式的灵活多样性。培训目标应从学历提高、职称职务晋升的定位转化为拓宽教师知识结构，强化教学实践能力和科学研发能力。随着时代发展，教师的学历学术培训需求将趋于稳定，而技能提高、现代教育理论、知识更新的培训将成为教师人力资源培训与开发的重点，并作为教师培训的终身需求持之以恒地发展下去。新建本科院校必须坚持"立足国内，在职为主，加强实践、多种形式并举"的原则，积极开展岗前培训、校本培训、远距离在职培训、研修班、学术专题讲座、单科进修、高校访问学者、高层次学术研讨会等多种培训方式，努力构建职前与职后教育一体，学历与非学历教育沟通、学术性培训与知识性培养结合、人力资源与网络资源相融合的现代教师培养与开发机制。

（三）有重点的启动各类高层次人才培养开发项目

新建本科院校要想更高层次的提升教师人力资源质量，除了基础性、保障性的培训之外，还必须有重点地制订各类高层次人才培养计划，启动相关开发项目，并把计划、项目列入学校"十二五"总体规划和年度具体规划中，每年有重点、有组织、有目的、分层次地开展高层次人才培养开发项目。第一，配合高等教育的改革发展对高水平学科带头人的需求，实施"学科领军人才计划"、"学术带头人才工程"，通过设立专项基金、启动专项项目等方式，鼓励支持引进、培养、申报各类高层次人才，以培养和汇聚一批具有国内国际领先水平的学科带头人和杰出学者，形成一支优秀的、有竞争力的青年学术带头人和学术骨干队伍。第二，实施教学名师培养工程。以 3~5 年为一个周期进行教学名师的培养、选拔、评选，并实行动态管理。通过培养造就一批政治业务素质高、师德高尚、教学方法先进、教学效果良好、热爱教育事业的教学名师、优秀主讲教师、教学新秀，提高教育教学质量，激励广大教师积极投身于教学工作，整体提升教师队伍业务水平。利用寒、暑假举办教学名师后备人员培训班，邀请高等教育研究专家介绍高教改革动态，邀请省级教学名师介绍经验，促进教学名师后备人员的专业发展。第三，开展教授培养计划。营造宽松环境，采取政策激励，重点培养教学科研能力强的教师队伍，鼓励其钻研教学科研论文、专著、专业进修提高、增强外语水平和计算机操作能力，对高质量的科研论文、学术成果予以奖励，对申报职称的教师进行专门辅导和政策指导。第四，实施博士化项目。积极鼓励教师攻读博士，尤其对重点学科、培育学科在政策和资金上予以一定的扶持，使得学校重点学科、培育学科的专职教师基本博士化。

（四）着力培养双语双师等复合型人才

培养双语双师等复合型人才，是顺应知识经济时代进步、高等教育改革的必然发展趋势。新建本科院校应该系统组织和开展双语教学师资培训课程，由有外国进修学习背景的教师和外教进行授课教学，建立双语教师库，定期从信息库中选派优秀的中青年教师到国内知名高校或者国外高校进修相应的双语教学课程，学习国内外重点大学该类课程内容体系改革的经验及其先进的教学方法与手段，从而加快双语教师队伍建设的步伐。针对双师型人才的培养，应该根据实际需要，选送各类教师到各行各业进行专业培训和实践，鼓励各教学部门充分发挥已有资源进行双师型人才培养。根据各学科专业的特点，签订双师型教师培养协议，制定培训目标要求，考核培训效果。

（五）多渠道加大培训投入和改善培训条件

首先，国家政府部门和各级教育主管部门应有针对办学条件较差、地域环境偏远的新建本科院校，逐步加大对其经费投入，明确投入的经费用作师资培训费用的比例，并加强监督检查。其次，新建本科院校在制订培训长远规划的前提下，从自身的创收和上级主管部门划拨经费中增加用作教师培训经费的投入比例。再次，新建本科院校应争取社会各行各业对本校的投资项目，特别是地方院校，应本着"地方发展需要地方高校支撑，地方高校离不开地方发展"的思想，与地方企事业单位和政府部门建立广泛的人才合作，探索人才培养模式，多渠道的创造教师人力资源培训与开发的条件，开拓培养渠道，筹措培训投入资金。最后，新建本科院校应积极争取与重点高校、培训机构的人才培养合作，并加强国际交流，进一步疏通学校优秀教师到国内外培训条件完善的学校和机构进行学习深造的渠道。

（六）完善教师培训质量指标的评估考核体系

加强培训考核与监督。教育主管部门应该制定教师培训质量指标，以促进教师培训的质量。这个质量指标的评估体系包括对培训方的培训资格和培训管理部门的评估指标、对送培学校的评估指标、对受训教师的培训效果的评估指标等。定期对培训部门、送培学校和参培个人进行评估，可以正确考核与评价教师培训与开发工作的质量，进一步推进培训工作的稳定开展。作为新建本科院校，为了保障教师培训工作的顺利开展和评估培训质量，则应逐步建立健全培训考核机制，以此来监督培训过程，评价培训结果。培训工作要做到奖优惩劣，并与教师职称评定、职务晋升、年度考核、评优争先挂钩，作为教师聘用、定岗、评价考核的重要依据之一。结语教师人力资源的培训与开发是一个长期、系统、需要不断改进的工作，必须适应高等教育改革和发展的趋势，适应高校自身的实际情况。作为新建本科院校，由于和重点高校、老牌高校存在差距，必须长久以往地继续探索和创新教师培训与开发的工作理念、工作内容、工作模式，有效提高教师的全面素质和能力，只有这样才能建设好一支具有创新能力和高水平的师资队伍，才有可能创办出具有较高水平和一定知名度的好大学。

第三节　高校管理人员的培训与发展

随着我国对外开放程度的加大，高校在经济建设中发挥着越来越重要的作用。由此，对高校管理人员的对外交往和对内管理运行等工作能力，提出了更高的要求。所以，积极地开发高教管理人员，就显得尤为重要和迫切。

管理人员的开发，就是为了提高效率，按市场规则办事。知识密集型事业单位人员开发培训要按企业化方式运作，从人员开发培训入手，提升管理人员的素质。根据管理人员开发的目的，管理人员的开发包括两项基本任务：一是管理人员规划与预测，即根据我们的工作任务，对管理人员的数量、层次、专长等诸自然因素做出适应发展需要的规划和预测。人员规划过程还包括确定要补充的空缺职位，将预计的职位空缺与组织内部和外部可能的候选人相比较。然后制订整个单位的管理人员开发计划和适应个别需要的开发计划，如继任计划，以保证在组织需要时能补充经过适当培训和开发的管理人员。二是管理人员需求分析与开发。这一任务非常重要，是整个开发培训过程中的关键，我们为需求状况做出科学分析后，才能针对需求有的放矢地制订科学有效的开发方案。管理技能培训的重点总是指向在职培训，如有计划的工作轮换、辅导等。同时通过岗外培训补充扩展管理人员的知识面，填补知识差距、开发技能或改变态度，最终提高管理人员的素质，增强开拓、开放意识，提高工作效率，创造更良性的工作环境。

随着我国高等教育的日趋大众化，教育规模的不断膨胀，对教育质量提出了严峻的挑战教学质量是确保人才培养质量的根本，而高校管理是保障教学质量的关键，因此如何加强高校管理人员工作，提高高校管理水平，保证教学质量，是新形势下急需解决的问题。高校管理人员是高校整个教学管理过程和教学运行评价的直接参与者，是高校管理的具体执行者、组织者和协调者，也是稳定教学秩序、规范教学管理的关键人物。对高校管理人员而言，要提高认识，提高服务观念。增强服务意识，树立科学的管理观念，高等教育事业对高校管理人员的素质提出了更高的要求，高校管理人员应具备什么样的基本素质。如何提高高校管理人员自身素质，值得高校管理人员深入思考。

一、高校管理人员地位与作用

高校管理工作是高校全面工作的核心。高校的性质和任务决定了学校的一切工作都要以人为中心。高校管理人员是一支特殊的队伍，肩负着高校管理的重任。因此，要求高校管理人员掌握高等教育管理基本理论、谙熟高等教育规律、业务水平高、管理能力强、具有创新精神和敬业精神。高校管理工作涉及面广，内容繁杂，但同时这些工作也具有条理性和逻辑性。从教学角度来看，高校管理工作经过教学单位确立课程、教学部门排课、学生选课、教师上课、教务质量监控部门安排听课、评课等课程教学管理周期；从学生角度来看，高校管理工作经过了学生培养计划的制订、学生入学登记注册、学生学籍、成绩管理、日常教学运行、毕业资格审定、毕业证书的发放等学生管理周期。高校管理人员在其中承担了最基层、最具体的协调管理和服务工作，起着不可忽视的重要作用。

二、高校管理队伍现状及存在问题

长期以来，高校普遍只重视师资素质建设，而轻视管理人员素质建设。导致管理人员整体素质难以提高。高校管理人员构成的复杂性、学历层次参差不齐、更新不畅通、理念落后、管理知识的缺乏等问题，主要归结有以下几个方面：1.高校管理工作未能得到相应重视。高校管理工作处于为教学服务的协调、辅助地位，具有服务性、辅助性、协调性等特点，其工作能力和价值相对难以得到显现和发挥，因此得不到相应的重视。2.高校管理队伍学历结构不合理。目前对高校管理人员选择上要求不严格，条件不统一，造成了基层管理人员良莠不齐，其总体文化层次不高、能力不强缺乏现代教育管理意识，对学习新知识、缺乏创新，不具备开拓能力。3.高校管理人员待遇较低。高校基层管理人员大多默默无闻地工作，缺乏获得专项奖励的机会，致使在晋级、评职称时处于劣势，因此在高校管理工作中做出显著成绩的基层管理工作者待遇偏低，难以稳定基层管理队伍。

三、高校管理人员应具备的素质

随着社会的发展，高校管理人员具备的管理水平的高低直接影响到一个学校的教学水平，一支高水平、高素质的基层管理队伍是高校教学质量的有效保证。

作为高校管理人员应具备以下优良素质：

1.良好的思想道德素质，能正确处理个人和集体的关系，正确处理同事之间的关系，自觉维护集体荣誉。自觉抵制不良的社会风气，遵守国家法律和社会公德，要严于律己，作风正派。

2.扎实的业务素质，能够领会各项管理制度及相关政策，熟悉并掌握各项工作的内容、程序、方法和步骤，具备现代化的办公能力，熟练运用各种现代化操作技术，保证工作的准确性与效率。

3.较强的协调能力，具备通融豁达的协调能力，善于化解各种矛盾，各种关系。

4.优秀的组织能力，善于把人力、物力、财力等各方面的力量组合起来，为实现高校管理要求的既定目标。而做好工作的管理人员是否具备科学组织能力，是关系到高校管理工作成败的关键问题。

5.出色的表达能力，具有较好的表达能力，准确、及时地传递信息，反映问题，搞好高校管理工作。

四、加强高校管理人员素质的培养

提高高校管理人员管理水平认识。加强高校管理人员队伍建设，搞好高校管理是提高高校教育教学质量的保证，也是做好服务育人的重要一环。在对高校管理人员的教育、培养、稳定等方面下功夫，在对教学管理人员的配备、使用、培训、晋升、待遇等方面制定相应的政策和措施。为高校管理作创造良好的氛围，使高校管理人员努力有方向，工作有奔头。重视建设教学管理队伍，制订统一的建设规划和计划，把学历高、思想素质好、敬业奉献、年富力强，对自己要求严格的人员充实到高校管理岗位上，努力建设一支结构合理、素质较高、富有活力、勇于创新的高水平的高校管理团队。注重培训，加强对高校管理人员的培养。针对部分管理人员知识结构比较单一的学校可有的放矢地进行培训，培训应突出针对性、可行性和效益性。有计划、有步骤地选送一些有培养前途的管理人员参加系统的教育理论学习，到培训学校进修或到管理搞得好的院校调研学习、考察交流，提高科学文化素养，学习好的管理经验，使他们掌握教学规律，提高研究解决实际问题的能力，更新高校管理观念，改进管理方式。

五、高校管理人员培训与开发的方法

（一）在职培训

在职培训主要指在岗位实践中进行的实战培训，一般包括以下几种方式。

1. 工作轮换

工作轮换在高校中非常重要，管理人员通过在不同部门的实践，可以了解高校运行的各个运行和管理环节，如人员队伍建设管理、教学管理、学科建设管理、教学辅助管理、后勤管理以及其他一些行政管理等，只有这样才能使管理人员具有整体意识和大局意识。受训者可以只是在各个部门实习，但更常见的是实际介入所在部门的工作。工作轮换可以加强受训者对整个单位各环节工作的了解，也可借此对受训人进行测试，确定他们的优势和缺点。工作轮换计划的实施需要做好以下工作：应根据每个受训人的需要和能力特点个别制订计划，将组织需要和受训人的兴趣、能力倾向和爱好结合起来考虑，而不是所有人遵循统一的标准和步骤：受训人从事一项工作的时间长短应依其学习进度的快慢而定。此外，负责安排指导受训人的管理人员应经过专门训练，能够热情而有效地提供反馈和控制工作绩效。因为高校内部的各职能部门联系比较密切，所以这种训练的方式能发挥较好的作用。

2. 辅导实习方法

辅导实习方法是指受训人直接与他将要取代的前任一起工作，前任负责对受训人进行指导。这种实习方法有助于保证在管理职位因退休、调动等原因出现岗位空缺时，能立即由组织内部训练有素的人来代替，另外还有助于部门自己培养的高层管理者的长期开发的连续。这种方法的有效性依赖于现任管理者作为教练和教师的身份对受训人辅导或是传授本部门工作内容及规律等工作的质量，以及师徒之间关系的协调程度。

3. 行动学习

行动学习指让受训者将全部时间用于分析和解决其他部门而非本部门问题的一种培训技术。这是一种换位思考的方式，如受训者长期从事一种单一工作，对与其他部门的工作之间的协调、了解不够，则这种培训方式就显得非常重要与及时，它可以改善本位思想，树立大局观念。这种培训方式目前在高校已显得十分紧迫，随着国家对高校教学质量评估体系工作的展开，对高校的管理者提出了更新的要求，因为国家将要对学校这个整体进行评估，而不是像以往对学校内部的某一个部门或某一方面进行评估，这就要求所有的管理人员有大局意识、整体观念，可换位思考工作进程。这种培训要求本身作为管理人员的受训者定期开会，4～5人一组，在会上就各自的研究结果及进展情况进行讨论和辩论。行动学习在管理人员开发方面是具有先导性的方法。它用实际问题给受训者以真实的体验，在一定程度上能开发其分析解决问题、制订计划的能力。

（二）岗位培训

岗位培训主要是针对岗位特点进行情景模拟所进行的培训，一般有以下几种方式：

1. 案例研究法

案例研究法指为参加计划的学员提供有关某个部门问题的书面描述，让他自己分析这个案例，诊断问题所在，再与其他受训者一起提出自己的研究结果和处理办法。案例研究旨在通过训练有素的主持人的引导，让受训者真实地体验确定和分析复杂问题的过程。主持培训的主讲教师扮演着非常重要的角色。要成功地应用案例研究法需要做以下努力：如果可能应从受训者所在单位的各部门选择案例。主持培训的主讲教师应把自己定位在催化剂或教练的角色上，尽量让参与者陈述看法，征求他人意见，正视不同看法。

2. 管理竞赛

管理竞赛指几组管理人员通过计算机模拟真实的单位运行做出决策来相互竞争的一种开发方法。目前这种模拟软件已广泛应用于理工科院校的教学实践中，作为高校的管理人员也应拿出相应的培训计划来模拟实践这种培训方式。管理竞赛就像在计算机上做游戏，真实而富有挑战性，令人兴奋。它帮助受训者习得问题解决的技巧，帮助其把注意集中在制订规划上，而不是临时应付。同时这种游戏有利于开发领导能力、培养团队合作精神。

3. 行为模仿

训练时首先向受训者展示良好的管理技术（播放录像），然后要求他们在模仿环境中扮演角色，由他们的主管提供反馈评价。其包括向受训者展示做某件事的正确方式（示范）；角色扮演，让每个人练习用这种正确的方式做这件事；提供关于他们实际表现的反馈；最后鼓励受训者回到本职工作时应用所学的新技能。

4. 单位内部开发中心

单位内部开发中心是以本单位为基地让有发展前途的管理人员去做实际练习，以进一步开发管理技能的办法。它通常将课堂教学与评价中心、文件练习、角色扮演等其他技术相结合起来帮助开发管理人员。

5. 单位外研修班和大学教育计划

单位外研修班和大学教育计划中许多组织、大学开设的旨在为管理人员提供技能开发培训的研修班和课程。大学教育计划包括许多大学和学院开设的继续教育计划，针对个人特点提供的商务、管理等领域的个别课程，以及学位计划，如高级管理人员MBA计划等，这些培训具有鲜明的针对性和实战性，与高校的管理运行密切联系。

以上诸多方式方法的实施，就是为了提升高校管理人员的综合素质和创新观念，延续、发展高校的生存脉络。能较好地运用以上方法，在高校这种人才密集型单位，必将产生良好的效果，有利于人们观念的转变，全面提升高校管理的质量，提高对外交流的适应性，增强开放意识，积极适应中国入世以来面对的挑战。

第六章 应用型高校人力资源绩效管理

第一节 应用型高校教师的绩效管理

一、高校教师的绩效管理考核及绩效评价

（一）高校教师的特性

高校教师可以说是整个教师行业中的一部分特殊群体，其特殊性主要表现在以下五点。

（1）教师本身的高标准要求。高校对教师自身学历、职称以及教学水平等有很高的要求，除此之外，高校任职教师还必须掌握所教授学科最先进的知识；在教学过程中，不仅要做到对学生知识的传播，还要教会他们做人做事的道理，帮助他们树立正确的价值观，为国家培养一批有担当、有能力的人才。

（2）管理的松散性。高校教师除了上课时间是固定的，其他时间都可以自由支配，比如备课和课题研究等，对高校教师工作时间的安排缺乏规范性管理，导致教师与教师、教师与校领导间缺乏沟通机会。

（3）评价教师标准的多重性。社会对高校教师这一群体的要求标准非常高，他们的好与坏，评价标准非常多，比如授课质量的优劣、出版专著的能力、发表论文的多少、在校内承担的科研任务重要程度以及在学生中的受欢迎程度等，都是评价教师的指标。

（4）面临压力的巨大性。高校教师既要了解相关专业最新的发展，又要能够将掌握的知识以学生所能接受的方式进行教授，与此同时，他们还要面临人事结构变革、组织机构变动等多方面压力。

（5）教师薪酬的"计件"性。目前，影响高校教师收入的仍然是课时的多少。课时越多收入越高，虽然各高校都在努力对这一现象进行改革，但是成效并不显著，高校教师薪酬仍存在"计件"性。

（二）绩效考核管理制度的特性

随着市场经济的发展，教育行业逐渐向市场化方向发展，教育行业竞争也越来越激烈，要求教育部门能够建立一个系统、规范的管理制度，提高教育质量。绩效管理的优势逐渐显现，绩效管理是一个灵活的管理制度，能够实现规则与灵活性兼顾。教育行业的绩效考核管理制度具备以下八个特性。

（1）公开性。绩效考核是在群众监督下实行的考核，具有公开透明的特性。

（2）客观性。对教师的评价是多个指标考核的结果，不受校领导或者某个教师的主观印象左右，因此评价结果是客观的。

（3）多向性。高校教师的绩效考核主体是多元化的，包括学校领导、教职工、在校学生以及学生家长等。考核主体的多元化能够有效避免考核结果出现偏差。

（4）差异性。高校教师绩效考核标准，应根据不同岗位量身定制，避免考核标准的单一性。统一的考核标准容易造成教师团队碌碌无为，大家都不愿意承担挑战新鲜事物的风险，给特色教师的形成和发展造成巨大阻碍。

（5）制度化。绩效考核应制定相关制度，使其能够长期发挥激励和制约作用。

（6）实用性。绩效考核制度的实用性是其能否长期发挥作用的根本。

（7）可培训性。高校通过培训，让所有教师了解绩效考核制度的主要目的、具体考核内容以及操作方法等，使教师对考核制度的了解更加清晰。

（8）可反馈性。实时将考核结果反馈给被考核教师，使其能够针对自身不足，明确努力方向。

（三）高校教师实行绩效管理考核的指标设定

1. 高校教师实行绩效管理考核指标设定的原则

高等院校不同于一般的企业单位，运用绩效管理方法评价高校教师工作状况必须给予充分考量。正是基于高校教师这一群体的特殊性，在设计相关政策时需要按照以下五点要求，使其在实际工作中产生最佳效果。

（1）让教师参与绩效管理考核目标制定的每一个细节，绩效管理的考核者和执行者要共同探讨出一个具体可执行的方案，让教师非常清楚自己的目标方向。

（2）绩效管理目标的制定要让教师感觉切实可行，并不是高不可攀，只要在实践中注意工作方法，勤奋努力就可以完成。在执行过程中，管理者和教师要勤于沟通，防止出现偏差。

（3）制定绩效管理目标要以全面质量管理理论作为基本依据，并鼓励教师全程参与，而不仅是被动的参与者，管理者要重视教师提出的合理意见，尊重他们的积极想法，从而提高整体管理水平。

（4）高校管理者要从实际工作出发，重新定位在绩效管理过程中所扮演的角色，也就是要建立一支管理者与教师共同参与的，能够激发积极向上的团队，两者之间是建立在互相支持合作关系基础上，而不是一种居高临下的单向管理模式。

（5）在具体实施过程中，要让教师明白自己的工作绩效成绩和学校总体目标之间的关系，让教师认识到自己工作的积极意义和产生的社会价值。

2. 高校教师实行绩效管理考核指标设定的过程

（1）进行绩效管理的准备、计划及系统设计。主要有以下三点内容：

第一，把学校的办学宗旨和目标以及组织结构进行重新梳理。学校已有的管理制度包括评估教师的教学质量措施、工资福利规定、教师奖励与惩罚机制、教师工作纪律、分析管理层和教师认识绩效管理的水平和满意度以及对教师现有工作氛围和实际工作环境的评估等。

第二，充分考虑学校实际状况，制订合理的绩效管理方案，并做到系统化、细节化，程序化和表格化。让每一个参与绩效管理的单位和个人，包括管理者清楚自己的责任，并以文件形式予以明确。

第三，认真分析过去工作成果及时总结经验，在充分协商基础上与教师签订绩效管理合约，并建立档案卡。这种建立在协商基础上的管理制度既体现民主精神也有集中管理的成分，是与其他管理制度最大的不同之处。制定绩效目标要结合学校实际情况与每一位教师充分协商，让教师明确学校对他们的期望值，并最终形成绩效考核机制。

（2）系统实施。在绩效管理实施过程中，教师要充分利用制度给予权利，并结合自己的业务能力，按照目标要求努力实现既定计划，从而提高工作绩效。教师在努力按照绩效要求达成教学目标和科研目标的过程中，要及时与学校管理者、其他教师以及学生进行积极沟通，以便及时纠正工作中出现的偏差，不断积累经验实现目标计划。

（3）绩效评价与控制、诊断、纠正绩效管理目标与计划偏差。管理者和教师要认真分析绩效管理目标达成状况，分析执行过程中出现的问题和取得的成果，找出产生问题的原因，共同探讨解决问题的方案；然后以书面形式展现出来。在具体诊断产生问题的原因时，认真对待每一个细节，并找出发生问题的可能因素，然后针对这些因素再进一步分析，力求做到细致严谨，并找到主要原因。为了更好地了解每一个过程，可以制定相应表格，如出现的问题列表、绩效评价表等。

（4）汇总整理及综合评估，提高绩效措施。在绩效考核机制执行过程中要认真分析出现的问题，然后进行评估，并做出具体的可行性整改措施，如从所有反馈资料中找出学校管理过程中出现的深层次问题，制定相关措施并监督执行；按照规定实施奖惩措施并根据产生的问题做出整改计划；对于出现的结构性问题及时调整学校组织系统；进行阶段性总结，然后以书面形式汇报学校领导，以形成动态考核机制。具体奖励措施可以是工资形式，也可以是书面鼓励表扬的形式。对于态度不端正，绩效较差的教师，要根据规定做出相应惩罚措施，可以采取工作调动、不涨薪和撤销相关福利待遇等措施。在适当周期内总结绩效管理目标达成情况，总结相关经验以实现新的目标。

（四）高校教师绩效管理的绩效评价体系

要顺利实施绩效管理方案，必须在实践基础上形成一种客观、有效的评价机制，这种评价机制需要做到以下几点。

1. 领导评价

领导评价一般是由多人组成的评价考核小组完成，具体实施可以是听教师讲课，然后根据具体讲课情况给予正确评分。落实这项工作要注意两方面因素：一是注重考核小组人员构成情况，一般除了学校领导，还要有一线教师参与；二是安排听课并不事先通知，而是在随机情况下进行。在对教师做出综合性评价时，不应只考虑教师的业务教学能力，还要对教师的科研情况、思想道德情况进行考查。

2. 学生测评

在具体教学过程中，教师的教与学生的学之间是互动的，学生能够深切体会教师的教学水平，学生要根据自己的真实感受，客观评价教师的教学行为。在落实评价过程中，学生要认真填写教师教学评价表，实现客观评价、有效评价。因此，要做到真实有效的评价，需要注意以下四种情况。

（1）根据以往评估经验，部分学生对有趣味的课程教师和体育教师有着较高评价，但由于基础课程和专业课程理论比较抽象难懂，对这些课程的授课教师评价则较低。针对这种情况，管理者可以有选择性地挑选评价者。

（2）在对教师进行评价之前，首先要做好学生的思想工作，让学生明白教与学是互动的，并不是单纯的片面行为，只有相互尊敬和支持才能实现共同进步，教师的工作成绩和学生的学习成绩才能同步提高。学生对教师的评价应是客观的，是建立在实际教学效果的基础上，所以学生要真实客观地做出评价。

（3）以往在对教师做出评价时一般在课堂上进行，这种利用课堂时间进行评价的方式很容易造成马虎草率情况，致使出现偏差。此外，由于评价结果直接影响教师切身利益，因此要防止出现教师对学生的误导行为，也要防止由于学生对教师存在的畏惧情绪而歪曲评价结果，这种对教师评价有失公正客观的行为，是对绩效考核机制的最大破坏。因此，学校要创建一种文明宽松的环境，同时合理安排时间，给学生一个自由的空间进行客观评价。

（4）除了正常教学外，教师还需要经常负责学校的日常事务工作，比如监考工作。教师和学生平时都很熟悉，而监考在一定程度上会影响两者之间的关系，继而对评价结构产生影响。因此，要建立学生诚信档案，充分考虑学生的诚信行为对教师评价的影响，要在实际过程中及时总结相关经验，正确处理两者之间的关系，提高对教师评价的可信度。

3. 教学纪律考核

管理者可以采取定期或不定期检查的方式，监督学校纪律的执行情况，及时收集相关信息，确保学校各项工作顺利开展。

4. 教研室同行评议

教师同行评议机制可以根据教师要求，选择合适的听课时间和听课班级，并仔细填写有关表格。

5. 科研水平

科研水平是学校综合实力和办学层次的重要体现，也是衡量创新人才与高级人才的标志，同时能够有效提升教师的实际教学水平。高校管理者除了注重教师的日常教学行为外，还要鼓励教师进行相关科研工作，进一步开发教学资源，提高学校整体教学水平。同时，学校要努力创造一种公平的科研环境，并给予有实际科研成果的教师合理奖励。

综上所述，高校要客观、综合地评价教师的教学行为和科研能力。教师的日常工作非常繁忙，如果片面衡量教师教学行为，则会影响他们工作的积极性，所以要本着客观、公正的态度和上述五项原则进行考评。在实际工作中，根据实际情况做出合理安排，追求的目标要能反映教师的实际教学行为，提升学校整体教学水平。

二、加强高校教师绩效管理的对策

（一）树立正确的绩效管理理念

由于目前管理者的一些认识误区，高校教师的绩效管理方面存在很多矛盾，所以高校教师的绩效管理问题需要树立以下三个观念。

（1）以教师为本

高校教师方面的人力资源管理，要以教师为根本，树立这种观念是管理体制改革上的必经之路，也是教师在自我发展方面的体现。要求尊重教师的意见、建议，对他们的成长进行关注，例如在安排教师工作上要把兴趣爱好、特长等考虑进去，提出有意义的建议；尽力帮助教师应对困境；教师需要有归属感，这些都是稳定教师队伍的前提，帮助教师将职业规划做好，为教师提供更多的培训机会，帮助他们进行自我发展，鼓励他们在教育教学领域进行改革研究，多出成果。

（2）发展性教师评价

新的教育评价理论被提出，即发展性教师评价。这种体系是将教师放在中心位置，也将教师发展提到重要位置。对教学管理进行完善，帮助教师进行自我潜力的发掘和了解，从而提高教学水平，有效履行职责。此外，教师可以进行专业水平的提升，也可以更好地完善工作；可以制定合理实际的奋斗目标，教师在制订计划以及目标时，应该将个人成长和学校发展进行充分结合。在增强自身工作能力的同时，促进学校发展，教师能够将自身优势特点展现出来，并及时纠正不足之处，是一项举足轻重的改革措施。

（3）和谐管理

在高校教师的管理工作中，需要树立和谐、团结的管理观念，在符合学校发展要求基础上，建设和谐管理体制，并明确绩效目标，激发教师主观能动性，既促进了教师成长，也满足了学校的发展需求，目标融合具体包括定位战略、主题确定、机制建立等内容。

（二）改进高校教师绩效管理的体系

1. 绩效管理体系的改进思路

完善高校教师绩效考核体系有以下三条思路。

第一，绩效管理要有很强的实践性。绩效管理简单可操作，一方面不可以严重影响管理者及被管理者的本职工作；另一方面要密切关联教师的绩效改善情况，最终目标是帮助教师改善实际的绩效水平。

第二，绩效管理应该具备较强的适应性。高校教师在教学能力、职位等级以及管理方式等方面都具有显著差异性，因而导致教师在教学认知和工作态度上体现出较明显的区别性。针对教师在个性特点以及工作能力等方面的差异性，应该选择合理且科学的绩效评估方式，并且要符合实际情况，了解教师的岗位特点，制订行之有效的绩效计划和目标，这是人们经常提及的岗位要求决定管理。

第三，坚持结果与过程并重原则。绩效管理的终极目的是要改善绩效，从而实现高级目标，高校战略要求不仅要重视教师的工作成果和结果，也要重视工作过程管理。

2. 绩效管理体系的指标改进

关于高校绩效管理体系的指标改进，主要体现在以下三个层面。

（1）素质指标。素质指标主要体现在三个方面，分别是职业道德、专业理论知识以及专业能力。职业道德素质可以分为职业责任、职业作风等指标；专业知识素质具体指与专业相关的理论知识、技能知识等指标；专业能力素质主要包括教学能力、语言表达能力、管理能力以及创新能力等指标。

（2）教学指标。教学指标考核一般以教师教学水平为重点考核对象。教学指标具体有教学内容的合理性、教学技能的有效性、教学流程的有序性以及师生之间的互动性等。

（3）成果指标。成果指标考核针对的对象是教师的科研成果，具体指学术论文、课题研究、知识产权以及各种科技项目等指标。

3.绩效管理体系的程序改进

高校教师的绩效管理体系应该不断地改进和完善，强调全面性的绩效考核。

首先，绩效计划阶段。关于绩效的目标与计划，管理者和教师要达成共识。在此基础上，教师对自己的目标做出承诺。

其次，绩效实施与管理。教师根据制订的绩效计划展开工作，在工作过程中，管理者发挥其指导和监督功能，针对出现的问题制定应对措施，并改进绩效计划。

再次，绩效考评。根据双方共同制订的绩效计划，管理者定期考评绩效任务的完成情况以及绩效目标的实现程度等。

最后，绩效反馈与面谈。管理者要对教师进行面谈，不仅是打一个分数将结果进行反馈，而是教师可以得知管理者的期望值，在得知绩效成绩的同时，明确自身应该改进的地方。

第二节　应用型高校管理人员的绩效管理

高校管理工作者的绩效管理，是将与管理相关的工作者看成管理活动的中心，针对管理工作者展开动态管理，从而增强他们的工作能力。就是作为高校主要的组织者与管理者，对他们进行有效的绩效管理显得尤为重要。

一、高校管理人员绩效管理应注意的问题

（一）明确高校管理者的角色

学校领导也是绩效管理的对象，应以身作则地纳入绩效考核管理体系之中。绩效管理作为一种评价工具，面向的考核对象是所有工作者，除了工作人员之外，还有高层、中层的领导者以及管理者等。此外，绩效管理工作的实施是以校长的工作计划为前提条件，各区域的管理工作者的绩效管理主要由高层领导者负责。

（1）管理者。管理者凭借高层管理者所授予的职权，完成一些重大决策和任务。因此，应提高自身业务水平和管理能力。

（2）领导者。领导者是从工作人员中经过层层考核而选拔出来。作为领导者不仅要具备引领下属工作人员共同实现目标的能力，还应该具备协调、管理以及组织能力等，一般组织的领导者是正处级干部，副处级干部主要是工作方面的领导者。

（3）组织的专业技术职员。尽管高校管理部门的职能性质和企事业单位大致相同，但是却有着属于自己独特的稳定性以及规律性。管理工作者基本上都是从教师群体选

拔出来的，具有能力和经历从事教研，有需求从事技术工作，所以中层管理者群体都会有专业技术职称。

传统的角色是被动且压抑的，甚至是保守的，会对员工发展成长造成很多阻力。随着社会经济的发展，高校管理体系内部的领导角色也会随之发生改变。比如，从决策者发展为顾问、从管理者发展为辅导者、从组织成员发展为合作伙伴，在这种情况下，领导和工作人员朝着相同目标共同努力，在实现目标的过程中促进个人成长，真正做到共赢。

所以，参与者与被评价的对象包括校长、处长、院长、各科室负责人，在进行决策实行和绩效管理考核施行时，各级领导需要清晰地知道，领导既是监督者也是被管理者。如果要下属认真制订和执行计划，需要领导也要心甘情愿地纳入这一体系中。

（二）明确绩效管理制度的维持取决于主要领导的毅力与决心

不论是企业，还是高校，所有单位个体，管理体系建立都需要过程，并且随着现实情况的改变及时进行完善。主要涉及层面有目标的确定、考核时间和方式等。需要注意的是，在改进和完善过程中要保证持续性和稳定性，从而实现绩效管理的完善。

引进国外绩效管理理念和方法，西方管理思维与中国具有显著的差异性，具有直观、定量等特征。在传统思维工作方式下的高校员工，接受绩效管理必然会有难度，若不想成为传统考核的模式，需要很大的决心和执行毅力。除此之外，从心理角度分析，工作量化对于员工而言，即将自身劣势和缺点公布出来，员工的积极性和自觉性必然不高。

中层管理者是整个绩效管理体系中挑战最大的群体，面临着巨大阻力。他们需要时刻保持清醒的头脑，以身作则，增强自身工作能力，并且制订合理且科学的计划以及目标，将自己也归纳为考核对象范畴内；此外，管理员工的能力也是绩效考核的指标之一。因此，作为中层管理者应该不断加强自身综合能力，尤其是管理能力以及工作能力。

二、高校管理人员绩效管理系统设计的基本原则

高校管理人员绩效管理系统设计的基本原则有以下八点内容：

（1）"三重角色"认可原则。"三重角色"指高校管理者除了本身管理者身份之外，还扮演着领导者以及技术者的角色，关于其绩效的管理主要体现在道德品质、完成任务情况、价值和贡献大小、综合素质和管理能力等方面，始终秉承着服务于工作的原则。

能够衡量领导者绩效水平的主要指标有业务完成的程度、组织的成员数量等。为了履行职责并实现绩效目标，应该定期评价被考评者的工作情况。一方面做到客观评价被考评者；另一方面促进管理者集中注意力，实现综合目标。

第二，考评管理者的领导能力和专业素质，激发管理者在培训以及管理方面的能力，实现激励的本质目标

第三，重视管理者技术业绩考核，不仅促进了管理能力的提高，在技术水平和学习能力上也会提高，使管理人员在培训和调整方面减轻压力，可以发展技术，提高工作积极性。

（2）多层次评价原则。作为高校管理者，应该将职权分配给各组织部门，从而高效率地完成管理工作。高校绩效管理体系主要包括三个层面，分别是领导者、领导团体和专门的业务小组。早期的绩效管理都是由领导者独自负责，采取个人绩效水平排名方式，促进员工提升自身绩效水平，在目标驱使下，探索最新的方式方法，高效率地完成工作任务，然而，对于领导集体以及业务小组的综合评价，却会产生消极影响，也不利于整个组织绩效目标的实现。

（3）科学可行性原则。只有坚持科学的方法，才可以使考核工作得以进行。所谓可行性，是考核方案具有可实施性、可比较性以及可量化的特征。各高校管理部门的涉及范围和工作内容都是不同的，并且在规模和人数上也不同，抓住管理工作的共性，才能使考核工作有可比性，即在完成工作内容过程中，要求在定编、定岗、定员、定岗位职责等前提下展开评价与考核，否则无法实现绩效目标。此外，对指标进行量化，减少人为因素影响，进行科学考核，让考核工作更加简化易于操作，也不要人为复杂化，会使考核工作失去意义。

（4）时效性原则。绩效考核是对考核期限内的所有成果进行综合评价，不能将考核前的行为掺入考核结果，也不能片面地关注比较突出的一两个成果，考核期限要尽量延长，而且要做到绩效数据与考核时段相吻合。

（5）重视反馈原则。需要对反馈进行重视，要求考评人在被考评人接受绩效考核后，与其进行一对一面谈，反馈被考评者结果；听取对方意见，重视自我评价，对于绩效考核提出意见建议，帮助对方成长与发展。

（6）部门分类评价原则。领导方式虽然相同，但是效果却体现出明显的差异性，有些受到认可，有些则遭到差评。究其原因不在于领导方式，而在于组织规模和工作性质，还有工作人员自身特点和工作态度等，此时领导的表现方式和员工的反应才具有显著相关性。因此，为保证在绩效考核时的公平性，要把这些因素进行部门归类，包括教学、行政和辅助单位部门。

（7）全面性与有效性原则。要使考核有效，需要考虑在进行考核工作时影响考核内容的各个方面，尽量全面和完整，以此确保考核内容与工作绩效相关，体现绩效考核的多因和多维。

（8）客观、公正与公开性原则。要抱着实事求是的态度，坚持客观公正的态度，对高校管理人员进行考核。成绩不论多少，都牵扯到主观和客观因素，要客观和准确。

针对工作的不同特点，根据实际情况，不能进行主观判断，掺杂过多个人感情。考核结果应该是公正、公开以及透明。

三、高校管理人员的绩效评价

（一）高校管理人员绩效评价的内容

如今，我国通过对干部的德、能、勤、绩等方面进行考核，提拔和聘用干部，也是高校管理人员的绩效评价方式。只有制定完善的考评体系，才能协调四者关系。

在德、能、勤、绩的考评中，德排在第一位，是评价个人的基本标准，指业务能力水平，体现个人的综合素质；勤是工作态度；绩是工作成果，德、能、勤共同努力的成果最后转化为绩。因此，绩是德、能、勤的直观体现。

由此可知，要秉承立德为先，以绩为主的绩效评价原则。

第一，德是个人的品德、思想素质、使命感、进取精神、责任心等，对个人的行为强弱、行为方向、行为方式有直接影响。对于高校管理人员，其德主要指职业道德和政治素养。其中，政治素养能够细化为遵纪守法和政治理论两方面，包括爱国、爱党、爱校，坚定不移地拥护中国共产党，走社会主义道路，遵纪守法，对各项政策坚决执行，贯彻落实学校做出的组织原则，一切工作要遵循高校的规章制度。

职业道德细化为四个要件：服务意识、爱岗敬业、民主团结、清正廉洁。即行为人要爱岗敬业，有强烈的职业认同感，有良好的服务态度和意识，发扬艰苦奋斗精神，履职尽责，廉洁奉公，讲团结，甘于奉献，文明办公。

第二，判断一个人的综合分析能力、业务知识、表达能力、学习能力、创新能力、组织与协调能力、人际协调能力、决策能力等。对能力进一步划分为以下要素：语言文字能力、知识水平和应用能力、应变能力、组织能力、协调能力。对高校教育行政管理最有影响的能力是知识水平和应用能力，要突出本岗位、本部门的专业知识，结合现代办公技术，高效率办公。

第三，勤是发扬不怕吃苦，勤奋敬业的优良作风。对于管理人员，可以从工作积极性主动性、创造性、出勤性、纪律性等方面考核勤的情况。将勤细化为工作质量、工作态度、努力程度，即在工作中积极投入，珍惜时间，追求质量和效率；对自己有严格标准，对工作认真负责，出勤率高。高校管理人员要在本岗位中不断开拓进取，努力学习业务知识，不断优化工作方法，追求精益求精，结合现代化的管理技术和管理理念，运用新媒体技术，处理行政工作。

第四，绩是管理人员工作的成果，也作为绩效评估的重中之重。绩是通过完成一系列工作目标实现的，也指个人获得的显著效益和重大成就。绩能细化为以下要素：

工作量、责任、任务完成度、公众满意度、效果，主要包括常规任务的完成情况及工作量，核心任务的完成情况及工作量，创新任务的完成情况及工作量，紧急任务的完成情况及工作量，产生影响、责任承担，社会效益、经济效益，以及获得师生、领导、群众、职工的满意度等。

第五，对人员进行绩效评估时，要结合管理人员的身体情况，包括该人的心理素质、生理状况、抗压能力、承受力。当下，市场竞争激烈，工作压力较大，一个优秀的管理者需要具备强大的抗压能力。因此，良好的心理素质和体质是员工获得好成绩的基础。

由上述可知，德、勤、能、体、绩包含考核学校管理人员的各个方面，其效果是全面的，能够真实反映管理人员的水平能力，但在实际操作中，存在很多困难，比如考核过程流于形式。当下，我国高校考评管理人员主要分为以下几个方面

1. 管理者工作实绩

组织开展活动，需要有明确预期，并希望达到一定目标，对集体与领导者的评价，要建立在上级组织下达的任务完成度，或者领导者自己组织活动的完成情况。评价指标是任务与计划，目标要达到贡献、效益。管理者在实际工作中要结合教师与学生的交流，学生对教师的评价情况，以及教师日常的工作态度情况，整理建议和意见，综合分析目标情况以及影响目标达成的原因，归纳入档，集中汇集到人力资源部门；确保激励机制公平公正，并做好培训工作。

2. 政治品德

政治品德是针对管理人员的行为能力和政治品德进行评价和考核，一般分为：能否执行和贯彻党和国家做出的方针政策；是否有奉献精神、责任感、事业心、坚韧性、进取心；是否实事求是、遵纪守法、坚持原则、联系群众；是否廉洁奉公、正直；是否有大局观念、理想、民主作风。

3. 领导效能

领导效能指领导具备的领导效率、能力素质。其评价指标包含：知识素养和政治品质两方面，其中知识素养涵盖众多方面，如法律、政治、经济、社会、管理、心理、个人专业学识、领导才能、决策办事能力、用人效能、时间效能等。这些因素通过工作变成贡献，分为物质和精神两个方面。专业技术能力指专业技术人员的业务能力，要提高管理人员的专业技术能力，加强对时间管理的效能，要建立业务管理权下放，鼓励部分教师直接加入行政管理工作中，实现角色转换，实现管理者与教师工作互通，打破两者之间的屏障，让管理者更能体会到基层的实际工作情况，有利于管理者做出恰当的决策。

（二）高校管理人员绩效评价原则

要对高校管理人员进行有效、正确的评估工作，必须结合四个方面的基本原则，才能将绩效评价落到实处。

1. 客观公正原则

坚持客观公正，要一视同仁对待每一位管理人员，秉承实事求是、客观公正的态度，决不能在考评中掺杂个人情感或者主观判断。学校要根据具体组织的各项管理活动的实施成果，客观地对高校管理人员进行工作绩效考评。一切评价工作要准确、全面、客观。因此，评价者作为评价主体，对评价结果有直接因素，必须坚持公正、客观，尊重事实；要将评价结果具体化、数字化，用完整、准确的数据调查，将资料呈现出来。只有如此，对管理人员考评才能做到客观公正，不流于形式。

2. 民主公开原则

民主公开，要求将民意测验、民主评议，以及管理人员代表组成的考评小组有机结合在一起，采取公开方式，考评各级管理人员，最大限度上确保考评透明度。切实做到透明度需要坚持三点：第一，公开考评方法和考评目的；第二，公开考评程序、条件、对象；第三，公开考评结果，并且对被考评者的某些疑问进行解释和说明。

3. 动静结合原则

从两方面采取动静结合：一方面，提高评价准确性，增强阶段性评价次数，评价结果能够反映测评对象的真实水平。但该评价方式在于横向比较，能够明显罗列出被评价者目前的水平能力，哪些能力达到相应标准；缺点在于对被评价者的发展潜力缺乏针对性的预测。另一方面，要将延续性和计划性作为评价工作的重中之重，确保评价工作有序开展，发展为长久的系列活动；利用多次相互衔接、关联评价活动，争取做出有深度、有建设性的判断。该方式有利于对考核管理者的纵向发展，从过去的业绩情况，到今后的发展趋势和潜力。该考评方式对管理人员起到很好的激励作用，极大地调动了管理人员的进取心。但缺点在于难以横向比较。因此，在实际考评中，要将两种方法有机结合，根据实际情况，扬长避短，使考核规范化、科学化、公正化、准确化。

4. 德才兼备、注重实效原则

评价和考核管理人员要坚持注重实效与德才兼备两个基本原则。德，指管理人员的道德品质和政治思想；才是管理人员的工作能力与业务素质。要紧密结合以上两种原则，对管理人员进行绩效考评，同时要将工作实绩作为考核重点。

（三）高校管理人员绩效评价的方法

实施绩效考评，从理论上讲，该方法可以用于对管理人员进行考评。按照实际工作，具有针对性的评价方法，通常分为以下几种。

（1）具体对照法。按照基础定义进行目标考核，考核方式多种多样，但本质都是检查目标的完成进度；从不同角度出发，谋求实现目标最佳方式；制定目标要规范、明确，特别是考核处级组织工作时，要严格遵循设定的目标，对有于总目标的分目标，不能将其列入高绩效的评价。

（2）360度考评反馈法。360度考评反馈法，其内容有：自我评估、上司评估、下属评估、同事评估、专家评估，以及学校外人员评估，例如家长等。与传统单一的评估方式相比，该评估采取多种渠道。利用360度考评反馈法，将会获得多元化的被评价对象信息，从而使评价结果更加公正。

（3）关键事件法。关键事件法的考评方式是按照管理人员所处岗位和责任，根据其价值，结合付出的努力进行综合评价。该评价方式影响较大，起到积极的正效应，也能造成负效应，可以对关键工作计划和关键部门进行评价，以确保工作目标在规定期限内完成。

第三节　应用型高校教辅人员的绩效管理

一、高校教辅人员绩效考核特征

行政教辅人员在高校的发展中起到了非常重要的作用，是高校教师队伍中不可或缺的一个环节，这一群体的绩效考核有显著的特征，要适应我国高等教育改革和发展的要求，需要定性与定量考核相结合，这是对教辅人员考核的一项基础工作，并将考评的结果加以运用，旨在提高他们工作的积极性，改进自身不足。对行政教辅人员的绩效考核，应该以绩效为导向，但绝不拘泥于结果，而是同样重视他们取得工作成绩的奋斗过程，把他们的目标与学院的战略发展目标相结合。

二、高校教辅人员绩效考核方法

科学的绩效考核方法，才能有效地保证绩效考核的实施。如今，在人力资源管理中常用的绩效考核方法主要有四个：关键绩效指标法、360度考核法、平衡记分卡法及一些数学方法的应用。使用绩效考核方法，最关键的是要针对各种方法的优点与适用性，目前还没有一种通用的方法能够将所有绩效考核问题都加以解决，因此选择方法的时候一定要结合具体情况进行分析，多方考察，取长补短，综合运用，才能使设计的绩效考核系统更加科学、合理、有用。

（一）关键绩效指标法

关键绩效指标（Key Performance Indicator，简称 KPI）是评价组织战略目标推行效果的重要指标。其目标是建立将组织的战略规划演变成内部员工的活动，从而逐渐增强该组织的核心竞争力，促使其健康持续地发展的一种机制。它以组织的年度目标为依据，通过分析成员的工作特征来确定反映工作成果的关键评价指标，把这些关键指标作为量化标准同员工的绩效做比较。关键绩效指标就是将组织的战略目标层层分解，将岗位关键职责分解为可量化或者定性的具体指标。它是最简单的也是应用最广泛的绩效考核方法。

关键绩效指标的特性有三个：第一，要抓住有效量化的指标，将其有效地量化；第二，要抓住急需改进的指标；第三，关键绩效指标的关键并不是越少越好，而是应该抓住影响绩效特征的根本目标。

在设计关键绩效指标时要遵循 SMART 原则：可量化且具体的（Specific，S）是精确的，考核指标一定要确切、精确，不可含混不清；细化性可度量（Measurable，M）是可度量的，指每个指标必须是量化的，能够即时获得的；可达到性（Achievable，A）是可实现的，目标通过努力可以去实现，不可太过高大；现实性（Relative，R）也是关联性，指标与被考核者一定是紧密相连的；时限性（Time-limited，T）是时效限制性，指工作任务要在规定的时间内完成，不可无限制拖下去。

关键绩效指标的优点是目标明确，因为是对组织战略目标的逐一分解，有利于个人目标和组织目标达到一致，个人目标实现的同时有利于组织战略目标的实现。它的不足在于指标有时候比较难界定，对总体战略目标层层分解时，往往是定量的指标，而在界定这些定量的指标时，能否真正实现关键性影响，有时难以界定；另外，如果过分依赖考核指标，会忽略一些弹性的因素和人为的因素，容易使考核结果产生争议。

（二）360度考核法

360度考核法是从上级领导、同事、下级员工、自身以及服务对象等多个层面采集行为特征和影响信息的采集评估和反馈。

360度考核法的优点是考核方法简单，可操作性强，上下级、同级、服务对象等全方位的评价，能全面综合地反映被考核者的情况，考核结果具有民主性，管理者也可获取第一手资料，打破了由上级直接考核下级的传统的考核制度，管理者可以通过多方面考核获得更加全面和准确的信息。此外，360度考核法可以体现出不同考核人对同一被考核人的不同考核意见，有助于被考核人进行多方面自我考查，提高自身工作能力。

（三）平衡计分卡法

平衡计分卡（Balanced Score Card， BSC）法，是哈佛大学 Robert Kaplan 与 David Norton 教授提出的一种"未来组织绩效评价方法"。这一方法最初是为满足企业的战略发展要求而提出的，其主要包含四个维度：服务对象、财务维度、内部流程设置、学习和成长维度。由这四个维度组建考核制度，服务企业的发展战略，提高绩效管理水平，是一种新式的战略型的绩效管理方法。

平衡计分卡法改变了以往只注重财务指标的业绩管理方法，作为一种新的组织绩效的管理手段和思想，在各行各业都得到了广泛的应用，被越来越多地应用到事业单位的管理上。平衡计分卡法基于全局的战略目标，通过对组织各部门任务的了解和分析，将总体战略目标详细划分为四个方面：服务对象、财务控制状况、创新与发展以及内部设置流程。使得组织做出决策时，既能够表现出多种不同类型的方式，又能把它们密切联系在一起。

平衡计分卡法在我国高校中应用时，在财务控制、服务对象确定、内部流程设计和创新发展等各方面都要根据事业单位的性质和特点进行管理，充分考虑到高等院校的非营利性。高等院校的期望目标是为广大的教职工和学生提供教学服务产品，保障教学活动正常运营。平衡计分卡法的优点使组织的战略目标和各职能部门工作的努力方向有机地结合起来，管理者能更加易于掌握组织中各个职能部门详细的情况。通过提高员工工作热情，实现个人目标的同时，可以保障组织目标的实现。

第四节　应用型高校辅导员的绩效管理

所谓绩效管理，是管理者为员工的业绩做出考核，并给出相应评价，再通过对业绩的分析改进，从而提高业绩达到目标水平。这一过程主要包括五步，即绩效计划与指标体系构建、绩效管理的过程控制、绩效考核与评估、绩效反馈与面谈以及绩效考核结果的应用。

绩效考核是对于员工所做工作以一定的科学方式进行考查，其目的是对工作完成程度和标准有所掌握。该过程公开、透明，且考核后会给员工以反馈，使得员工得知自身的不足之处并加以改正，有利于员工和整个企业发展。所以，绩效考核在绩效管理中至关重要，是必不可少的部分，但是从宏观上来看，绩效管理是一个整体的管理系统，在这个系统中更注重的是员工与员工以及员工与组织各个部分之间的关系。

既然绩效考核占据如此重要的地位，那么在高校管理中该项程序也是必不可少的。高效辅导员必须参与业绩评估和绩效考核，但是此种绩效考核的方式与日常不同，对于辅导员的考核更注重的是绩效管理理念，而且在不同的考核时期，也应当注重不同的考核标准，前期更应该注重员工的素质以及制定的绩效目标；在考核中期应该注重考核信息的反馈与沟通；后期则应该注重应用以及提高业绩方式。

一、高校辅导员的职业特性

辅导员的工作拥有其本质特点，他的劳动时间和劳动对象以及劳动量都与其他员工不同。其劳动对象是学校的受教育者，即大学生。大学时期较中学时期相比，学生会有更多的自由活动时间，学习任务量也较少。但是大学生作为初入社会的群体，其思想的成熟还需要一个过程，所以并不能对自己的行为有相应的认知和责任感。辅导员的劳动时间并不是完全固定的，虽然上班时间规定是 8 小时，但是根据学生需要，必须做好 24 小时随时待命准备。

相比于中小学每天 8 小时的上课时间，高校辅导员需要每周 7 天的工作时间，而且每天 24 小时都不得放松，必须对自己的工作负责。因为初等教育属于寄宿制，其行动受到学校和家庭共同束缚，基本可以保证其人身安全。到了大学这些条件都不再具备，所以其活动很难把控，这些都使得高校辅导员不得不时时刻刻坚守岗位。辅导员的绩效评估最重要的是把握其工作的特殊性。

（一）劳动空间的广延性与时间的延展性

高校辅导员主要对校内学生进行沟通和教育，所以大学生是高校辅导员的劳动对象。沟通和教育的方式可以是多种多样的，比如召开教育活动，或是请学生去办公室询问情况，或者到学生疫室走访。因为大学生有丰富的课余时间，所以课外活动相对较多，其行动也较为自由。学生们活动的范围不会局限于校园内，所以辅导员服务的空间必须拓宽。

随着学生活动空间的不断扩大，辅导员的劳动空间也要相应扩大，劳动时间是根据学生在校时间而制定，即每周工作 7 天，一天工作 24 小时。虽然不是随时都在工作，却要时刻准备着为学生服务。在突发状况出现时，辅导员必须及时赶到。

（二）劳动的外显性与内隐性相结合

辅导员的工作具有易于量化、容易观察的外显工作。辅导员和学生沟通的次数和时长，以及其召开的活动实践和次数都是可以记录的。但是，辅导员的工作也不易观察和量化，是因为辅导员的教育是间接指导，工作带有一定的内隐性。例如，建立良好的师生关系和心理健康观察与咨询都是无法计量的劳动，也就难以量化和直接观察。

（三）劳动过程的可控性与结果的不完全可控性

辅导员的劳动时间受学生制约，但其劳动过程是由自己支配。对于学生的教育，什么时间进行教育，在哪教育，如何教育，都是导员选择的结果。正是因为辅导员的劳动对象是学生，众多学生都有不同的性格特征而且数量庞大，也会有相当大的变动，所以劳动的结果是不能控制的。除此以外，学生的身心发展不平衡性导致其不能对自己的行为负责，不能承担相应后果，使得劳动结果也不可控。

（四）行动的相对自由与心理的巨大压力

辅导员的工作空间广大，不仅包括校园内的教室、办公室、疫室等区域，还包括校外。其工作时间基本上是全天等候待命。辅导员的劳动空间具有广阔性、时间上具备延展性，所以在安排时间时要根据事情的轻重缓急合理分配，在一定程度上缩减了其工作的自由和自身的自由。因此，辅导员这项工作对于心理条件是一种极大考验，辅导员的心理压力来源广泛，可能是学生也可能是工作量，还有可能是源于社会风险。

二、绩效管理理念下的绩效考核

因为绩效考核和绩效管理之间存在差异性，所以一定要对高校辅导员进行绩效管理理念指导下的绩效考核。

（一）明确提高组织与个人绩效考核目的

在高校中，对于辅导员的绩效考核，其目的是提高绩效，而不是给辅导员评定职称、确定绩效工资、评奖评优等。我国高校属于事业单位，通过绩效考核考查辅导员以及辅导员团队之间的短板，根据短板指定特定的培训方式，以此提高整体绩效，提高辅导员团队的整体素质，才是绩效考核的根本目的。

（二）确定多方参与的多元考核主体

辅导员的绩效考核应该由多方参与，有多个考核主体。因为现在的辅导员绩效考核基本都是在学生处的指导下，由院系直接领导，只有所在院系的直接领导者根据平时收集数据获得辅导员的绩效标准，是不严谨的。高校辅导员从事的是学生管理教育工作，对于辅导员的绩效考核机制应该实行多元主体、多方参与形式。学生能够最确切地了解辅导员的工作效果和责任心等；学院管理者能够了解辅导员的出勤情况、工作量等；同事之间也可互相评价，所以辅导员的绩效考核应该由三方共同评价，构成多元化考核机制，确定多方参与的多元化考核主体。

（三）构建多维度的考核指标体系

为了确保体系考核的多元化，其前提是构建可信度高和效率高的考核指标体系。构建高校辅导员的考核指标体系应该遵循绩效管理理念的指导，并且以辅导员的工作特性为核心，注意以下三点要求：

（1）注重定性与定量指标的结合。辅导员的工作有显性和隐性两方面，对于辅导员的绩效考核应该将定性与定量指标相结合。对辅导员的显性工作进行量化，以便于定量统计；高校辅导员的隐性工作是难以定量的，但是隐性工作甚至比显性工作更加重要。所以，在全面性、公平性的前提下，应该对辅导员的绩效进行定性考核和定量考核。

（2）品质特征性、行为过程性与工作结果性相统一。高校辅导员的绩效考核标准应该由品质特征性、行为过程性和工作结果性三点相结合确定。大学生正处于"三观"形成期，辅导员不仅要在学习上对学生进行管理，更要在思想上对学生进行工作。

学习并不会立刻取到效果，但是在思想方面则会对学生产生重大影响。因此，对于辅导员的考核，行为过程性所占比例应该大于工作结果性指标。对于辅导员的绩效考核应该将三种性质统一，不能只考核工作结果。

（3）考虑辅导员的个体差异。由于辅导员之间存在各种差异性，对于辅导员的绩效考核需要制定有个性的绩效标准。对于职称高、学历高、工作时间长的辅导员，薪酬标准要提高，从而体现出人力资源管理理念，薪酬应与绩效相关。

（四）绩效考核应注重个人绩效与组织绩效的统一

高校辅导员主要是由各个院系为团体管理学生，各个院系的管理团队统一由学生处指导。将组织绩效计入辅导员的绩效考核，不仅可以提高组织绩效、增强团体意识，也可以发现各个院系之间的辅导员团队在教育学生和管理上存在差异性，从而在大局上更加科学地评估辅导员的绩效。

（五）注重反馈与沟通的考核过程

在对高校辅导员的绩效考核标准中，还需要注意辅导员绩效的沟通和反馈。首先在绩效考核前期，管理者应该与考核目标进行沟通，与考核目标达成一致的、双方都认可的结果。在辅导员的日常工作中也要注意沟通，对于工作中积极方面要给予鼓励；对于工作中出现的不足之处也要及时提出，共同解决，从而提高绩效。

沟通方面如果做到位，绩效的提高则是必然出现的结果。在绩效考核结束后，需要及时进行反馈：将绩效考核的结果反馈给高校辅导员，考核结果既是终点也是起点，绩效考核是对个人和组织绩效的客观评价。通过绩效考核，使个人和组织的绩效不断提高。

现在，高校辅导员变得越来越职业化和专业化的情况下，更应该注重对辅导员的绩效考核。各个高校的领导层需要根据辅导员团队的自身实际，通过绩效管理的理念，建立严谨的辅导员绩效考核系统，更好地进行高校辅导员的考核工作。

第五节　应用型高校人力资源绩效管理创新策略

就高职院校人力资源绩效管理来说，在大数据背景下，高职院校人力资源绩效管理也要与时俱进，充分地融合大数据技术实现高职院校人力资源绩效管理方式方法的创新，进一步提高高职院校教职工个人的实际收益以及高职院校的发展。

一、高校人力资源绩效管理的作用

大数据是当前信息社会发展的主流趋势，渗透到各行各业当中，对每个行业的发展都有着非常重要的作用。具体在高职院校人力资源绩效管理创新当中，对高职院校人力资源绩效管理有以下三个方面的作用。

（一）深入挖掘教职工潜力，加强教职工之间的相互交流

高职院校人力资源绩效管理相关工作人员可以利用大数据对于现有的教职工电子档案进行仔细深入的分析和整理，并整理出便于观察的数据，高职院校上层管理和领导人员通过对这些数据的观察分析，对高职院校教职工平时的工作状况、工作绩效以及教职工的实际职业能力有一个更加直观的了解。通过对教职工自身的职业能力和教学状况的了解，深入对教职工潜在能力进行挖掘，在此基础上制定相应的规章制度和奖惩措施有两点作用：第一，对员工有着较强的约束和规范作用；第二，也能够更好地保护教职工自身的利益，而且通过有效的奖惩措施，还能够极大地推动教职工的职业积极性和工作热情。

另外，利用大数据把社交网络引入高职院校当中，高职院校的教职工可以在社交网络上进行适时交流，实现相互之间信息的对称，对教职工之间工作的交接以及信息的及时传递起到了很好的媒介作用。而且在高职院校教职工相互交流的过程当中，往往会包含着许多对高职院校发展以及教师工作上的意见和建议，高职院校就可以很好地利用、分析这些信息，对高职院校的发展进行整改，打造出教职工满意的工作环境，进一步提高高职院校的向心力和凝聚力，为高职院校的发展奠定基础。

（二）有利于构建高职院校有效的人才数据管理模式

和传统的人才管理模式相比，立足于大数据背景下的人才数据管理模式更具有直观性、便捷性和实效性。在高职院校人才管理过程当中，相关决策者能够通过云技术和移动互联网平台探索数据间的潜在关系，能够更快地找到符合当前人才管理的途径和方法，摆脱传统的、纷繁复杂的日常人才管理事务，更有利于高职院校人力资源绩效管理的效率提升，促进高职院校健康持续发展。

（三）有益于提高高职院校人才规划的科学性

大数据的核心作用就是能够将高职院校工作当中产生的数据进行整理分析，形成一个更加直观、更有利于分析的数据，将这些数据呈现给高职院校决策人员，便于决策人员能够在短时间内掌握高职院校当前的具体情况。通过数据分析，把握高职院校的发展状况。要想实现高职院校的长期可持续发展，必须要注重人才的培养，通过大数据对每一个教职工平时的工作表现以及教学能力进行分析，高职院校决策人员能够很快地把握人才的动向，并通过人才能力的分析，对其进行正确的职业规划，将每个人才都安排到适合他们发展的岗位上，既保证了高职院校人力资源的合理调配和优化配置，也保证了人才本身的职业发展，正确地发挥了人才的才能，提高了高职院校的整体教学质量。

二、高校人力资源绩效考核现状探究

就目前来说，高职院校人力资源绩效考核还存在着很多问题，尽管大数据已经越来越成熟，但是由于高职院校自身的管理理念以及相关决策层的思想观念等方面的问题，导致高职院校中大数据技术应用不充分，使得高职院校人力资源绩效管理理念和方法滞后。

（一）高职院校人力资源绩效考核理念混乱

高职院校的主要目标就是为社会培养出技术型和实践型的人才，所以很多高职院校认为：要想让职业院校更快地和社会、企业接轨，在管理方式上也要引入企业的人才绩效管理方法，并将这些人力资源绩效管理方法应用到高职院校教职工的个人考核当中。当然，引用企业的人力资源绩效考核方法对教职工的个人发展、业务能力的提升以及整个学校的教学水平有一定的促进作用。但是，很多高职院校在引入企业人力资源绩效管理方法的时候，由于自身理念和执行力等方面的缺陷，往往使得引用企业人力资源管理绩效方法的时候流于形式，只为最终的考核而考核，没有立足于高职院校教职工的发展，没有构建符合高职院校自身特点和教学需求的人力资源绩效考核模式，从而导致高职院校在自身的发展和企业管理理念中更加混了高职院校人力资源绩效考核理念。

（二）缺乏健全的绩效反馈机制

考核绩效反馈结果的目的是让被考核人能够及时地掌握自己的工作状况和优缺点，让被考核者能够尽快地找到自己需要提高完善的地方，让被考核者能够正确清晰地认识到自己的优势，对自身的发展有一个更好的规划，在今后的教学过程当中能够针对实际情况进行适当的调整。但是当前高职院校的绩效考核反馈机制都是报喜不报忧，例如最常见的考核反馈是大力宣扬学校的先进事迹，以及树立榜样，没有对人力资源中存在的问题进行客观的分析，从而导致反馈机制不健全，对整个人力资源绩效考核也有深远影响

（三）没有构建更加科学与完善的人力资源绩效考核机制

随着高校扩招，高职院校的师生规模以及师资队伍都在急剧膨胀。高职院校整体在迅速地发展，但是基础的设施却没有跟上，包括高职院校的内部治理、管理水平、人力资源绩效考核机制等没有跟上高职院校迅速发展的步伐。当前高职院校人力资源绩效管理机制当中的主要问题有两点：第一，绩效考核制度不够健全，考评结果不全面，不能够更加全面地反映出高职院校教职工当前的工作状态和职业能力，在一定程度上也就失去了考核的实际意义；第二，高职院校对于人力资源绩效考核的指标不够健全，很多高职院校对人力资源的考核指标仅仅是停留在学生期中、期末以及毕业作品等相关成绩的考核上，而没有对教职工自身的创新能力、实践能力以及服务学生的能力进行考核，忽视了教职工自身的职业发展，不健全的人力资源绩效考核体系不能促进学校的发展。

三、高校人力资源绩效管理创新措施探究

在大数据背景下，高校人力资源绩效管理必须要实施创新，要立足于大数据技术基础之上，要立足于教职工的发展以及高职院校发展的基础之上。

（一）设计绩效考核指标，完善人力资源考核机制

在大数据背景下，对高校人力资源的绩效考核指标需要运用到定性和定量相结合的方法。除了对教职工自身教学能力、教学方法、教学结果以及学生的满意度进行考核作为定量指标之外，还要将教师自身的职业态度、工作热情、创新能力以及服务态

度等作为考核的硬性指标。将定性和定量两种指标很好地结合在一起，能够更加综合、更加科学地判断教职工最终实际职业状况，并通过数据的收集和分析合理地进行绩效考核，完善人力资源考核机制。

（二）构建完善的绩效考核结果反馈机制

绩效结果反馈机制是人力资源绩效考核中的重要环节，高职院校要构建更加科学和完善的绩效考核结果反馈机制。在反馈当中，加大信息化渠道的使用，包括反馈数据收集、反馈数据途径的构建等，通过反馈结果让教职工对自身有一个更加正确的认识，也为学校制定有效的人力资源调动和合理的分配决策提供理论依据。

（三）扩大高校人力资源绩效考核的数据来源

为了能够在大数据背景下更加广泛地对数据进行分析，并最终形成科学和合理的决策数据，就必须扩大高职院校人力资源的数据来源。

（1）基本的数据。基本数据包括高职院校教师的年龄、性别、学历以及工作经验等将这些基础的数据录入计算机系统，能够对教师的基本状况一目了然。

（2）动态化数据。动态化数据主要是高职院校人才在人力资源中的流动数据，例如一个招聘周期内对内部教师的流动率以及人员的流失率进行分析，来判断出是否有较强的竞争力。

（3）质量数据。质量数据包括教职工的出勤率、学生和家长的反馈信息等，通过搜集这些数据对其进行分析，对构建一支高素质的师资队伍有着非常重要的作用。

随着大数据时代的到来，高职院校人力资源绩效管理要实施创新才能够满足大数据背景下高职院校人才的发展需要，才能够使人力资源考核机制符合时代的要求，为进一步促进高职院校的发展以及人才的培养奠定基础。

第七章 应用型高校人力资源薪酬福利与社会保障

第一节 应用型高校人力资源薪酬体系

一、薪酬体系设计的内容

薪酬体系的核心主要包括三个部分，分别是基本工资、可变工资以及福利。基本工资指公司根据劳动规定保证员工工资的定期发放。基本工资包括两种：一种是按照职位级别确定的工资；另一种是按照能力强弱确定的工资。在我国大部分公司中，员工的基本工资按月领取，也就是定期向员工发放劳动报酬。可变工资具体指奖金、提成以及加班费等。奖金指在薪酬体系中以工作人员的绩效水平为基准向上浮动的部分。可变工资既能够代表员工的个人业绩，也能够代表员工所在组织的整体业绩。福利作为薪酬体系中不可或缺的组成部分，通常指不包含工资和奖金的其他额外报酬，比如保障计划、补贴以及实物报酬等，实物福利以非货币的形式向员工发放。

（一）基本工资体系

1. 基于职位的基本工资体系

基本工资体系形成的前提条件是员工为公司付出的价值和作用，即员工对具体任务的完成以及价值目标的实现，决定员工为工作单位的贡献大小。因此，职位价值应该按照员工工作方面的因素进行评价，如工作难易程度、职位高低等因素，同时按照职位贡献大小确定工资水平。除此之外，尽管职位评价有效处理了组织内部存在的不公平性问题，但是无法解决其根本性问题，还应该采取市场薪酬调查方式，实现内外部基本工资体系融合，保证工资体系的外部竞争性。

（1）职位分析。职位分析指针对员工工作的所有环节进行研究和信息的收集，如职位目标、工作任务、工作人员需具备的能力、业绩标准等。职位分析主要体现在两方面：一方面是职位描述；另一方面是职位规范，还可以称为任职资格。

职位描述指根据对职位目的、职位业绩标准以及各职位的相关性进行研究，从而实现职位的准确描述。职位规范主要分析的是工作人员在完成某项任务时应该具备的条件和资格，如综合素养和能力、工作实践经验、学历等。

职位分析指在工作过程中收集各种相关数据，通过对这些数据进行总结，内容指向七个 W，分别是人物、时间、地点、发生的事情、原因和结果、相关人物。若这七个方面的信息全面且准确，则这份职位才能得到正确且详细的分析和描述。

（2）职位评价。职位评价指一种强化薪酬公平性的基本方式。职位评价是在职位分析基础上，通过明确职位的贡献大小，实现职位结构的形成。

职位评价的前提条件是任务的确定、价值的展现以及和谐稳定的外部市场。技能的职位评价方法主要有五种，见表 6-1。

表 6-1 技能的职位评价方法

职位评价方法	概述	优点	缺点
职位排序法	根据职位的相对价值或对组织的贡献来排序	简单方便；易理解；易操作；成本低	评价标准定义不明；要求评价人员对每个岗位都非常熟悉
职位分类法	将各职位与事先确定的一个标准进行比较，将其定位在合适的职位类别中合适的等级上来确定职位的相对价值	简单明了；易理解；避免出现明显的判断失误	划分类别是关键与难点；成本相对过高
要素比较法	先确定标杆职位在劳动力市场的工资率，再将其他职位与其比较来确定这些职位的工资率	能够直接得到各职位的工资率	应用很少；要经常进行薪酬调查；成本相对较高
要素计点法	选择关键评价要素并赋予权重，对各要素划分等级并赋予分值，然后对每个职位进行评分估值	能够量化；能避免主观因素对评价的影响；能经常调整	设计较复杂；对管理水平要求较高；成本较高

（3）薪酬调查。薪酬调查的目的是确保薪酬制定的公平性。薪酬调查的首要步骤是选取重要职位展开调查，随之根据对外部市场的调查，收集重要职位的薪酬数据。通常，重要的职位是人人皆知且长久稳定，而且重要职位必然具有较大的竞争力。除此之外，劳动力市场也应该明确界限，指与本公司竞争员工的企业。

薪酬调查表通常涉及四个部分，分别是基本信息、组织信息、员工的个人信息以及薪酬结构信息。常见的薪酬调查方式有问卷、访谈、电话以及网络等。

（4）确定薪酬结构。薪酬结构设计主要体现在三个层面，薪酬等级的差异、等级区间的设计，以及等级交叉范围的确定。若工作单位强调薪酬差距的拉大，则等级浮动的范围较广泛，若工作单位重视等级提升，则等级交叉幅度将会逐渐缩小。

2. 基于能力的基本工资体系

第一，明确核心能力。核心能力即所有技能相加之后的总和。核心能力主要包含四个特征，分别是独一无二的、值得借鉴和学习的、可扩展以及有价值的。企业的战略文化是核心能力确定的前提条件，由于企业战略文化对于企业的发展具有决定性作用，企业的综合实力取决于其核心能力，因而企业战略文化与其核心能力具有一定相关性。比如，从产品差异化战略公司的角度观察，研发工作者具备的创新能力属于核心能力范畴；从品牌战略公司角度分析，成熟的营销体系以及工作者良好的营销能力是公司的核心能力。

第二，建立能力模型。能力模型的形成是以员工绩效水平为切入点。其中，具有代表性的是通过行为事件访谈法掌握绩效水平较高员工在相同工作环境下，如何实现目标以及充分发挥自身能力。能力模型的组成成分主要有能力概念的认知与理解、行为实例、标准水平以及高绩效。

第三，评估员工能力。此环节的主要工作内容是获取更加全面的信息，针对员工的个人表现和能力进行评价，信息的收集途径有用户反馈、领导对员工的评价以及员工之间的相互评价等。将员工的各方面表现与能力模型要求标准进行对照，评价者根据对照情况再针对员工能力进行评估。

第四，定位薪酬水平。根据对薪酬数据的收集与研究，能够将市场薪酬曲线绘制出来。除此之外，将职位评价作为坐标的横轴，将市场工资率作为坐标的纵轴，也能够绘制出市场薪酬曲线，进而掌握公司的工资水平在市场上所处的定位。通常有三种定位类型，即领先型、匹配型以及滞后型。

第五，融入能力工资。能力和基本工资相关联主要体现在两方面：一方面是直接挂钩，基本工资取决于员工的能力；另一方面是间接挂钩，基本工资取决于员工的职位等级和核心能力的总和，其中薪酬与职位相挂钩，而基本工资与能力相挂钩。人们经常提及的宽带薪酬结构属于间接挂钩，而宽带薪酬结构指重新组合不同的薪酬等级和上下浮动范围，从而发展为少量薪酬等级，并且缩短薪酬浮动范围。从工作人员角度分析，宽带薪酬结构的形成，使得员工在大部分工作时间内都无法实现跳跃式提高，并不影响员工的薪酬水平提高，虽然晋升空间较小或者机会较少，但是随着员工工作能力的增强以及经验积累，其薪酬水平也将会大幅度提高。

（二）可变工资体系

可变工资具体指奖金、津贴以及加班费等。奖金主要有两种计划类型，即绩效工资计划和激励工资计划。

1.绩效工资计划

绩效工资计划指根据员工的绩效水平而给予的奖励。绩效工资包括三种组成部分：第一，业绩工资，指针对员工的绩效评价发放相应奖励，因而应该将业绩奖金归纳为基本工资范畴。随着业绩工资的不断积累，基本工资的基数也会随之提高，进而导致工资支付成本增加。第二，一次性奖励，指通过年终总结之后为个人或组织绩效而发放的奖励，但是不属于基本工资范畴。业绩工资和一次性奖励的差异主要体现在前者属于基本工资的附加部分，而后者是不在基本工资范围内的增加部分。第三，个人特殊奖励，即针对员工的特殊成就以及绩效超出部分所给予的特殊奖励。

2. 激励工资计划

激励工资计划指根据对员工个人和组织的绩效水平进行对照之后形成的奖励计划。从激励对象角度进行分类，激励工资计划包括个人和团体两种不同的激励计划。个人激励计划指根据员工个人绩效水平而制订的奖励计划，其奖励形式主要有计件工资和佣金等。团队激励计划指针对整个组织的绩效水平所制订的奖励计划。如今，大多数工作单位对团队协作力提出更高要求，因而团队激励计划受到高度重视。团队激励计划主要有两种类型：一种是利润分项计划；另一种是收益分享计划。

（三）福利体系

福利与薪酬有着明显差异性，虽然福利也是教师收入的重要组成部分，但是不包含在基本工资范围内，一般采用非货币形式发放。福利和教师的业绩水平无关，并且不需要纳税，高校财务既应该为教职工发放一定的基本工资，还应该为他们提供更多福利，调动员工的工作热情，保证工作人员对待工作的积极性和稳定性。福利体系通常涉及以下四个方面。

（1）实行福利补贴。高校福利补贴通常是在生活、供暖以及交通等方面给予。生活困难补贴指对于部分工资较低以及生活现状较困难的员工给予经济补助，尤其是无法正常生活的或是受到重大伤害而导致生活水平急剧下降的员工，给予他们生活方面的资金补助。按照现实情况将交通费补贴分成两种：一种是用于工作上的道路交通补贴；另一种是由于公事穿梭于各个城市之间的交通补贴。

（2）规定探亲与休假制度。高校教职工隶属的部门属于公共部门，高校工作人员享有的待遇除了福利补贴之外，还有探望亲属朋友的待遇。根据政府制定的休假制度，高校员工还享有病假、产假以及婚假等福利。

（3）社会保险。大部分高校购买的保险通常都是"五险一金"。"五险"具体指养老保险、工伤保险、失业保险、医疗保险以及生育保险；"一金"具体指住房公积金。

（4）完善福利设施。完善福利设施指为员工的平时生活提供更加方便的条件。首先，在饮食方面建设员工餐厅，主要以温饱为目的，采取收支差额补贴方式，为教职员工的饮食提供便利服务。其次，在住宿方面建设员工住房。比如集体宿舍、住房公积金等，还有租房补贴。最后，文化娱乐设施的建设，具体指图书馆、博物馆以及体育馆等。

二、薪酬体系设计的原则

（一）公平性原则

薪酬的公平性与员工的绩效水平和生产效率具有显著相关性，因而在薪酬结构设计过程中，应该遵守公平性原则。

薪酬公平性主要体现在三个层面：外部公平性指在同一个行业内，高校工作人员将自己的工资水平与外部工作者进行对比之后所形成的认知；内部公平性指校内所有工作人员之间进行工资对比之后所产生的感受；个人公平性指从事相同职位的工作人员之间进行工资对比之后而产生的感受。值得注意的是，组织内部的工作人员可能会对薪酬展开三种公平性比较。

（二）认可性原则

如果建立的薪酬体系没有得到员工的关注和认可，则不论技术如何成熟依旧是没有成果的。因此，高校要让工作人员充分了解和掌握薪酬体系的制定过程以及工资结构的设计过程，还有决策的原因等问题。此外，激发工作人员积极加入薪酬决策过程中，或者采取交流的方式加强工作人员之间的配合程度，有利于薪酬体系尽快得到工作人员的认可和赞扬。

（三）竞争性原则

组织所给予的工资水平应该对所需人才具有一定促进作用，特别是和竞争对手比较的情况下，具有明显优势。根据对以往工资设计的了解，与同领域内的平均工资相对照，组织员工的工资水平要超出 15 号，因而既降低招聘压力，又稳定团队，进而完成招聘优秀人才的任务。

高校工资水平的制定受到其经济实力、所需人才价值和能力等因素影响。良好的教学资源、成熟的师资力量以及先进的科研水平等是提高工资竞争优势的重要因素。

（四）激励性原则

完善的薪酬体系可以调动员工的工作动力，从而高效率、高质量地完成工作任务。因为每个岗位的任职要求、工作内容以及产生的价值都是不同的，所以要保证薪酬和岗位级别相匹配。若高校工作人员的薪酬与其价值大小和工作内容没有建立相关性，则必然会导致工作人员产生消极情绪。因此，担任重要职位的工作人员应该得到相对较高的薪酬，同时应该体现出一定的薪酬差距，绩效水平较高的工作人员能够获得较高薪酬，有效发挥激励作用。

（五）战略性原则

高校薪酬设计要以其战略文化为导向，并且薪酬制度的拟定要满足高校发展战略需求。薪酬体系设计始终秉承资源充分利用和有效整合的战略原则，促进学校提高综合实力；从另一种角度看，实施战略性原则的薪酬设计是学校的独特能力，增强学校的竞争力。结合对优秀人才的激励和吸引，薪酬设计要倾向于增强员工的综合能力，尤其是创新能力。

三、薪酬管理的现状

（一）基本工资现状

教职人员基本工资的组成主要包括国家规定的工资和政策性补贴等，完全依据国家制定的标准发放，基本工资是稳定不变的，且在全部薪酬中占比不高。

（二）可变工资现状

在高校薪酬体系中，可变工资具体指岗位津贴、课时津贴以及科研奖金等。岗位津贴是以高校设置的岗位责任为依据，从而获得岗位津贴。课时津贴指按照教学工作者所完成的课时数量而给予的工资。科研成果奖金指按照教学工作者所完成的教研任务以及发表的科研数量等发放奖金，其目的明确，是促进科研工作发展。

1. 岗位津贴

岗位津贴制度指根据岗位任务量和要求条件确定工资水平，即根据员工的绩效水平调整津贴的制度。岗位津贴制度存在两个特点：第一，按岗位确定津贴，根据岗位承担的职责以及难易程度等关键因素确定津贴，也是对传统薪酬分配制度做出的改革。早期薪酬分配制度主要是按照学历及工作经验制定。第二，津贴与岗位保持同步动态变动，即随着岗位变动，岗位津贴的等级和标准也发生改变，同时根据绩效水平再做出调整。现阶段，在高校教职人员所有收入中，岗位津贴已成为重要的收入组成部分，占比为 30% ~ 40%。

（1）岗位设置。根据对岗位情况的全面了解和研究，从而设置岗位名称和数量。在设置教师岗位过程中，首先应该完善教师队伍建设，将不担任教学职位的工作者和教学专职工作者相分离，将教学队伍和研究队伍相分离，实施分类管理制度。

根据对教师时间管理研究，教师岗位可以分成三个系列，即教授系列、研究系列以及教学系列。教授系列作为团队中的主力军，兼具教学和科研双重职责，同时针对教授系列设置三级岗位，分别是助理教授、副教授和教授；研究系列的工作者专注于科研领域，没有教学方面的职责要求，其人员组成包括聘用人员以及访问学者等。此外，研究系列设置了四级岗位，分别是研究助理、助理研究员、副研究员以及研究员。教学系列主要针对的是教学任务，同时设置三级岗位，分别是助教、讲师和教授。总而言之，在所有教师岗位中，教授系列占据40%，研究系列占据50%，教学系列占比10%。

高校按照教职工岗位职责和工作任务的难易程度，将全部岗位分成以下三个层次：

第一层次为学校的关键岗位，此岗位在学校各个工作环节中具有关键性作用。比如人才培养、科学研究、专业设置和管理等工作，是指教授岗位、优秀讲师岗位、科研岗位以及管理岗位等。教授岗位指在高校制定学科建设规划的前提下，根据教学以及科研制度，在不同专业的发展道路上设置重要岗位。其工作职责是引领学科的发展方向以及完成教学和科研等各方面任务。此外，责任教授还要带领学术梯队实现制定的目标，并培养大量学术人才。在领导及管理者指引和督促下，责任教授团队有效完成学科内各项任务，从而实现优秀人才的培养以及学科的规范化建设。

第二层次为院（系）重点岗位。按照各院在教学、科研以及学科建设等方面的实际发展情况，以此明确各院重点岗位设置。各院所设置的重点岗位及数量不仅要符合学校规定，还要满足本院实际需求，同时在院内展开聘任工作。总之，各院设置重点岗位时应该做到按需设岗，还要倾向于学校所重视的学科建设和教学科研工作等。

第三层次为院（系）普通岗位。各院在减编以及转岗前提下，按照本院实际发展情况设置普通岗位。无论是校机关单位还是教学、科研等部门，都应按照学校的硬性规定以及岗位的实际需求，完成普通岗位的设置任务。

（2）岗位津贴等级和标准设计。岗位津贴制度存在的目的及意义，仅仅是鼓励少数优秀人才，与制度的改革和规划无关，更与福利待遇无关，岗位津贴是针对部分优秀教师而设置的，而且此制度具有特殊意义。

校内岗位津贴等级总共包括10级，校内和院内的重点岗位津贴等级相同，即岗位津贴等级为5～9级，而普通岗位的津贴等级仅为1～2级，10级暂时没有设置。不同等级津贴标准主要取决于学校的经济条件。以上各重点岗位津贴分为若干级，详细标准见表6-2。

表6-2 岗位津贴分级标准表单位：元／年

级别	1	2	3	4	5	6	7	8	9
标准	30000	50000	80000	120000	170000	230000	3000000	400000	500000

责任教授可享受第8、9级岗位津贴。在国内外学术领域，存在一部分肩负重任且成果显著的责任教授，对于学术领域的发展具有不可替代的影响力，还能够带领重点学科实现国际化水平发展。因此，这些重点学科的引领者能够享受第9级岗位津贴；

其他责任教授能够享受第 8 级岗位津贴；主讲教授能够享受第 8、9 级岗位津贴。其中，普通主讲教授能够享受第 8 级岗位津贴，兼具学科负责人的主讲教授享受更高一级的岗位津贴；骨干讲员可获得第 5、6、7 级岗位津贴；取得显著教学成果且担任高级职务的骨干讲员，能够获得第 7 级岗位津贴；普通骨干讲员能够获得第 5、6 级岗位津贴；从事科研职位，通常可享受第 5、6、7、8 级岗位津贴，特殊情况者能够享受第 9 级岗位津贴。

（3）岗位津贴的实施与管理。学校可以成立专门招聘工作小组，其组长职位由常务副校长担任，组内成员来自各个部门的负责人，主要工作任务除了重点岗位和普通岗位聘任之外，还要负责津贴等级制定的相关任务。除此之外，各院应该按照本院的实际发展情况以及需求，制定详细的规划和制度。教授级别的津贴和含 7 级以上岗位的津贴都是由学校发放。骨干讲员的岗位名额和津贴由学校公示和发放至各院，最后各院根据规定标准明确岗位津贴的名单并予以下发。同样，6 级（含）以下科研岗位的名单和津贴是由学校公示和发放至各院，各院按照相关规定和标准确定名单人员的津贴级别。校机关及各院所设置的重点岗位和普通岗位津贴，都由学校根据一定标准进行计算并发放至各单位，与此同时，各单位按表 6-2 的等级标准进行分配和发放。

针对在职工作者的任务考核以及岗位津贴调整等方面，学校制定了更加严谨且规范的制度，从而实现岗位津贴的规范管理以及在职工作者的科学化考核。

2. 课时津贴与科研成果奖金

课时津贴指教职人员在年终考核合格基础上，超额完成教学任务而给予的薪酬；科研成果奖金指科研人员高质量、高效率地完成科研工作并取得显著科研成果所给予的奖金。

（三）员工福利

高校所有在职工作者都可以享受到国家法律规定的福利，也就是"五险一金"，具体指养老保险、失业保险、医疗保险、工伤保险、生育保险和住房公积金。除此之外，学校还为教职人员补贴各种福利，比如节假日带薪、免费的子女教育以及医药费补助等。

总之，教育行业的工作者所享受的福利相比于其他行业要更加多元化，然而，国内教育工作者的薪酬却普遍较低，虽然保证了一定的生活水平，但是其激励作用还有待提高。

第二节 应用型高校人力资源薪酬管理中的问题和措施

一、我国高校人力资源薪酬管理中存在的问题

我国对高校薪酬制度进行了一定程度的改革，现行制度不同于以往制度的地方在于：不再遵循平均分配原则，打破薪酬方式单一性的局限，在一定程度上对教师起到激励作用。但是，我国高校薪酬制度仍不尽完善，难免暴露出问题和劣势。

（一）管理制度与市场不接轨

虽然高校薪酬制度已不再受平均主义禁锢，但其与市场还存在脱节现象，高校教师的薪酬水平普遍低于类似行业或企业水平。外部竞争力是制定薪酬策略时必须考虑的一个因素，如果不能与市场接轨，高校薪酬在激烈的市场竞争中将处于绝对劣势，吸引力不强竞争力不足，将明显削弱其作用于教师的激励作用，甚至带来优秀人才的流失。所以，推行高校薪酬改革，弃传统观念刻不容缓，结合市场因素，整体提高高校教师的薪酬水平，加强其对潜在人才的吸引力及对现任教师的激励作用。

（二）管理制度与战略目标不紧扣

绝大多数高校在制定薪酬制度时并没有结合本校的战略目标。现实中，不同高校的优势、发展方向等各不相同，所以战略目标也各异，而战略目标的实现需要高校具备极大的竞争优势，所以根据战略目标制定薪酬策略，可以有效帮助高校提高竞争力。

如果高校的战略目标是成为一流的科研型高校，一方面要以提高地位和增加薪酬为重点，给予科研型教师更多关注；另一方面要提高教师科研成果的奖励薪酬在全部薪酬中的比例。如果高校想借助薪酬优势吸引更多人才进而达到提升知名度的目标，其前提条件是拥有高水平的薪酬，甚至是高于市场水平。

（三）管理制度与职责描述和职位考核不衔接，缺乏操作性

薪酬管理制度包括岗位津贴制度，岗位聘任是岗位津贴制度的基础，而明确的岗位职责是制定科学、合理的岗位津贴制度的前提。岗位津贴制度已在高校薪酬制度中得到普遍实行，但岗位职责在岗位聘用书中的表述还不够明确和具体。此外，岗位考核作为岗位津贴制度的一个重点，同样是难点之一，由于一套考核指标体系不可能适用于所有院系、学科及岗位，因为他们有各自不同的岗位职责，所以必须按照具体的岗位职责制定考核指标。

由此可见，清晰的岗位职责不仅有助于制定明确的考核标准，还大大提高了职位考核的可操作性，为实现岗位津贴的合理制定、有序调整提供有力保障。

（四）管理制度忽略个人能力，影响整体竞争

大多数高校教师的薪酬主要由岗位津贴、课时津贴、科研奖金等部分组成，唯独没有能够体现教师能力的部分。社会的现代化发展已步入知识化阶段，知识型人才已成为炙手可热的资源，特别是对于知识密集型产业。

高校核心竞争力的强弱，很大程度上取决于任职教师拥有知识的多少，理应加大教师薪酬，体现其获得知识能力的比例。为此，不断促进高校教师朝着提高获得知识能力的方向努力，可以达到教师和学校双赢，即教师获得成长，能力取得提升，学校培养出更多优秀教师，核心竞争力明显增强。

（五）福利政策多样化程度与比例低，难以保留与吸引人才

高校中的福利政策主要由法定福利和自主福利两部分组成，其中法定福利属于传统福利形式，实施依据主要是国家法规，例如高校为职工缴纳"五险一金"；自主福利相对灵活，但是我国高校目前实行的自主福利仍旧集中于加班补贴、住房补贴等内容，形式单一，其高校教师薪酬占比较小。

（六）青年教师薪酬机制的不公平性分析

现阶段，我国高校制定薪酬制度时主要考虑职能和资历两个要素，人力资源管理在调动人的积极性，激发创造性方面的绝对优势并没有得到有效利用。低水平的薪酬给高校教师带来的消极影响主要包括两方面：第一，希望得到更高的薪酬，对当前低薪酬的工作已经失去兴趣；第二，提高的薪酬没有达到自己的期望值，可能带来消极怠工、申请调岗甚至寻求新的工作。

在人力资源管理中，薪酬管理占据重要地位，在高校中体现得更为明显，对吸引和留住青年教师，激发调动其工作热情有着积极的促进作用。薪酬管理的一项基本原则是公平，而目前大部分青年教师并不满意自己的薪酬，觉得收入和付出不成正比，因此高校需要把如何实现薪酬的公平性作为人力资源工作的重中之重。

1.高校青年教师薪酬管理内部不公平性分析

高校教师对薪酬的公平感，很大程度上取决于其岗位工资中的最主要部分，即岗位津贴是否具有公平性。同时，公平分配岗位津贴的前提条件是岗位聘任制必须具备公平性，但是由于传统的计划经济对我国薪酬分配制度的长期影响，使得岗位聘任制在高校中还未实现绝对公平。

具体体现在：第一，招聘教师时主要考核应聘者的学历、职称、行政等级等方面，

而不是首要考核应聘者是否具备与岗位相匹配的专业知识、职业技能和责任感；第二，有些高校在制定岗位津贴时，只是单纯考虑教师已获得的职称等级。因为目前高校教师聘后考核体系还不完善，现行的岗位津贴制度不能有效激励教师产生更大的积极性。显然，不合理的岗位工资不仅直接体现出高校管理的缺陷，也是教师薪酬管理不公平现象的症结所在。

2. **高校青年教师薪酬管理外部不公平性分析**

高校招聘教师时对学历的要求普遍偏高，一般最低学历都要求较高，意味着高校教师可能投入巨大资金用于学历深造。高额的前期投入对应着高水平的薪酬期望。此外，能够进入高校任教并非易事，往往需要通过重重考核，只有具备比同龄人、同学历的人更高更强的专业技能和个人能力，才能在激烈的竞争中脱颖而出。所以，高校教师的薪酬理应高于市场平均工资。不考虑互联网等高薪行业影响，现阶段高校教师薪酬水平在市场大环境中的位置仍旧有失公平，也是高校必须要面临薪酬管理的重大难题之一。

3. **青年教师薪酬管理的个人不公平性分析**

个人公平主要通过绩效工资所表现。高校教师的绩效工资主要组成部分为津贴，包括岗位、课时和科研等方便的津贴。由于我国受计划经济下薪酬分配制度的长期影响，直到现在教师的绩效工资制度仍存在不公平现象，难免受到学历、职称和行政等级影响。现行高校薪酬制度中，确定课时津贴标准的不是教师的教学质量而是职称等级。所以，教学质量高的教师并不比相同职称等级的其他教师获得更多的课时津贴，从而严重打击教师的积极性。

此外，青年教师不容易获得科研资源，很难有机会单独负责某个科研项目。很多青年教师实际参与了重大项目的研究工作，但是由于他们资历浅、职称低，即便负责项目的大部分工作，也只能作为无名英雄，得到的科研津贴也很有限，与其承担的工作不成比例。同时，现行业绩考核制度存在诸多不合理之处，有些高校对于相同岗位的教师发放同一标准的岗位津贴，不论其工作业绩好与坏，使得大量青年教师没有把心思放在工作上，而是想方设法地提高职称等级，换来薪酬的增加。因此，工作绩效不能决定绩效工资，个人薪酬难以实现公平，长此以往，教师工作质量、效率、积极性等都会大打折扣。

二、我国高校人力资源薪酬管理的改进措施

（一）基本工资体系的改进措施

当前，高校教师的基本工资由其岗位决定，即基本工资实行岗位工资制。由于教

师岗位被分为助教、讲师、副教授和教授四级，所以岗位工资自然被分为四级，同时由于相同等级岗位的价值区分并没有具体的评价标准，所以只要是同等级就分配相同的基本工资，缺乏激励性。

首先要保证薪酬内部公平，具体表现为：对于同一等级岗位中的不同职位进行分析后得出这个等级岗位的亚等级，同时科学评价岗位，从而得出每个亚等级对应的薪酬标准。另外，我国高校应该借鉴国外高校做法，重视市场薪酬整体变动的重要性，既把本校薪酬水平与其他高校相比较，也要和相关企业相比较，有助于学校及时做出调整。所以，我国高校要重视市场对薪酬管理的作用，根据市场水平及时调整本校水平，逐步提高外部竞争性。

在知识经济时代背景下，人们在组织中发挥着越来越重要的作用，影响着产出和绩效根据岗位付薪，因为没有体现出个体差异性，所以不被知识性员工认可。根据能力付薪，可以激励员工主动学习知识、提高能力，同时使知识性员工对提升自我学习及发展能力的需求得到满足。通过把教师薪酬与能力挂钩可以有效提高高校的竞争力。所以，高校可以尝试宽带薪酬结构，其本质为能力决定薪酬，即由岗位决定薪酬层级，再按照教师需要具备的能力确定其在某一薪酬层级中的具体坐标，有助于促进教师更专注于提升个人能力和素质，更好地符合学校发展目标，从而增强学校的竞争优势。

（二）可变工资体系的改进措施

教师的可变工资由岗位津贴、课时津贴和科研奖金三部分组成。目前，高校已经广泛推行岗位津贴制度，但是该制度能够有效实施的前提是科学的分析和评价岗位，所以高校必须从基础工作入手，着力加强薪酬制度内部公平性的建设。另外，因为岗位津贴根据当前岗位和业绩进行分配，所以可以有效提高教师对工作业绩的关注度，将更多精力投入工作中，同时注意破解由此带来的负面影响，比如只顾眼前利益的短期行为，此外应该深入学习体会老一辈教师的精神与经验。由于岗位、业绩等定量因素与个人学历、品质等定性因素共同影响津贴分配作用的发挥，所以必须做到有机结合定量与定性，综合考虑质量与数量，兼顾短期成果与长远利益，才能使收入分配制度发挥其作用。

因为业绩考核是实现可变工资的前提，所以绩效管理体系也是薪酬管理的重要组成部分。首先，根据学校战略目标设计绩效考核指标是关键，如果学校的核心竞争力是研究能力，应鼓励教师多参加科研项目，提出更多科研成果；如果学校最荣耀的是教学水平，则应该加强对教师日常教学的督导。其次，高校亟待解决的一个难题，即考核的实施。大部分高校还很难做到根据业绩发放薪酬。由此可见，高校薪酬的内部公平难以真正实现，其激励作用难以发挥。所以，高校应把更多注意力放在绩效考核上，考核不是走过场，需要加强管理、监督实施，营造竞争氛围，不断激发教师的热情和潜力。

（三）福利体系的改进措施

步入经济时代，福利的重要作用逐渐显现出来。有效的福利政策不仅可以吸引人才，更能留住人才，符合员工需求，激发工作热情和积极性。可以从两个方面着手改善高校福利政策。

第一，丰富高校福利种类，在"五险一金"的基础上，设计更多福利方式，满足教师需求，如落实休息休假制度，保证员工的带薪休假、探亲假等，也可以组织优秀员工疗休养或者旅游；解决住房问题，发放住房补贴或者能以优惠价格购买住房；提供班车、报销差旅费；建立职工食堂，或者发放餐补；每年组织一次体检；设立多种补充保险；保障教师子女入托入校工作；提供文体休闲地点和设施，开设兴趣小组和协会。

第二，调整薪酬结构，增加福利部分占比，切实发挥其吸引、保留和激励员工的作用。此外，高校可以探索知识经济背景下员工福利的新发展，从员工的个性化需求出发，设计自选式福利政策，进一步体现出高校福利政策的人性化、科学化。

第三节　应用型高校建立合理的薪酬福利激励机制

一、构建合理教师激励机制的原则

教师激励机制是一项全面系统的工程，应该是一个全面有效的激励体系，不应仅限于传统的激励方法。通过激励机制来调动教师的积极性，有效地开发人的各种潜能，有利于高校人才队伍的稳定。因此，构建我国普通高校合理的教师激励机制要坚持以下四个原则。

（一）公平公正性原则

作为教师，每个人都希望自己的工作能够得到领导和社会的认可，有一个公正的评价体系。所以，高校教师的激励机制首要考虑的是公平公正，要确定统一标准奖惩制度，对所有教师一视同仁。该公平公正原则不仅体现在绩效评估上，也体现在对劳动报酬的确定和分配方面。具体原则包括内部公平、外部公平、自我公平。

首先，内部公平是省内高校之间教师内部相互的比较。内部公平的与否将关系到教师对组织的忠诚度以及教师之间的相互合作关系，而这些都会反映在教师的科研和教学工作态度上。其次，外部公平是指高校的激励措施相对于其他高校来说是否公平合理。高校若将外部公平置之不理，那么高校教师流动性将会非常大，很难留住人才。外部的公平性需要管理者了解其他高校的情况，依此制定合理的激励方式。最后，自我公平与外部公平不同，是看激励力度是否与其所做的贡献大小相适应，是激励力度的一种纵向比较。

高校在设置教师激励机制时，除了需要考虑学校本身，也要关注教师的心理影响，只有这样，才能保证激励机制真正发挥作用，使建立的制度合理公正，并形成规范化、制度化评价标准，真正做到人尽其才。

（二）系统性原则

高校教师激励体制作为管理系统的一个组成部分，对教师激励策略进行优化必须要以系统观点看待。激励对象范围广泛，包括教授、副教授、讲师、助教以及实习人员等；激励形式要内外结合，齐头并进，保证正向激励的同时，也要辅以负激励，形成统一化的激励措施，以求达到令人满意的激励效果。

（三）差异性原则

根据激励理论可知，由于人与人之间的差异性，导致每个人需要的激励存在差异。要达到激励效果，必须要满足人们最关注的需要。高校教师的差异性主要体现在年龄、性别、职称、学历、价值观和个性等方面。高校教师激励机制的建立和完善，要充分尊重高校教师的职业独特性，根据教师实际需求和外部因素综合考量，针对每个教师的差异以及需求层次，激励诱导因素多样化，从而确保能够充分调动教师的积极性和创造性

（四）物质激励与精神激励相结合的原则

激励分为两种：物质激励与精神激励，在实际生活中，物质生活的富足和精神生活的满足都同样重要。高校教师的物质激励主要是通过住房条件、工作环境、薪酬奖励等因素来体现，调动其积极性。

精神激励的种类有充分尊重人、满足人的成就感、帮助其自我实现等高层次需求，如果针对高校教师这一具体对象，主要分为个人成长环境、尊重程度和友谊、学校的学术氛围、人际交往关系、职位晋升机会、成就感等，这些不仅在内心成就感、归属感方面满足教师需求，对物质的需要也具有相应的调节作用。通过引导帮助教师从低层次需求过渡到高层次需求，追求个人最大满足。所以，为了进一步调动教师的积极主动性，在满足高校教师适当物质需要基础上，给予一定精神激励。除了个人成长、工作成就等精神条件外，也要重视教师的工作环境、住房和薪酬等物质基础。

二、合理教师激励机制的设计

激励机制构建应以人为本，在开发人力资源过程中，充分考虑高校实际情况，激励教师积极工作；建立具备强烈竞争力和吸引力的激励机制，尽可能地吸引、保留、培养一批优秀的科研人员和教师管理干部团队，促进我国高校教育持续健康发展，进一步为我国社会进步和高校建设贡献一分力量。

（一）规范教师聘用的形式

1.建立正式的教师聘用制度

根据学校定位，完善高校用人制度以及相应配套措施，形成竞争和择优机制。岗位设置要求要以优化教师队伍结构为前提，健全教师社会保障体系，选择科学的聘用渠道，真正做到按聘任制执行。教师的聘用制度应该充分以完成教学指标和科研任务为前提，结合本校实际状况，合理培养学科队伍，让教师聘用制度尽可能地合理化。

2.完善聘任合同，加强考核管理

聘约要明确双方的权、责、利，避免合同流于形式，要真正发挥所用。做到岗位和职责相匹配，职称和津贴相匹配。同时，合同对于聘后的考核和管理应予以规定。绩效考核和人文关怀并济，不仅要客观地对教师的教学效果进行评价，还要考虑教师的个人状况，对他们进行适时的鼓励和关怀。考核的透明度、公正度、公平度有待加强，进一步完善具体做法与考核指标，使考核指标更有针对性和可操作性。

（二）完善绩效考核体制

教师绩效考核评价是为了提升教师的专业素养与教学能力而对教师在工作中所贡献的价值或者潜在的能力进行判断与考核。教师绩效考评制度的合理有效性直接影响教师对学校的忠诚度和满意度。学校进行学科建设、人才培养以及发展科研，离不开的关键要素是必须要拥有一支精干高效的教师队伍。一套完善有效的考核制度将直接左右教师如何分配工作时间以及如何分配工作重心，这些要素也会影响教师发挥自己的潜在能力，进而影响最终高校的人才质量。针对目前考核制度的不足之处，可以从以下四个方面予以完善教师绩效考核制度。

1.明确考核主体与期限

高校在考核过程中针对不同的考核内容，应具体落实到相应的考核主体。在考核评价中，科研管理部门及各院系间的协调也尤为重要。例如，某些高校虽然大多已形成以人力资源管理部门为主、相应部门单位协助的考核模式，但由于各单位沟通机制和渠道的缺乏，沟通效率低，时有矛盾产生，影响了考核评价工作的正常运转，影响了教师激励机制的充分发挥。总之，相关高校有待进一步形成教师考核评价工作的共识，建立有效的考核协调机制。

类型不同的高校可结合高校的实际情况，将考核主体进行细化。学校领导，考核小组，科研专家及学生应进行考核分组，不同考核主体考核不同内容，在此基础上，综合评价教师教学，服务及科研的总体绩效，考核指标的设计上可以适当增加教学方面的权重，作为考核重心。高校在确定绩效考核期限时，以岗位级别确定，如级别度低教师聘期相对较短，相反聘期相对较长的教师则级别较高。较合理的聘期为 3～5 年，这也比较符合部分高校教师考核现状。高校对教师的考核分定期考核与不定期考核，侧重点是教师自我剖析、同事的反馈和建议，通过识别和确认教师发展的需要，为教师的发展做出安排，定期考核又分为年度考核、期中考核和期满考核。

2. 重视学生对教师的评价

学生对教师的评教制度在国外早已发展较为完善规范，而在我国，学生评教起步较晚。尽管在一定程度上也得到了较快发展，但是还存在很多问题有待完善。在付诸实践的过程中，人们发现学生评教设计内容不合理，导致这一评价流于形式，没有发挥真正的作用。同时，有的高校仍没有实现教育后现代化，存在师生地位不平等的现象，学生的态度缺乏权威性致使其评价结果往往得不到管理部门的重视。因此，在评价指标内容方面，应当将学生的心里想法放在首位，可以直接通过调查访谈了解学生对老师的评价，考虑学生的需求，从学生的角度出发，从而实现对教师最直接，最准确客观的评价。

3. 采取适当的评价方法

高校需要建立一个多元的考核评价体系，在充分考虑管理与职业发展的基础上，尽可能公平、公正地评价教师的教学质量，全方位地进行综合考量，面对各个层面人员，评价内容可以从被评价者的工作收获，工作成果，奖励及荣誉情况，评价者的内在需求与期望等方面进行收集汇总。由被评价者的领导、同事、学生分别从各个侧面对其进行考核，实施匿名评价体系，可以适当结合被评价者的自我评价，最后由专业人士向被评价者提供反馈。制定教师考核评价指标时要充分考虑教师的具体特征，注重以人为本，全方位认识教师。

4. 建立有效的监督机制和反馈机制

在考核评价中一般限定了优秀等次的比例，教师要争取有限的优秀等次，竞争无疑是比较激烈的，所以教师都很关心学校的考核评价制度是否能真正的公正，程序是否公开透明。学校可通过设立专门的监督和投诉受理机构，增加教师投诉渠道，提高投诉处理效率等。另外，高校的绩效反馈机制普遍缺乏，缺乏直接部门对绩效考评结果的客观分析，绩效考评结果没有真正反馈到教师身上，存在问题的教师一直得不到解决，业绩好的教师也不能及时得到鼓励，以至于并未充分鼓励他们的积极性，使教师考评失去原有价值。所以，高校应建立从上而下的教师绩效反馈制度，分层分级进行反馈，例如学校主管领导和主管部门主要负责正高职称教师的反馈，各院系行政负责人负责副高职称教师的反馈，各教研室主任负责对其他教师进行反馈等。

（三）建立健全教师培训体系

成长需要是在事业上完善自我，发展自我，提升自我的需要，这种需要在生存需要，关系需要得到较多满足后，将会越发强烈。目前，因为高校教师培训资金的缺乏和教师资源的薄弱，导致教师对培训进修缺乏重视、教师培训存在培训内容单一、入岗新教师仅为岗前培训、培训方式没有创新、培训时间缺乏灵活性等问题。高校教师的成长需要相比其他需要是比较强烈的，但这一问题似乎并未引起重视，长期得不到应有的满足。这样的现状不利于保持教学质量的稳步提高和持久创新，更不利于教师以后的发展成长和工作主动性的发挥。因此，人们有必要将重视和满足教师的成长需要视为高校构建合理激励机制的重点工作。

目前，很多高校通过一些政策鼓励教师进修，然而这些政策实际的作用仅仅在于给了一个方向，具体到操作层次，其作用并非想象中那样强大。针对目前高校教师培训供求失衡，培训方式灵活性和针对性不足等普遍性问题，作为高校管理者，应该从以下三个方面进行改进。

1. 积极加强培训进修管理工作

相关部门可以为教师培训进修提供保障。学校必须切实加大经费支持力度，逐步增加教师培训进修的经费支出，保障教师培训制度的顺利开展。从加大培训投入着手，为体现培训创新、丰富培训内容、规范培训范围提供根本保证。

2. 制定适合高校的灵活多样的培训体系

每所高校由于类型不同，校内实际情况不同，各所高校采取的培训机制也应立足于高校的实际情况，从高校的实际需求出发，制定科学合理的适合该校的灵活多样的培训体系。不同院别、职称、教龄的教师参与的培训项目应该各有侧重点和方向，从而不断扩大培训范围，增加培训人次，提高培训质量。例如，某些高校的兼职教师队伍中也不乏来自其他著名高校的退休教师，他们大多拥有丰富的教学经验，有特点的教学方式，从业时间长且职称学历较高。他们作为教师队伍中的前辈，可以起到指导、启发青年教师的作用，从而达到提高全体教师教学能力。可以利用现代化的信息网络来共享其他地域先进的教学方式及教学心得体会，既方便快捷，又节省资源。

3. 促进教师培训形式的多元化

目前我国很多高校都强调派出教师到校外参加培训，培训的各项成本费用较高，这一现状表明推动培训形式的多元化的重要性。例如，应该积极鼓励中青年教师通过参加托福、雅思等出国外语考试，从而到国外进修深造，提升自我。聘请资深教师担任青年教师的导师，为青年教师提供全面、及时的指导等。

（四）设置科学合理的薪酬制度

薪酬是激励机制必不可少的组成部分。薪酬制度能否发挥其激励效果取决于薪酬的公平性。人们在公平的奖励条件下，才会产生内在动力，产生满意感，进而体现在今后的工作贡献中。在高校激励方面，薪酬对激发教师的工作动机，增强教师凝聚力等方面有着不可替代的作用。高校教师虽然有较高层次文化需求和取得成就的需求，但是他们同样需要生活，需要相应的报酬作为其进一步发展的物质基础。所以，设计出一个完善的薪酬体系，对实现薪酬效能最大化具有很重要的现实意义。

部分教师将待遇水平视为较重要的激励因素，同时众多的教师对自己的待遇水平感到不满。有些教师还反映，学院教师的课时费在学院投资兴建新校区后，还进行了整体性下调。针对目前高校教师薪酬方面存在着薪酬满意度不高、对个体激励不足等问题，有必要在薪酬制度上增加激励功能。因此，高校教师的物质激励应主要从以下两方面入手。

1. 薪酬激励制度的公平性原则

教师所得到的薪酬一方面激励其在以后的工作中更加努力，另一方面也是对其以前工作的肯定。现阶段高校教师的薪酬，应充分体现"效率优先、注重公平"的分配原则。高校薪酬设计要与该高校所在省的薪酬水平和经济发展状况相吻合，这样才会避免教师横向比较时产生失落感。

第一，教师的薪酬应该合理对应教师的工作成果。高校教师由于学历、能力以及知识背景的不同造成他们对教学工作付出的贡献也不同，教师的这种差异性需要通过相应的薪酬标准公平地反映出来，这样才能使教师感受到学校管理层的公平合理。

第二，高校的薪酬体系应该结合该高校所在省的经济和政策现状，从大局出发，根据本省特殊性建立一个完善的薪酬体系，最大限度发挥薪酬激励制度的民主性，结合针对教师满意度的调查结果，让教师充分参与到薪酬设计和改革的过程中，充分参考教师的需求和意见。薪酬制度与教师的工作价值相吻合，只有体现出公平公正，才能使他们感受到组织内部的效率与诚意。同时，薪酬要与绩效挂钩，薪酬设计要维持在一个合理标准之内，保证考核的科学性以及分配的公正性。

2. 改革现行分配制度，实行弹性的报酬制度

目前很多高校的津贴仍然没有受到重视，原因是考核过于形式化，最后变成教职工们都不重视考核，从而对努力工作的积极性也不高。在高校教师报酬分配中应该坚持"效率优先、优劳优酬"的原则。适当拉开收入差距，让工作突出的优秀教师得到更高的报酬，同时对其他人也是一种激励作用。针对青年教师，可按照他们的优势来具体增加他们的工作量，针对刚入职的教师，经济问题比较敏感，可以考虑让其兼任行政职务，从而给他们发班主任津贴，提高他们的收入。做到以人为本，真正关怀教师，使教师们在发挥自己能力优势的同时还提高了相应报酬，能有效彰显公平与效率，满足不同教师的需求。

很多高校的津贴建立在可以量化的教学工作量和科研工作量基础上，每年对教师进行考核，科研工作量很多，这种考核形式助推了学术腐败，部分教师为了追求物质利益，却忽略了科研成果和创新，科研课题成果原创性的很少。然而真正有价值的学术成果需要几年甚至更长的时间。

所以，高校在考核科研成果时发放津贴，应该采取弹性报酬模式，灵活变动，不能一贯采取年终一次性发放方式。例如，选择在科研结束时对其成果进行考核，合格后发放津贴，否则给予一定扣除比例。站在一个全新的角度，全面建设良好的科研环境，鼓励有质量的科研成果。

对于薪酬，首先是教师工作和价值的体现；其次是他们的劳动成果。薪酬激励已经慢慢发展成为一种教师考量自我价值实现的方式，认为是其成就和业绩的象征，教师希望自己可以通过努力获得相应的工作报酬和成果，另一方面又期待薪酬的提升，以此增加他们的满意程度，进而提升自我实现感和喜悦感。

（五）完善福利制度

物质利益是人最基本的利益，因而人们很关注物质方面的激励。在高校中，教师的岗位基本工资、课时补贴、奖金等货币薪酬，为高校教师提供了稳定的基本生活和发展的保障。但真正有效的激励应该是以物质激励为基础，却又不能仅仅注重对员工物质利益的满足，应该是物质激励和精神激励相结合的"同步激励"。高校教师面对的群体和工作的复杂性决定了他们激励和考核的特殊性。若仅仅对其进行物质激励，而弱化对教师精神满意度的调动，效果往往事倍功半。目前高校教师薪酬中福利部分主要涵盖了各项社会保险、住房公积金以及各项补贴等内容，这些制度对教师激励起到了一定的积极作用。同时，高校还可以通过以下四个具体福利措施实现对高校教师的精神激励。

1. 定期学术休假福利

高校可以针对不同类型教师实行不同方案。例如对于高校教师中年终考评成绩良

好，并且在职时间达 5 年以上的教师提供学术休假的福利；对于连续两年考核成绩优秀的教师，可以获得半年到一年的学术休假；对于入职时间短的青年教师，学术休假时间则相应缩短，青年教师可以利用有限的休假进行学习、培训，真正将休假福利制度落到实处。同时在休假期间，学校承诺教师待遇不发生改变。

2. 健康福利

学校后勤管理部门可以综合考虑学校教师情况，定期为学院教师购买补充医疗保险及大病医疗保险。例如，考虑到年老教职工体弱多病等，可以为教师统一购买大病医疗保险。满足教师的安全及生存需要，增加员工的幸福感。相信拥有健全的医疗保障和健康的身体，教师会以更加饱满的热情投入工作中，给学校最好的回报。

3. 奖励福利

奖励不仅要有精神鼓励，还要有相应的物质鼓励，如在每年教师节、三八妇女节、国庆节等节日时，颁发证书或勋章和礼品，给予一定荣誉称号，通过该种形式提升教师的荣誉感，让他们在得到内心满足感的同时，进一步将优秀的成果内化，各种优惠政策应该相互结合统一实施。

4. 住房福利

针对高校中青年教师比例十分大，青年教师住房难的问题，学校可以从教师角度设身处地着想，以方便他们的生活为出发点，主动为住房困难的青年教师提供教师宿舍，作为其困难时期的过渡。学校简单的举措，却为无房住的教师解决了最基本的需求，减轻了他们的经济压力。教师幸福感提升，激励机制也真正发挥所用

总之，传统的固定福利通常很难满足高校教师的差异性需求，使得实施福利的效果受到影响，要发挥福利的激励作用，就应该在福利设计体系中体现出福利的人性化和灵活性等特点。

第四节　应用型高校教师社会保障体系现状

一、中国高校教师社会保障体系现状

（一）管理机构

依据管理机构分类，除省属以及教育部直属高校在相应地升级社保机构参保外，剩余部分都在市级社保机构参保。

（二）编制类型的参保情况

从编制类型角度来看，学校人力资源处（劳资或社保）负责事业编制人员的保险参保管理。而非编制人员的社会保险管理主要有几种情况。首先，北京、杭州、天津、上海和南京等地的劳务派遣主要由人力资源处的人力资源中心统一规划和管理；其次，人力资源处的人力资源中心负责管理；最后，人力资源处（劳资或社保）主要负责管理。

（三）社会保险工作的高校内部机构

根据高校社会保险内部管理机构的不同进行区分，大多数高校都成立了相应的社会保障科、社会保障服务中心或者社会保障办公室，少数部分高校的社会保障工作由劳资科负责，一般依据高校规模设置一到两个专职社会保险人员负责此部分工作，然后科室内部根据工作需求协调和派遣相应人员；极少数高校采用的是劳资科和人力资源中心协调管理模式。

二、中国高校教师社会保障体系的构建对策

高校教师是中国事业单位人员的关键组成部分，其社会保障体系与国家财政政策和其他政策密不可分。促进机关事业单位工作人员养老保险制度改革的过程，主要将高校教师所涉及的社会保障体系划分为五种类型：医疗、养老、失业、工伤以及生育。关于个人和单位缴纳比例，基本与企业职工的社会保障体系保持一致。不可忽视的一点是，高校教师作为一个知识密集型行业，扮演着不同角色，除了要承担教书育人的教育使命，还要保证一定数量的科研成果，并且要为国家培养人才和建设国家创新体系贡献自己的全部力量。高校教师一般是具有高学历的知识人才，很多高校教师有着高学历，甚至还有很多海外留学的学位，这些学历和知识的获得需要付出大量时间和精力。

至今为止，只有少数国家可以做到全民福利统一，其他国家高校教师和其他社会群体都有区别，甚至一些经济政策相对灵活的国家，他们的高校教师群体因为院校不同，享受的社会保障也具有差异性。所以，要真正了解中国高校教师的社会保障体系，必须深入了解其职业特殊性，他们不仅拥有整个社会的共性，也有属于自己的特殊性，通过提高高校核心竞争力的方式，使高校能够在人才培养等领域中脱颖而出。

（一）建立职业年金并推进养老保险改革的顺利进行

我国《国务院关于机关事业单位工作人员养老保险制度改革的决定》中第八项规定，要规定职业年金制度。这些年金在职工退休后按月发放。自这一规定出台后，高校教师的基本养老保险制度将和全国统一基本养老保险制度一起彻底打破退休金计发依据工作年限和本人工资的状况。其主要相关因素在于缴费基数和缴费年限。

《国务院关于机关事业单位工作人员养老保险制度改革的决定》第十一项中提到，在京中央国家机关和所属事业单位的基本养老保险管理工作由人力资源和社会保障部负责，同时管理相应的年金基金。中央国家机关所属京外单位的基本养老保险实行属地化管理，这是首次正式确定将年金制度作为退休金的补充。根据该决定的相关政策，在京的部属高校职业年金由人社部管理，其他高校并未明确具体的年金管理机构，而且尚未出台相关职业年金管理规定。

（二）制定各具特色的教师社会保障制度

新疆财经大学通过实行期权制政策，利用该收入的远期分配计划，有效提高教职工的工作热情和主动性，也有效防止高层次人才的流失。上海交通大学最先加入上海总工会实施补充养老保险制度行列，成功购买年利率高于 8% 的养老保险，而且是低价购买，使教职工能够在退休后一次性获得补充养老金的金额远远高于投保额。通过这些优惠政策，不仅为教职工提供了更好的利益，也在一定程度上宣传了学校的知名度。

除了国家规定的社会保障制度，各高校可以根据自己院校的实际情况，设置相应的补充保险制度。保险制度形式种类多种多样，可以是补充养老保险，可以是补充医疗保险，也可以是通过延期收入分配制度或者增加商业医疗等。根据保障和激励的人才差异，主要针对的群体或者是教职工，或者是高层次引进人才，或者是青年教师。对此，学校要根据学校和保障人群特点，制定合理的补充保障制度，只有制定出科学合理的制度，才能确保其有效实施。

（三）建立多层次而非单一的社会保障体系

社会保障可以运用实物性和服务性的福利补充。比如，校医院通过定期开展讲座的形式宣传健康知识；每年为离退休教师健康检查等；组建学生志愿者队伍，自愿护理离退休教职工的基本生活。

（四）提高社会保险管理服务水平

目前，社会保障存在的主要问题在于各级机构过于系统化，层级之间权限不够明显，且区域政策存在差异，办理流程依然有很多缺陷；对于高校教师社会保障制度，各级教育行政部门不够重视，因此没有形成完善的配套体系和可实施的政策。所以，要推行事业单位工作人员的养老保险制度改革，需要面对的主要困难有范围广、政策性强、情况复杂多变，高校人力资源部门必须给予高度重视。对此，针对各个单位的实际情况，组建社会保障组织，增加此项工作的办事人员数量和经费，给予相应的工作环境，将业务流程进一步规范和细化，务必做到专业化和信息化统筹兼顾，进而确保工作效率与服务质量的提高。

第八章　应用型高校教师多维绩效考核创新

第一节　绩效考核的内涵和方法

绩效考核是认识人性的重要手段，是人力资源管理中重要的一环，在国内外企业已有一定的应用并取得了一定的成效，但将其应用于我国高校教职工的考核尚处于探索阶段。为了促进高校人力资源开发，促进高校传统的人事管理向现代人力资源管理转变，增强办学活力，提高办学水平，有必要认清人力资源管理中职工绩效考核的本质。

一、从绩效考核的内涵看高校绩效考核

目前，学术界关于绩效考核的论述主要有以下几种：一是，绩效考核是指主管或相关人员对员工的工作做系统的评估是一种衡量、评价、影响员工工作表现的正式系统以此来揭示员工工作的有效性及其未来工作的潜能从而使员工本身、组织及社会都受益。它可以通过系统的方法、原理来评定和测量员工在职务上的工作行为和工作成果。二是，绩效考核是在工作一段时间或工作完成之后对照工作说明书或绩效标准采用科学的方法检查和评定员工对职务所规定的职责的履行程度、员工个人的发展情况对员工的工作结果进行评价，并将评定结果反馈给员工的过程，以此判断他们是否称职，并以此作为人力资源管理的基本依据，切实保证员工的报酬、晋升、调动、职业技能开发、激励、辞退等项工作的科学性。从现象上来看是对员工工作实绩的考核但它却是组织绩效管理决策和控制不可缺少的机制。三是，绩效考核是对员工的一种评估制度它是通过系统的方法、原理来评定和测量员工在职务上的工作行为和工作效果。

从上述三种论述可以看出，三者的共同点是，绩效考核是对员工的工作结果或工作行为和工作成果的评价。不同的是只有第二种认为是在工作一段时间或工作完成后的考核，体现出考核的时间性，指出是事后考核，考核的依据是工作说明书或绩效标准；同时揭示考核结果必须反馈给员工。只有第一种说明考核的主体是主管或相关人员，考核的目的是衡量、评价员工工作表现，以此来揭示员工工作的有效性及其未来工作的潜能从而使员工本身、组织及社会都受益。

如果我们把以事为中心的绩效考核定义为传统绩效考核，以人为中心的绩效考核定义为现代绩效考核，两者的区别主要在一是前者是单向考核，后者是双向的，管理者与员工是战略伙伴关系；二是在侧重点上，前者注重行为和过程，即所谓没有功劳还有苦劳，没有苦劳还有疲劳，而后者更注重结果，随着员工知识水平的提高，个性的增强，更注重员工创新和自我价值的实现；三是对考核的结果，前者注重惩罚，体现出管理者的权威性，后者注重改善，因为惩罚是手段不是目的，对员工的惩罚所得与组织所受的损失相比，受损失最大的是组织，同时，惩罚并不能有效提高职工的绩效；四是从主管的角色看，前者主管像法官，掌握着对员工惩罚和奖励的权力，后者主管像教练，员工业绩不提高管理者更急，必须像教练一样教员工提高业绩。

高校生存和发展的关键是人员队伍建设，核心是教学、科研和管理队伍建设。高校教学、科研和管理人员以其工作的相对独立性、较强的自主性和较高的学术性及很强的成就动机等显示出该群体的特殊性。现代人力资源管理是指运用现代科学方法，对与一定物力相结合的人力进行合理的培训、组织和调配，使人力、物力经常保持最佳比例，同时对人的思想、心理和行为进行恰当的引导、控制，充分发挥人的主观能动性，使人尽其才，事得其人，人事相宜，以实现组织目标。可见，人力资源管理最关心的是人的问题，其核心是认识人性、尊重人性，强调"以人为本"。高校职工群体的特殊性显示出人力资源开发的巨大潜力。通过人力资源管理可以有效克服高校传统人事管理中出现的教职工的工作积极性不高，工作效率低下，教学科研水平提高较慢，骨干教师流失严重等现象。因此，高校传统的以工作为中心的人事管理有必要向以挖掘人的潜能，发挥教职工专长，加强个性培养，使教职员工与学校共同发展的绩效考核与绩效管理转变。

从绩效一词的组成来看，绩效考核中的"绩"指业绩，主要指工作所取得的成果，"效"主要指效果，即工作的效果。绩效考核可以理解为是对职工工作业绩和工作效果的考核。不同的岗位有不同的职责，绩效应是履行岗位职责所取得的，绩效考核的着眼点是工作岗位，离开工作岗位谈不上绩效考核。不同的工作时间会产生不同的工作成效，工作绩效的考核应是在一定时间内的工作考核。绩效衡量标准是工作岗位的要求，体现出绩效的方向性。效果是工作对象对工作人员工作的反映，只有与员工的工作有关的人员对该员工工作效果才能做出客观反映，所以，对高校教职工工作效果最有发言权的考核主体应包括工作人员的上级、下级、同事、教师所教学生或职工服务对象及教职工自己。

根据人力资源管理理论，高校绩效考核的目的主要在于人力资源的开发，即了解教职工的工作情况，在建立有效的激励机制的同时，还进一步对工作的自身因素和环境因素进行分析，寻求更高的个人业绩和组织业绩。通过培训发展员工的能力，使岗位与能力相匹配，通过岗位转换做到人尽其才等，最终达到个人绩效与组织绩效双赢的效果。

总之，绩效考核是人力资源管理与开发的手段、前提和依据。绩效考核是人力资源管理中很重要的一个环节。高校教职工的绩效考核是"知人"的主要手段，而"知人"是用人和发展人的主要前提和依据即它是学校工资管理、人员晋升，特别是人员合理使用和培训的主要依据，是调动员工积极性的重要环节。

二、高校绩效考核是开发高校人力资源的着力点

（一）绩效考核是为了知人

绩效考核通过对职工工作业绩和工作效果的考核，了解职工的工作能力、工作态度、特长、工作效率、工作质量以及上级、下级、同事、专家及被考核者对其工作业绩和工作效果的全面评价，从而对其工作情况有一个较为全面的了解，了解其工作中长处和不足，了解其在工作中的个人的发展和工作潜力。绩效考核是"知人"的主要手段而"知人"是用人的主要前提和依据，即绩效考核是人力资源管理与开发的手段、前提和依据。高校教学科研和管理人员往往都具有较高的学历，本身所学专业与从事的本职工作有的存在较大的差异，即使专业对口所用的也只是所学专业领域中的很少的一部分，现任工作岗位能否发挥其专长，其特长是什么，这是用好人的关键。所以，高校要充分发挥教职工的积极性、创造性，尤其要重视对人的深入了解，只有知人，才能善用。

绩效主要是在工作中体现出来，考核的内容由各种指标构成：指标制定的主要依据是岗位职责，不同的岗位履行职责的内容和要求不同，所以其指标体系也不一样。一岗一表的考核方法虽然能充分反映其工作实绩，但可操作性不强，考核体系能简化的尽量简化，但过于简化易使考核流于形式。目前高校教职工考核往往都是采用统一的考核表，高校除教学科研工作岗位外，还有众多的管理岗位和教辅工作岗位，考核指标脱离具体工作岗位只能使考核流于形式。由此也不难理解，每年的评优评先进变成了一种福利,由于按比例下达名额小的部门,工作成效无论怎样好也享受不到这种"福利"，这种考核对学校的发展很难起到促进作用，难以调动教职工的积极性和创造性。同时，由于这种评优与职称晋升、暑期休养等挂钩，如此连锁的福利，对学校的发展阻滞作用可想而知。而绩效考核通过每个人工作岗位职责的履行情况对人的工作能力进行分析，一个人工作业绩突出表示其适合这一工作岗位，工作能力强，在这一工作岗位上能充分施展其才华；反之，则表示可能是人岗不相匹配，难以取得工作业绩，或工作环境抑制其才华的施展，或本身能力欠缺。需要指出的是，绩效考核是以工作岗位为视角对员工进行的考核，对于从事本职工作以外的能力则无从考核。绩效考核强调考核中的反馈，通过反馈与考核对象沟通，弥补因单向考核而导致的片面性，以

达到全面地了解人的目的。知人是用人的基础，也是发展人的基础。绩效考核是从岗位工作出发对人的考核，企业通过考核来了解员工，决定人力资源开发的计划与政策，决定对不同的员工采取不同的培训方法给以不同的薪金。同样，学校的绩效考核对开发人力资源具有重要意义，可以利用考核信息来激励、引导、帮助员工提高能力，提高绩效，端正态度，使员工从怕考核变成要考核，考核找差距找问题，是为了部门健康成长，能超越自我，给职工以更强的竞争力，给集体以更强的竞争力，所以，考核无论对个人和对集体都是一种福利。

（二）绩效考核是为了人的发展

传统人事管理的特点是以"事"为中心，实质是泰勒的"人是经济人"的思想，用的是泰勒科学管理模式，其结果是制定工作定额，增加工资、奖金，实行严格管理。要求每个职工一定要把本职工作做好，把工作摆在首位，只有工作好才表示工作能力强，才能获得高工资、津贴和奖励，考核及管理成为控制人的一种手段，考核只停留在获取考核结果上，而更深层次地对考核结果进行内因与外因的分析、制定进一步提高个人绩效和组织绩效的措施，则考虑得很少或根本没有考虑，也就是说没有通过考核来制订培训计划，忽视了促进人的发展等更高层次的工作。忽视了员工的积极性除受物质条件影响，还受到社会和心理因素的影响，如此考核只能给职工更大的压力，不利于其创造性和主动性的发挥，容易把人考死、考僵。

现代人力资源管理以"人"为核心，管理的出发点是着眼于人，目的是使单位取得最佳经济和社会效益。其实质是现代管理之父巴纳德的人本主义思想，人是社会的人，采用行为科学理论，开发人力资源。绩效考核的为了人的发展功能主要表现在两方面一方面组织利用绩效考核过程和考核结果来帮助员工，分析绩效不高的原因，排除各种不利因素，促使员工在绩效、行为、能力、责任等多方面得到切实地提高。人力资源部根据考核的结果制订培训计划达到有针对性地提高全体员工素质的目的以推动学校各项事业的发展同时，还可以发现员工的长处和特点根据其特点决定培养方向和使用办法充分发挥个人的长处促进个人的发展。另一方面个人通过考核了解自己的长处与不足知道领导与同事对自己的看法以便扬长避短在工作中不断学习提高自己的能力。考核不单纯是决定员工奖金多少、职级升降，而主要是促使每个员工奋发向上并帮助员工发展的重要手段，如同对员工的体检。

由于高校教职工都有很强的成就动机，为提高个人的工作业绩进行的考核与培训，对加强师资队伍建设，提高学校整体办学水平具有重要意义。而传统的人事管理却往往背离绩效考核的目的绩效考核只是用来评价员工的工作状况，已降格为只是决定工资提升与否、奖金发放多少的凭证，改善绩效功能的弱化和残缺使得考核体系存在的价值大为降低。

（三）绩效考核是为了人岗匹配

绩效考核的标准是针对岗位来确定的，而不是针对某人而言的。绩效考核是以岗位职责为依据，对员工履行岗位职责情况进行的考核，如果一个人工作能力很强，但业绩不理想，原因可能有多种，一种是工作条件和其他环境不利于工作的开展，一种是人际关系紧张，也有可能是工作岗位不适合其能力的发挥，即能力与工作不匹配，通过转换工作岗位往往可以取得好的绩效。绩效考核是为了给每个岗位匹配找到最适合的人和让每个员工找到最适合的岗位。

"垃圾只是放错了地方的财富"，善于用人，是一个单位一个部门成功的关键。绩效考核识人的目的是用人，把人放到最能发挥其专长的岗位。为了使每一个员工能在最适合自己的岗位工作，有人提出，绩效考核应对员工进行适应性评价，即对人岗匹配，可以每隔几年评价一次。尤其是对刚应聘来工作的毕业生，工作一年后要进行一次适应性评价。其做法是人力资源部将适应性评价申请表下发到各部门，与有意转岗的员工面谈，根据其自身特长与潜力，做到人岗的最佳匹配。高校干部的换岗锻炼，是干部在工作中提高各方面能力的重要途径，如何使更多的人找到最能发挥其才能的工作岗位，是人事管理向人力资源管理转变的重要方面。但高校中传统的人事管理在考核中缺少与考核对象的沟通没有建立起反馈机制，也没有根据考核结果对职工进行培训的机制，甚至在考核指标中很少涉及具体工作岗位，考核结果难以反映出工作岗位职责的履行情况，年终总结性的考核也往往流于形式。

（四）绩效考核是为了达到组织和个人发展的"双赢"

绩效考核既是一种正式的员工评估制度也是管理者与员工之间沟通的一项重要活动，其最终目的是改善员工的工作表现在实现组织目标的同时提高员工的满意程度和未来的成就感最终达到组织和个人发展的"双赢"。绩效考核强调组织与考核对象的沟通，更强调实现个人与组织的共同发展，所以发展是考核的主线。

高校传统的人事管理把人作为一种成本，即作为一种完成某项工作履行某种职责的工具，不少教师称自己为讲课机器，学校注重投入、使用和控制；而现代人力资源管理把人作为一种资源，注重开发和保护。根据现代管理思想，考核的首要目的是对管理过程的一种控制，其核心是了解和检查员工的绩效以及组织的绩效，并通过结果的反馈实现员工绩效的提高和组织管理的改善。人力资源管理中衡量绩效总的原则在于是否使个人的工作成果最大化是否有助于提高组织效率。个人的工作成果最大化一般都有助于提高组织效率。对个人的工作绩效评价必须以有助于提高组织效率为前提否则就谈不上好的工作绩效。

绩效考核使工作过程保持合理的数量、质量、进度和协作关系使各项管理工作能够按计划进行。对员工本人来说也是一种引导手段使员工时时牢记自己的工作职责从而提高员工按照规章制度工作的自觉性。

（五）绩效考核可采用各种方法实现不同的目的

绩效考核是人力资源管理中主要的评价和控制手段。为全面了解员工的工作绩效，人们提出了各种考核方法，如员工比较评价法、行为对照表法、关键事件法、等级鉴定法、目标管理评价法、行为锚定评价法等。这些方法各有千秋，有的方法适用于将业绩考核结果用于职工奖金的分配，但可能难以指导被考核者识别能力上的欠缺；而有的方法可能非常适合利用业绩考核结果来指导学校制订培训计划，但却不适合于平衡各方利益。所以，为了实现人事管理的各种目的可采用不同的绩效考核方法。

由于员工的绩效是多方面多层次的，所以绩效考核的各种方法都有其长处和不足。绩效考核各种功能的实现必须依赖于特定的考核方法，但不管何种方法，绩效考核反映的都是对员工单位所做的贡献的多少，因此将考核的结果作为确定员工晋升与否、奖惩和各种利益分配的依据是科学合理的。但仅把考核定位于确定利益分配的依据，尽管这确实会对员工带来一定的激励，但考核在员工心目中的被看作一种管、卡、压的方式，从而产生心理上的压力，或使考核流于形式。

三、绩效考核方法

一般来讲，绩效考核工作要做到以下几点。

（一）建立绩效考核的指标体系

建立绩效考核指标体系的核心是考核内容的合理确定。本文吸收了传统的从德、勤、技、能四个方面进行考核的思想，主要从三个方面对员工工作绩效进行考核，即员工所处岗位的性质，员工在这一岗位上工作业绩，以及员工的个人素质。

1. 员工所处岗位的性质

员工的工作能力和努力程度对工作绩效的影响在一定程度上受岗位性质和工作环境等因素的制约。工作岗位的不同会造成对员工考核的误差。为克服这一误差，本方案引入了岗位重要性指标体系。对员工所处工作岗位的重要性进行测量，员工取得的成绩与其承担的工作责任和工作风险相结合，对关键岗位和对非关键岗位的评分体现出合理的差别。岗位重要性指标体系所包含的子指标主要有对工作结果的负责程度、工作决定的影响范围、完成工作的方法步骤、直接监督人员的层次、工作风险和工作压力。

2. 工作业绩

工作业绩考核是用计划目标水平（任务标准）去检查员工在预定期限内完成任务的情况。该项考核的重点在于产出和贡献，而不关心行为和过程。工作业绩指标体系所包含的子指标主要有工作质量、工作量、工作效率和工作考勤。

3. 员工个人素质

对员工个人素质进行考核，主要是从单位长期发展的角度来考察员工对本职工作的胜任程度。考核员工个人素质，不仅可以使员工了解自身存在的不足，并不断加以改进，还可以使领导了解本单位整体的人力资源状况，并以此制定提高员工整体素质的措施。例如制订培训计划和引进人才等。对员工素质的考核主要从工作能力、个人品德和知识能力三个方面进行。工作能力考核的具体指标为领导能力、创新能力、应变能力、协调能力、决策能力、执行能力和理解能力。个人品德考核的具体指标为事业心与责任感、思想水平、道德品质、人际关系和遵纪守法情况。知识能力考核的具体指标有知识支撑能力、知识运用能力、知识学习能力和知识促进其发展的潜力。

对上述的各项指标进行分析，找到各指标间的相互关系，进而建立层次结构模型，并在此基础上，确定考核指标的权重。为提高考核结果的可比性与客观性，可采用层次分析法或专家打分法。在具体确定考核指标权重的过程中，应广泛征求各类人员的意见后确定相对重要性系数，从而使这套指标体系的应用得到员工的充分认可。

（二）定性与定量结合

任何一个考核制度都不可能尽善尽美，有些考核标准无法量化，难以把握，特别是素质评价和工作质量评价都带有一定的主观成分。由于评分者的德、能、识存在各种各样的局限性，而考核制度本身又要求众人按照统一标准来评议被评议者，这样会或多或少存在某种缺陷，最终影响到考核结果的客观与公正。这个问题的解决是一个系统工程，不是任何一个单一的措施所能做到的。为此，必须处理好定性与定量的关系。在评价方法上，有定性的评价和定量的评价。一般对业绩的评价可以定量，对素质的评价只能以定性为主。定量评价比较客观且准确，而定性评价的主观性和模糊性比较明显。为了解决评价的客观性及准确性矛盾，一方面对业绩和素质二者考评，侧重于客观和准确评价的业绩考核；另一方面要采用数学工具来实现模态转换，即在素质考核中，量化各项考核指标，以提高其客观性和准确性。考绩与考评必须先分后合。业绩是短线考察项目，素质是长线考察项目，应该明确分工，先分后合。每月考察业绩，年终评定素质，最后按照一定比例综合形成干部员工的全年得分。这样，可以在业绩评价中克服评分者年终笼统凭印象评分所造成的主观性。定性的评价方法也多种多样，而且各有利弊。一般地讲，直接上级的考评比较细致和准确，但容易失之过宽；间接上级的考评，比较客观公正，但准确性较差；自我评估有利于上级深入了解被评者的具体情况，调动员工自我管理的积极性，但也容易失之过宽；下级的评分，虽说比较准确，但一般也有过宽的弊病；同级和协作部门的考评，会造成激烈竞争的局面，但又容易失之过严；外聘权威评价部门的考评，不言而喻，客观公正性虽说较好，然而不可避免地会有隔帘问诊隔靴搔痒之弊。总之，没有任何一种考评形式是十全十美的，只能凭借数学工具，通过它们之间的一定比例的互相牵制，才能使总的评价尽可能地做到客观、公正和准确。

考核只能是定性考核，无法量化。在传统的人事管理中，员工考核不但被严重地弱化，而且考核的方法也只限于定性的描述。如采取述职报告的方式，对员工进行"优秀、良好、称职、不称职"的评价。这只是一种非常传统的考核方法。在实际操作中，定性化的考核虽然也有它的特点，但不易区分每个员工的具体业绩情况，不容易分出优劣次序，容易造成形式化或走过场。这种考核，也只能是一种形式化的考核。经常采取这种考核方法，员工可能会产生无所谓的心理，久而久之，考核变得可有可无了。

（三）过程考核与年终考核并举

考核是为了激励与提高员工的工作积极性，所以考核结论要及时反馈给被评人。表现好的要及时给予肯定表扬，表现不好的应及时提醒。到了年终考核时，所有的评价都是根据平时的表现而定，这样不仅有说服力，而且人力资源部门的工作也不会繁杂。

（四）标准科学化

考核标准不能根据实际情况的变化而修改，而是多年沿用，一成不变，这是考核的一大缺陷，是科学考核最为忌讳的。考核标准的单一化还表现在对被考核者没有进行分类考核，不是按照个人所从事岗位的特点，采取不同的考核方式，而是运用统一的标准和统一的表格进行考核。这种考核即使能取得一定的效果，也只是侥幸得逞。

（五）正确运用360度考核

在人力资源考核中，360度考核是一种很好的考核方式。360度考核是在考核领导和员工为了自我发展及自我提高时使用。考核者是上级、下级或同事，是让某一员工熟悉的周边同事对其进行评价。其前提是考核者要熟悉被考核者。360度是周边人士要了解圆心——被考核者的日常工作职责，了解其日常工作状况。也可由被考核者自己在周边同事中选择几个人来做评价。对于考核的结果由外面的专业机构来分析，这样可以保证结果的客观性与科学性。这种考核不用担心考核者与被考核者之间的关系如何，考核结果客观真实。因为这种考核是为了发现员工自己的不足，找到完善自己的方式。倘若让不了解该员工的人去进行评价，其结果可想而知。

（六）注意考核的经济性和效益性

在传统的人事管理中，成本观念和经济观念非常薄弱，很少有人对人事管理的效率进行投入产出的经济性分析，认为人事部门只是一种成本部门。在这种观念指导下的人事考核乃至一切人事管理活动，都没有一个效益观念。在此观念的指导下，很多单位为了考核而考核，兴师动众，花费了不少的时间，耗掉不少精力、财力和物力，却效果甚微。与此截然相反的是，现代人力资源管理引入了成本—效益观念。认为人力资源管理活动同其他各项企业管理活动一样，其最终目的都是创造价值，增进收益。科学考核的目的是增强员工的凝聚力，引入竞争机制和激励机制，从而间接地增进单位的经济效益。

（七）绩效考核结果的反馈

考核是一种手段，不是目的。考核能提供很多有用的信息，但是决不能仅依据考核结果就对员工盖棺定论，而应该把考核结果作为更好地了解员工的手段。考核结果出来之后，应给员工提供持续性的反馈，使员工了解自己的业绩状况和考核结果。同时，创造一个公开的通畅的双向沟通环境，使考评者与被考评者能就考核结果进行及时的有效的交流，并在此基础上制订员工未来事业发展计划。一个比较可行的方式是建立评价会见机制。这样，绩效考核才能真正发挥其效用，提高员工的素质，实现组织发展目标。反之，会极大地打击员工参与考核的积极性，逐渐对考核产生一种逆反心理，消极对待考核。

总之，员工考核作为现代人力资源管理的一项重要内容，它涉及员工的切身利益，在实践操作中必须认真、严谨、科学、细致地进行，以达到员工考核的真正效果。

第二节　应用型高校教师现行绩效考核的系统性缺陷分析

自 1996 年我国高等院校开始扩招以来，至今的十几年时间里，全国在校本专科学生人数迅速增长，我国加入 WTO 与世界接轨，各高等院校对教师的数量和质量的要求也在发生着变化。如何对高校的主体——教师，进行规范合理的绩效考核，为高等教育的发展提供强大动力，便成为一个突出问题。合理的教师绩效考核体制，不仅可以保证高校长期计划的实现，推动学术理论建设和人才培养，还能够挖掘教师的个人潜能，促进教师队伍结构优化，等等。如何在现有人力资源条件下，最大限度地调动高校教师的积极性、能动性、创造性，使人力资源的配置处于最优状态应该成为高校人力资源管理部门的根本任务。

一、我国高校教师绩效考核现状

我国高校经过几十年的发展,其组织机构的运作程序与我国的经济体制吻合良好,但是,随着我国经济体制发生的根本性变化,与其吻合的组织机构也变得不再吻合。对于高校来说,如何建立科学、合理、高效的绩效考核体系,如今已显得不可或缺。在人力资源管理的各个环节中,绩效考核的地位却常被人们忽视,因为它既不如薪酬、培训那样来得直接,也不比工作分析那样明白易行。而实际上绩效考核是人力资源管理中非常重要、复杂和关键的一环,不可轻视。

(一)现行主要的绩效考核方法

1. 年度考核表法

年度考核表是由学校主管部门统一制定,分为教师和职员两种,在年终前由教职工本人认真填写。教师根据自己完成的年度教学任务,科研工作以及参加学术团体等情况以述职报告的形式进行叙述性填写。然后交由主管领导写评语和评级,每位教师对自己的最后评价结果并不十分清楚,该结果一般是在评审职称时作为参考。

2. 教学与科研两方面考核

这种方法存在一定片面性,考核形式简单,内容单一。教师的工作不只涉及教学和科研两方面,其实还有许多是不为人知且无法衡量的,比如备课的工作量、批改作业的工作量、查阅资料的工作量等。

3. 上级定性为主的考核法

这种方法一般是由各院系的专家、领导组成一个考核小组,对该院系的所有教师的自评、学生测评的结果进行分析汇总后得出一个最后结论。在考核的时候,领导们常常感到左右为难。

(二)绩效指标的量化

要考核绩效自然就涉及指标的问题,在大多数高校都以公开发表的论文数、课时数、专著数及科研经费等可量化指标作为对教师绩效考核的依据。在合理量化的前提下,这样做显然有利于增强考核的刚性,减少考核中的人为干扰,避免考核流于形式,体现客观、公正与公平的原则。

(三)绩效考核结果的处理

如何将考评结果应用于实际,是高校教师和高校管理者共同关注的问题。最直接的表现是在薪酬上。绩效反馈沟通上也缺乏一些技巧。领导们很难把握住他所管辖下的每一位教师的心态，所以有时候虽然进行了反馈面谈但是教师的实际绩效并没有明显的改进，并且领导也没有过多的时间去再次审查是否真正有所改观。

二、我国高校教师绩效考核存在的主要问题

（一）缺乏明确的目的和正确的态度

目前，我国衡量高校教师教学水平和学术水准的最主要标志之一是职称的高低，而多年来我国教师职称评定都是终身制和单一制，缺乏激励因子。原本应作为提高工作效率，加快高校发展的手段的绩效考核，往往被沦为发放年终奖金的标准。

（二）时间方法不当导致结果失真

对于高校教师，可划分为教授、副教授、讲师、助教及试用期的教师等。他们有的主要从事教学工作，有的更热衷于学术研究，有的则是两者兼而有之，还有的对行政工作更有兴趣。如果对这些教师都用一把尺子来衡量，很显然是不合理的。

（三）考核标准设计不够合理

教学和科研是对高校教师绩效考核的两大重点内容，学科性质的差异对教学方式有一定影响。艺术类和体育类课程更适合个别化的辅导式教学；社会科学和一些人文类的课程更适合自由讨论式的教学；而一些形式化程度较高的学科，往往需要课堂讲授并配合一定量的习题训练，所以对所有学科是不能采用统一标准的。

（四）反馈不当，改进不大

考核工作一旦结束之后，就应立刻着手安排"兑现"，好的要奖励，差的要改正，正所谓"趁热打铁"。另外，绩效考核的结果要与教师第二年的薪酬、培训、晋升、工作调动等挂钩，以起到持续监督的作用。

目前我国有关高校教师绩效考核的研究，主要是从企业人力资源管理的角度，结合企业管理中的一些绩效理念，来构建一个基本的考核体系，强调人本管理，注重基本原则，将各种先进的管理方法和手段加以综合。

第三节 应用型高校教师多维绩效考核原则

高校开展教师绩效考核对促进学科的建设和发展，提高师资队伍的整体水平具有

非常重要的作用。考核的目的概括起来主要体现在四个方面：一是评价教师的业务水平和工作业绩；二是为教师的职务晋升、岗位聘任、调薪和奖惩提供依据；三是为教师的合理使用和培养提供依据；四是调动教师的积极性和创造性。随着高校岗位设置管理工作的逐步实施，将高校全员聘用制工作推向了新的阶段。这其中对高校教师绩效考核提出了更高的要求。围绕着新时期加强教师队伍建设，促进学科的建设与发展，促进教育资源的整体优化，高校在国家相关政策的指导下，在教师绩效考核方面开展了有益的尝试，如设计量化考核指标体系，将教师的绩效考核与岗位聘任相结合与收入分配机制相结合等。我们应当看到，一方面，高校在教师绩效考核方面进行的有益尝试在很大程度上激活了教师队伍的活力，使教师的政治素质、业务素质有了较大的提高，推动了高校的进一步发展；另一方面，我们还应看到，在教师的绩效考核问题上依然存在不够严细的现象，甚至有些高校没有达到预期的效果，出现了"投入大、收效小"的局面。综合分析理论与实践两方面的状况，尽管现有研究从微观操作的角度对于教师绩效考核的指标和评价方案等提出不少建议和创新，在宏观指导思想上也有所论述，但对中观层面上能够连接指导思想和考核指标方法的考核原则的研究还比较薄弱。为此，将主要利用现代人力资源管理的理论，对教师绩效考核的原则做进一步探讨。

通过对全国十余所不同类型的高校在教师业绩考核和分配机制改革方面实践活动和成果的走访、电话咨询或资料收集，了解其执行中的成功经验和存在障碍，剖析他们在实践中的共同特征，并以现代人力资源管理理论为指导，我们认为，我国现阶段实施教师业绩考核和分配机制改革应遵循以下一些基本原则。

一、激励与约束对等原则

按照现代人力资源管理的基本原理，任何一个岗位的义务和利益应当是对称的。因此，对教师的工作业绩考核应当同时考虑激励和约束两个方面。业绩考核的结果直接与收入分配挂钩，充分体现按劳分配、优劳优酬的原则。对考核结果优秀的教师要给予奖励，但同时对不同岗位的教师也要规定其应完成最低工作量标准。目前由于考核方式的可操作性差等原因，很多学校的业绩考核仅仅停留在"激励"一个方面，而对"约束"方面碍于情面等人为因素和方案的可操作性不强而不加考虑。

二、全面考核原则与相关性原则

作为一名教师，每一个人都应当对学校负有三方面的义务：教学任务、科研任务和公共服务任务（包括学科建设、人才建设等）。目前大部分学校对教师工作业绩的基本考核仅仅局限在教学工作方面，而将科研工作的成绩考核按照"锦上添花"方式进行（只奖励、不约束），至于"公共服务工作"则根本不予考虑。这种现状在很大程度上是由于"教学""科研""公共服务"三者的定量考核依次变得困难，并且人们在它们的可比性方面没有进行足够的研究。然而，这种现状极大地影响了教师的工作积极性。对科研只奖励不约束的做法导致一些教师产生机会主义倾向：如果从学校得到的科研奖励报酬低于花费同样的精力在校外兼职工作（讲课、咨询等）所得，或者低于在校内从事教学工作的报酬，则他们将倾向于放弃科研工作，导致学校学术发展迟缓，社会和学术影响力减弱；如果对教师在公共服务工作方面没有业绩要求，则将导致一些教师不关心学校的事业发展（如学科建设、梯队建设等），使学校逐步丧失事业凝聚力。本文的基本观点是，在保证学校完成全部教学任务、不断提高教学质量的前提下，鼓励教师从事学科研究活动和公共管理服务，以全面提升学校的学术竞争力。

全面考核的另一层意思是：在教学、科研和公共服务三个方面分别也要考察多个侧面。对于教学，要考核数量、质量、学生指导和教学创新性等；对科研要考察科研投入（经费、立项等）、科研成果（论著、获奖、专利、鉴定等）、学术影响（担任国内外重要学术职务、主持国内外重要学术会议、担任国内外重要学术期刊编委等）等；对公共服务的考核要涉及学科建设、梯队培养、学术交流、教书育人等。

相关性原则指的是考核内容应同学校事业发展相关，业绩考核与收入分配改革的根本目的在于促进学校事业发展，而不是仅仅停留在给教师发放福利，更不是吃平均主义"大锅饭"。通俗地说，收入分配改革只向那些对学校事业发展有所贡献的工作业绩进行倾斜，对于延缓学校事业发展甚至损害学校形象的行为不仅不能奖励，还要给予约束和必要的惩罚。

三、恰当地定量化原则

为了使考核活动更加具有实际可操作性，建议采用对各类业绩评分的方式来考核教师的业绩。根据全面考核原则，在对教师的业绩测算中，应当注意每一个人在教学、科研和公共服务业绩三方面的均衡，每一方面单项业绩有一个"最低单项绩点"。这样，就不会造成某些教师只承担教学工作，从不做科研；而另外一些教师只做科研，从不承担教学工作。此外，对每一个教师都有的最低公共服务绩点要求，将增加教师对学校事业的关心程度，提高学校的凝聚力。同时，对公共服务业绩的认可，将客观地承认教师在管理工作中的付出，更好地调动他们的积极性，增强学校的凝聚力。同时也使专业学院院长、系部主任在管理工作中有真正到位的精力和时间投入。现代高校的基本任务一是培养人才，二是创造知识。因此，无论研究型还是教学型大学，对教师的业绩要求都应当在教学、科研和公共服务三方面是均衡的。其差异仅在于三方面的权重不同。但是目前一些学校（即便是研究型大学）在业绩考核的过程中仅仅关注最容易定量考核的教学工作，而将量化困难的科研、公共服务工作放到事实上不重要的地位，甚至根本不加以考核。应当指出的是，定量化能够使考核工作精确化，但并不能一定保证考核工作的科学化。因此，制定定量标准是必要的，但如何使用这种标准就需要更深入、更切合具体单位实际地研究。任何"一刀切"式的"粗暴的定量主义"行为都只能适得其反。

四、学术自由与个性化原则

对于教师各个岗位而言，上述定量考核应当仅仅规定其必须完成的各项工作（教学、科研和公共服务）的最低绩点，更重要的是应当为每一个教师预留相当大的弹性工作时间。马克思曾经说过，自由是创造的前提。在业绩考核中设计这种弹性框架的目的正是在于为教师提供必要的学术自由和灵活性，他们可以根据自己的兴趣和特长、实际工作需要等情况，在一定程度上自由地选择从事教学、科研和公共服务的任意组合，从而使自己的劳动付出获得最大的收益。现在流行的考核方式往往忽视了这种十分重要的灵活性，其原因并不在于灵活性本身不重要，而是引入灵活性后会使考核的难度增加，而人们对此普遍缺乏研究。当然，为了保证学校的教学工作的完成，还必须要求每一个教师必须服从学校对其教学工作量的合理安排，并把这种服从看作完成最低公共服务工作的前提。

学术自由的原则还体现在考核期的长短和考核指标的时间跨度上。太短的考核周期将扼杀学术自由，使教师只重数量不顾质量；而太长的考核期又可能引发一些不那么敬业的教师的机会主义倾向。因此，参考目前国内一些学校的做法，以三年为一个考核周期比较适宜，并在每一年年末进行中期业绩检查，给予提示。考核指标也主要以考核周期中的"年平均"指标来表示。这一点也是一种创新，因为国内大部分学校现行的考核期都是一年，而国外学校的考核期则比较长一些。

考虑到每一个教师都有其不同的特点，对于在同一种岗位上的不同教师，其每一个"最低单项绩点"可以略有不同，但其分项绩点总和必须是一致的。我们可以粗略地将教师分成五种类型：主要从事科研的"科研型"教师、各专业系中普通的"专业型"教师、主要承担基础性课程教学的"基础型"教师、承担有院长、系主任等行政管理工作的"管理型"教师、目前正在攻读博士学位的"在学型"教师。其各自的教学、科研和公共服务的最低分数要求应当是不同的，因为他们所从事的工作性质不同，对业绩的考核应当充分考虑到每个教师工作的个性。

一个基本的设计是：对于同样的岗位，在单项最低绩点之和相同的前提下，对上述五种不同类型的人员分别确定不同的"最低单项绩点"。对于每一个具体的教师的具体单项分数要求，应当由其聘任者根据实际情况，在学校所制定的岗位职责指南的原则基础上具体确定。当实际单项分数要求与指南有显著的差异时，制定该要求的聘任者必须向有关上级给出令人信服的说明。这种具有弹性的业绩要求制定方式是一种创新，因为迄今为止，大多数学校的业绩考核方式还是"一刀切"的简单方式，没有真正考虑到个体差异和实际工作的需求，而本文的这种设计则可以在灵活性和规范性之间取得一种平衡。

五、长期和短期利益结合的原则

对教师业绩考核结果的使用应当同对教师的长期和短期的激励与约束紧密结合。与考核结果相挂钩的激励和约束的工具可以有短期工具（岗位津贴发放、年度一次性奖励等）、中期工具（下次岗位聘任权、住各汽车购置补贴等）、长期工具（尝校设立的各种退休后方可支取的长期奖励基金、职称晋升权等）。很多学校在考核业绩结果的使用时往往只考虑了岗位津贴等短期工具，容易导致教师产生短期行为。

六、学术团队建设原则

学校事业的发展主要靠具有学术竞争力的梯队。因此，任何一种业绩考核设计都应当把有利于建设若干由学术带头人所领导的精英团队作为重要目标。为了体现这种思想，第一，所设计的每一个教师岗位并不唯一地对应某个职称，每一个岗位都可以在一定程度上由具有不同职称的教师来参加竞聘，从而调动全体教师（特别是年轻教师）的积极性，有利于拔尖人才的脱颖而出；第二，对于以群体方式参与重要科研活动的教师，适当地承认那些"非第一人"的教师的工作成绩。

七、诚信原则

业绩评估的有效性取决于每一个教师申报的业绩评估材料的真实性。为了提倡学术诚信，在进行业绩考核时，采取以下基本考核步骤：教师自己填写考核表；各个专业院、系负责审查每个教师考核表的真实性；学校有关部门随机抽查经院长或系主任签署意见的考核表，并对其真实性做出判断。在这个过程中，所有真实性审查的结果都将作为对被抽查教师、院长或系部主任的业绩考核结果的重要依据之一。

八、逐步优化原则

对教师业绩的定量考核，其基础是对不同性质的工作进行度量，使之具有相互可比性。这个工作是一项困难的任务，不可能一次性完成，需要经过实践的检验和校正，通过各类工作量的"供给"和"需求"的动态均衡来完成。在初始方案的基础上，通过征求教师的合理意见，实践检验等逐步优化各项工作量之间的相对比例关系，从而正确地引导教师优化自己的工作量组合，在获得个人最大收益的同时使学校的事业也得到均衡和高速的发展。

九、可操作性原则

制定考核标准的目的是进行考核。过去常常发生的情况是标准制定了不少，但无法进行实际的考核操作，究其原因，大多是缺少规范、可操作的考核程序和方法。因此，在进行业绩考核时，除了制定考核标准之外，另一项更重要的工作是制定考核的操作办法、设计和建立业绩考核的组织机构并规定其各自的功能职责和它们之间的协调合作关系。

十、特色原则

开展业绩考核，需要进行教师岗位设置、制定岗位聘任条件和岗位职责。由于各高校发展的历史和水平不尽相同，因此在制定政策和办法时要与本校的实际情况相结合，要考虑到学校本身的发展定位问题，特别是在教师的岗位设置方面要体现自身的特色，切忌照搬照抄；在制定岗位聘任条件、岗位职责时即不能降低标准，也不能高不可攀，要充分考虑本校现有教师队伍的实际水平。同时，由于中国现阶段还未实行高校高层管理者和管理职员的"职业化"制度等严格管理，在制定考核标准时也应当注意到各个学校在这些方面的实践特征。

第四节　应用型高校教师多维绩效考核系统

一、高校绩效考核的现实意义

作为人力资源管理的一个重要组成部分,绩效考核不仅是对员工工作实绩的考核,而且是组织进行管理、决策和控制不可缺少的机制。绩效考核指的是对工作行为的测量过程,即对照工作目标或绩效标准,采用科学的定性和定量的方法,评定员工的工作目标完成情况、员工的工作职责履行程度、员工的发展情况等,并且将上述评定结果反馈给员工的过程。

教师考核能够较全面地了解教师的实际状况,反映教师队伍的整体素质和水平。同时,也是对教师管理水平和效益的鉴定,使管理人员更加清楚地知道工作中的问题和差距,及时采取相应措施,解决各个工作环节中暴露的问题,不断改进和完善管理工作。通过考核,教师管理部门能够了解教师岗位需要与教师个体水平是否相适应,教师队伍整体结构组合是否优化合理,教师的工作质量是否符合要求,教师的培训计划是否收到理想的效果,等等。

教育的投资再大,硬件再好,如果没有高质量的教师,学校的办学质量也无法提高。加强教师队伍建设,是提高学校教学、科研水平和人才培养质量的关键,就学校而言,其教师个体素质的高低和整体水平的强弱,直接关系到办学效益的优劣。提高教师素质,加强队伍建设,要采取各种措施,运用各种方式,而通过科学、公正、严格的考核,客观地、准确地、权威地评价教师个体的和整体的能力和水平,则是一切工作的前提。

二、我国高校绩效考核工作中存在的问题

(一)考核制度存在不足

目前高校普遍在进行人事制度改革,针对教师的考核体系正处于探索阶段,这样就造成了高校在考核过程中只重过程忽视结果、只重量而忽视质;而且考核者缺乏明确的考核目的,主要是为了年底发放津贴,考核制度发挥不出预期的激励作用,发挥不出其在管理方面应有的效能。教师对绩效考核工作的意义和作用缺乏认识,对待考核缺乏认真的态度,应付考核,缺乏主观能动性,使绩效考核失去应有的作用。

（二）缺乏科学、明确的绩效考核指标体系

虽然绩效指标体系在考核评价中具有十分重要的作用和意义，但是在实践中要科学地设计一套合理指标体系却是一个不容易实现的目标。考核指标的制定应该与学校自身特点和学校发展战略目标相结合，这样才能将教师的发展与组织的发展结合起来，有些高校设计的指标体系太简单，并不能全面考察教师的综合绩效；有些又过于烦琐，要求过于苛刻，使得教师只注重完成任务，而在创新和提升自身方面顾及不多。这样就造成了考核指标体系不能与实际工作情况相适应，缺乏全面性与可操作性。

（三）考核周期设置不合理

目前我国各高校的绩效考核多是一年一次，而事实上从所考核的绩效指标来看，不同的绩效考核指标需要不同的考核周期。对于任务绩效的指标，可能需要较短的考核周期。由于在较短的时间内，考核者对被考核者在短时间的工作效果上有较明确、清晰的记录和印象，如果等到年底再进行的话，就只有凭主观印象了。同时，对工作的效果及时进行评价和反馈，有利于及时地改进工作，提高工作效率。对于素质绩效的指标，则适合于在相对较长的时间进行考核。因为这些关于个人表现的指标具有相对的稳定性，需要较长时间才能得出结论。

（四）绩效考核重数量轻质量

各高校的绩效考核体系都在进行量化工作，希望制定出量化程度高，甚至是全部量化的绩效考核指标体系，这应该说是一个进步，因为量化的考核指标在很大程度上可避免人为因素，相对来说比较公平。但过高的量化标准使得教师单纯地追求数量而忽视质量。教师的薪酬是根据教师本人当年所完成的教学课时数发放的，教师更多地关注教学数量的完成，较少关注教学质量的提高和教学方法的改进，这样就失去了绩效考核的作用。

（五）对考核结果缺乏反馈和合理运用

绩效考核工程应该是双向的，甚至是多向的，应该及时地沟通与反馈。考核的最终目的并不仅仅是制定各项人事决策，更重要的是要发现问题找出不足，明确今后改进方向。但目前各高校考核信息不能及时准确地反馈，造成教师对考核体系缺乏理解，甚至产生抵触，很少真正对绩效考核的结果进行认真客观的分析。

考核部门不对教师进行考核结果的反馈或反馈的很简单，不运用反馈结果来对教师进行奖惩、激励和师资的优化配置，考核结果的反馈大多只体现在课时量的奖金上，没有真正利用考核过程和考核结果来帮助教师在绩效、行为、责任、能力等方面得到

切实有效的提升，片面地追求考核的形式，考核结束后有问题的教师仍然没有提高，业绩突出的教师得不到及时的激励，那么教师就会产生消极、懈怠的心理，从而影响整体学校健康的发展。

三、构建科学、系统的高校绩效考核体系的研究

（一）对高校教师的评估要做到定量与定性相结合

一般对业绩的考核可以定量，对素质的考核只能以定性为主。定量考核比较客观准确，而定性评价的主观性和模糊性比较明显。为了解决考核的客观性及准确性的矛盾，一方面对业绩和素质二者考核，侧重客观和准确的业绩考核；另一方面要采用数学工具来实现模态转换，即在素质考核中，量化各项考核指标，以提高其客观性和准确性。考绩与考评必须先分后合。业绩是短线考察项目，素质是长线考察项目，应该明确分工，先分后合。每月考察业绩，年终评定素质，最后按照一定比例综合形成教师的全年得分。这样可以在业绩考核中克服评分者年终笼统凭印象评分所造成的主观性。

定性的考核方法也多种多样，而且各有利弊。一般地讲，直接上级的考评比较细致和准确，但尺度容易过宽；间接上的考评，比较客观公正，但准确性较差；自我评价有利于上级深入了解被考核者的具体情况，调动教师自我管理的积极性，但也容易要求过松；同级和协作部门的考评，会造成激烈竞争的局面，但又容易过严；外聘权威评价部门的考评，客观公正性较好，然而缺乏深入了解，意义不大。总之，没有任何一种考评形式是十全十美的，只能凭借数学工具，通过它们之间的一定比例的互相牵制，才能使总的评价尽可能地做到客观、公正和准确。

（二）对不同学科的教师应采用不同的业绩考核办法

一所高校往往包含许多学科，由于各学科存在差异性，其研究探索的途径、方法、研究周期的长短，获得成果的形式都各不相同。因此，不能用统一的标准去考核所有学科的教师，这样有失公平。当然也不可能每个学科都制定一个评估指标体系，这样无法统一。对人文社会科学的考核要侧重于研究成果的质量，要正视其客观存在的研究周期。否则，论文或著作要求的数量越多或赋予每本书籍字数的分值越高，都会引导教师一味追求出书和数量而放弃质量。所以，对人文社会学科教师的绩效考核不应要求其在短期内必须出多少成果，要给予他们充分的积累时间。

（三）对不同的教师采用不同的考核期限

大多数高校教师事业心强，对自己的教学和科研孜孜不倦，特别是一些连续几年

考核都是优良，且长期从事教学、科研岗位工作并取得一定成果的教师，应为他们提供一个比较宽松的科研环境。因此，可采用三至五年考核一次的办法。当然，对于一些事业心不强，不刻苦钻研业务知识的教师或不思进取的平庸者，要加强考核力度。对连续三年平均教学或科研达不到本学科同类教师平均工作量者，采用低聘岗位或不聘的办法。

（四）在考核教学科研数量更加重视教学科研工作的质量

考核教师教学工作时，除应有一定的数量要求外，应把学生对教师授课质量的评估和教师从事的教学改革工作及教学方法的好坏作为重要指标，而不只以课时数的多少来评价教学成绩的好坏；评估论文、著作，不能仅看刊物或出版社级别的高低，还要看引用率、转载率；评估科研项目，不能只看课题级别的高低和项目经费的多少，更要看项目本身有多大的意义及所产生的社会效益和经济效益。

（五）及时有效地反馈绩效考核结果

考核是一种手段，不是目的。考核能提供很多有用的信息，但是决不能仅依据考核结果就对教师妄下定论，而应该把考核结果作为更好地了解教师的手段。考核结果出来之后，应给教师提供持续性的反馈，使教师了解自己的业绩状况和考核结果。同时，创造一个公开的通畅的双向沟通环境，使考核者与被考核者能就考核结果进行及时的有效的交流，并在此基础上制订教师未来事业发展规划。一个比较可行的方式是建立评价考核全面机制。这样，绩效考核才能真正发挥其效用，提高教师的素质与道德修养，实现组织发展远景目标。反之，会极大地打击教师参与考核的积极性，逐渐对考核产生一种逆反心理，消极对待考核。

第五节　基于指标集成的应用型高校教师多维绩效考核方法

绩效考核是高校教师人力资源管理的核心环节。是否具有完整的考核指标体系和科学的考核方法直接决定着能否取得客观、全面的绩效考核结果，进而影响奖酬方案的公正与合理，与教师群体工作积极性和人力资源效能的发挥息息相关；更重要的是，绩效考核这一"执牛耳者"在根本上牵制着高校教师人力资源多元功能的发挥方向和发挥程度，因此深入研究高校教师的绩效考核方法便显得尤为重要。

但是，绩效考核方法的建立和选择并非是单纯的工具确定过程，而在深层依赖于对考核对象主体属性的正确认识以及考核、评价所遵从的价值标准。对此，曾提出了"事业人"的概念体系并阐述高校教师作为典型事业人群体的人力资源属性和需求特征，本文在此基础上，进一步探讨应用指标集成对高校教师绩效进行综合考核的方法。

一、高校教师资源属性及绩效考核原则

高校教师作为典型的事业人群体，其人力资源属性具有以下特征：一是从事人格教育与科学研究工作，事业目标没有客观极限，因此具有持续的工作欲望和动机。二是教育效果和资源效益显现周期较长。三是典型的脑力劳动者，工作投入程度和工作成果难以测量。四是自主性需求较高。五是人力资源具有多元功能。

鉴于上述特性，高校教师的绩效考核遵从如下原则，才能避免现有考核体系片面、僵化与主观臆定的不足，从而调动考核对象的工作积极性，激发高校教师作为事业人的巨大潜能。

1. **量化考核原则**

绩效量化是保证考核公正的重要途径。通过量化目标绩效为教师明确工作要求，利于目标管理制的推行；量化实际绩效便于统计与考核以及教师间的横向比较，为评优、职称晋升、奖酬发放甚至解聘提供客观凭证。高校教师所从事的脑力劳动具有不可视性和重复程度低的特点，决定了其工作投入程度、工作量、工作成果难以测量，为绩效考核的定量化带来了困难。但这绝非是否定定量考核的理由，相反，要通过深入、细化高校教师教学量、教学效果、科研量、科研等级、科研实效等绩效指标，逐一量化，进而集成考核，来避免绩效简单量化所产生的不足，保证定量考核的合理性。

2. **全面考核原则**

高校教师除了具有教学、科研等直接功能外，还肩具教育行业所潜在要求的育人、社会服务等功能，尤其在知识经济即将到来的时代，高校教师有条件并应该担当道德教化、文明传承和科技普及的角色。考核对象具有全面行使多重职责的能力和意愿，考核体制就应该相应设计多元化的指标体系，统筹考评，引导并鼓励高校教师创造全方位的社会效益。当然，对于各考核模块及考核指标在综合考核中的比重和地位，可以通过合理设置模块 / 指标权重来协调，以便突出重点或服务于高校 / 院系特定的发展战略。

3. **集成考核原则**

分项指标考核在全面评价教师工作绩效的同时，必须经过考核结果集成转化为反映教师总体水平的绩效考核值，才便于奖酬、评优、培训等后续人力资源管理实践所利用。分项考核值的向上集成模型多种多样，不同模型运用于分项指标间的不同关系，同时，选用不同的集成方法用于不同的考核结果。

4. **动态考核原则**

动态考核原则体现在三个方面：一是考核指标为开放性体系，可以根据特定高校或院系的实际状况与发展战略添加或增减考核指标项；二是各子系统、要素、指标在上级考核系统中的权重根据实际情况适时更新；三是通过指标集成绩效考核的电算化，缩短考核数据处理周期，加快考核频率，以提高绩效考核结果对教师实际绩效的响应性。但在某一考核周期内要保证考核体系的确定和统一。高校教师绩效考核的四个基本原则并不是相互独立的，在指导考核体系的建立与考核方法选择过程中要彼此结合，恰当处理分项指标与集成考核的关系、指标量化与主观打分的关系、权重确定与动态调整的关系，真正做到高校教师绩效考核效率与公平的兼顾。

二、高校教师绩效考核指标体系

根据大多高校（尤其是研究型大学）的实际情况，并遵从高校教师事业人群体的基本属性和上述考核原则，将其绩效考核体系划分为考核系统、绩效子系统、绩效模块、绩效指标四个层次。其中绩效子系统划分为显性绩效子系统和隐性绩效子系统；显性绩效子系统划分为教学模块和科研模块，隐性绩效子系统划分为育人模块和服务模块；教学模块进一步细分为教学量指标、教学效果指标。科研模块进一步细分为科研量指标、科研等级指标、科研效果指标。育人模块进一步细分为育人活动投入时间指标、育人活动效果指标。服务模块进一步细分为社会服务投入时间指标、社会服务效果指标。

在这样的考核指标体系中，底层的指标项还可以更深入地细分，如教学量包括课时量、学生数量、课程等级、课程难度等要素；教学效果包括学生平均成绩、学生对课程的认可程度、学生对课程的反馈意见等要素；科研量包括科研经费量、科研投入时间、科研投入人数等要素；科研等级考虑科研项目属于国家级重大、重点项目，或省部级项目，或服务地方、企业的应用型研究项目，或自选项目等要素。

上述有关教学和科研的考核是近年高校教师绩效考核的重点，具有丰富的细化考核经验。但对于隐性绩效中的育人和服务模块的考核相对不足，大多未列入教师绩效考核的主流体系，而只作为专项评优的考核内容。因此，将育人和服务绩效纳入教师考核的综合体系中，是针对高校教师作为典型事业人所表现出的资源属性，通过绩效考核体系的重构，深入挖掘事业人人力资源潜能的尝试。

高校教师隐性绩效中的各个指标也分别包括众多可供考虑的要素，如育人活动指标涵盖单位周期内教师参加师生文化、体育活动的次数、时间，举办或参加人文讲座、生活沙龙等活动的频率，具体指导、帮助研究生或特定学生的时间，教师与其他师生的合作关系，同事或学生对教师待人接物、工作作风的评价等；社会服务指标涵盖教师从事科技普及、企业咨询等公益性活动的时间、频率及其社会效果等。这些指标在考核的初始会面临组织困难、数据难以统计等问题，但是当信息收集渠道和方式确立之后，会逐步走向程序化，并成为激发事业人全面价值、促进教育伦理回归的实践切入口。

三、赋值与集成模型

（一）指标层业绩值确定

制订全面详细的指标级目标业绩和指标业绩折算方案；统计或搜集教师各业绩指标上的实际业绩情况，按折算方案确定该指标业绩值。其中，对于教学量、科研量、育人活动投入时间、社会服务投入时间等客观项目进行直接统计；对于科研成果价值、企业咨询服务社会价值等要素可由学术分会或专家打分确定；对于教学效果、育人效果、教师工作作风等要素可通过系统化的学生评价表、教师互评获得定量数据。各指标包括的可考核要素多种多样，且为开放性的系统，因此，不一一列举其折算方案。

（二）层级权重确定考核体系

层级权重确定考核体系中各层级的权重分派反映教师管理部门对各项目的重视、鼓励程度，是其学科、教育功能发展战略在实践中的体现。各层级内的权重划分要根据学校或学院的学科特点、师资现状、近远期战略由管理者和教师群体协商确定，也可以借鉴集成考核应用成功单位的经验，使得管理者的教育改革目的和高校教师主业突出、多元服务的意愿有机结合起来。

（三）逐层集成模型理论

逐层集成模型理论上，下级子系统绩效值向上级系统集成有以下四种模型：

（1）约束模型（瓶颈）

（2）加法模型（互补）

（3）乘法模型（串行）

（4）混合模型（串并结合）

约束模型是基于"木桶理论"以子系统中的瓶颈要素替代作为上级系统的集成值；加法模型表示子系统各要素对于上层系统的集成值具有互补协同作用，应用加权集成的方式获得上层系统集成值；乘法模型反映子系统各要素间为串行协同关系；混合模型综合体现了子系统各要素间串并结合的协同关系；综合分析模型特性和教师绩效考核的基本思想，加法模型最符合全面、量化、集成考核教师多元绩效功能的原则，因此确定加法模型作为高校教师绩效考核的指标集成方法。

四、应用及说明

上述基于指标集成的高校教师绩效多维考核方法是一个系统的逐层绩效考核过程，最终综合绩效值的取得依赖于从指标层到模块层再到子系统层各层绩效的明确测评和集成，这一特点使其避免了以往评价"由底至顶"跳跃测评、掩盖中间层级绩效差异的弊病，并为后续人力管理环节应用考核结果提供了便利。

基于指标逐层集成考核绩效所带来的多元应用功能总结如下：

（一）经过全面、量化考核所得到的综合绩效值，成为薪金分配、职称晋升、整体评优等人力资源管理实践必需的前提数据。

（二）丰富的指标分布为促进高校教师发挥事业人群体多元潜能奠定了基础，促进其多样化价值体现点的形成。

（三）各层次、各项目绩效的完备性为高校教师的专项评优准备了客观条件，并利于特定教师绩效瓶颈的反查提供了平台，进而开展有针对性的培训活动。

同时，该机制也有利于统计、研究教师群体逐层绩效的分布规律，实现"对症下药"的有效管理。但必须说明的是，本节内容仅从促进事业人多元功能发挥的角度提出了全面、量化、集成考核高校教师绩效的思路和方法框架，尚有一些具体的问题需要进一步探讨，比如各层级中项目权重的分派除了文中提及的"成功经验借鉴"之外，是否考虑聘请专业的咨询委员会，仿照 DELPHI 法进一步加强权重赋值的权威性和合理性；底层指标项绩效值的量化，能否逐步降低主观打分的比例，寻求更加科学、客观的计算方法等，都是基于指标集成的高校教师绩效考核方法继续研究的课题。

第九章 应用型高校教师二元激励机制创新研究

第一节 激励机制的内涵

在实际的工作和现实的生活中，我们每一个人都需要激励，不论这种激励是来自自身还是来自他人。而作为一个团体来说也是同样的道理，没有激励这种作为动力的东西在整个团体（或团队）的实践活动中起着重要而充分的作用，那么这个团体将会因此止步不前，同时也将会失去很多获得进取、获得发展的机会，失去很多机遇，当然也就会失去应有的竞争活力。

激励，这是一个心理学的重要概念，它主要是指应用某些方法和措施去激发人的动机，因而使人产生一种内在的动力，并因此依靠这一动力朝着所期望的目标前进这样一种心理活动的过程。也就是说，激励是一种调动积极性的过程。只不过这种激励有大有小，激励所产生的实际效果也不尽相同。但事实上，激励历来是被成功的人们所常常使用的一种手段或者措施，它因此激发和促使个人或是团体为了实现自己既定的目标而奋勇向前。因此，我们又可以把激励这样一个心理学的概念恰当地引入管理的行为和实践中来，使我们在的管理的过程当中能够更加顺利，也更加地富有成效。可以说，我们今天应该充分地赋予激励理论以新的意义。我们今天所处的这样一个时代，是越来越充满了各种竞争的时代，而在文明的竞争过程当中，我们就必须要使自己不断地在前进的过程当中具有一定的新的动力才行。

早在20世纪50年代，国外实际上已经产生了激励理论了，而且这样一种理论多少年来已经被人们广泛地应用在很多具体的管理实践活动之中。在学校的教育的管理方面也是如此，激励机制正在逐渐被各个高校所建立，并发挥着越来越重要的作用。

作为我们的高等教育来说，管理是十分重要的，也是必不可少的。在高等教育的诸多管理活动中，激励的作用也是我们所不能忽视的，特别是在已经进入21世纪的今天，各项事业蓬勃发展，而且又如此地充满了竞争。很难想象，在高等教育发展到了今天，如果有人仍然把激励这种手段和措施，丢到一边或者只是在嘴上说说而已，那么这样的高等教育的管理肯定是十分落后的了。

在过去的高等院校的教育管理之中，虽然早已采取了如表扬和表彰等一系列手段或措施，用以激励学校广大的教师和学生的工作和学习的积极性，但是效果并不尽如人意，表面是在激励，而在深层次上却仍然让很多人在工作和学习上始终处于一种非竞争的状态，积极性根本就没有真正被调动起来。

高等院校的教育管理引入激励机制，这是意义十分重大的一件事情，它在赋予了教育管理以新的理念的同时，也使学校的教育管理者开阔了视野，而且它在具体的教育管理的实践中的可操作性也很强，极大地丰富了管理的内涵。

其实，要建立起一整套合理而有效的激励机制，很重要的一个问题是，我们必须讲求这个激励机制的科学性。激励机制的科学性应当体现出它的公正、严密的特性来，要求它合理，要求它对绝大多数人有积极的、向上的引导作用，要求它切合学校实际，要求它符合时代的潮流，等等。

那么，怎样才能使激励机制真正发挥其应有的新的作用呢？

首先，激励机制必须要建立在符合教育规律的基础之上才行。所有的教育包括高等教育都是一样的有它特殊的规律。我们要办教育，要把教育搞上去，要让教育高效益地为现代化建设服务，就必须严格地按照教育自身的规律来进行。我们的教育特别是高等院校的教育，它极大地区别于社会上的其他行业，它的运行机制、实现目标等等的与别的行业是完全不同的。正是因为它的特殊性，所以我们就不能做违背教育规律的事情，就不能只是一味地像社会上其他行业一样完全地依靠高额的奖金来刺激被奖励的对象等。又如，教学和科研的性质存在着明显差别，教师是偏重于教学呢还是偏重于科研？教学和科研在很多高校并不是同等重要的，这其中的原因很多，但很为重要的一点是我们高等院校的很多工作是被所谓的职称所牵着走的。因而在高等院校实行真正意义上的奖励，就必须在教学和科研的管理上实行一视同仁的做法。又如，现在很多高等院校在攀比着用重金引进人才但又忽略了对本校人才的激励，忽略了绝大多数人的存在，把调动绝大多数人的积极性放在了一边。因此，正确地处理好对引进人才和对本校大多数人进行激励的关系也是很为必要的。在高等院校的管理中另一个最重要的方面就是关于大学生的管理，那么在大学生的管理中很重要的一条又是实行奖励，对学生的奖励仍然是纳入了学校的激励机制之中的。比如，奖学金等的管理即是如此。在新的时期，贫困生增多，特别是除了以往农村来的贫困生以外，现在由于国营企业的转岗改制而产生下岗职工的子女所造成的相对贫困生的增多，使得大学校园里对贫困生的奖励成了高校面临的新问题，对这一块的工作就必须纳入高校激励机制的内容，否则，对贫困生就可能又重新回到过去的那种资助上去，让资助仍然停留在较为简单的层面上，使那些本来可以发挥更大作用的资助资金达不到应有的效果。激励机制对资助贫困生的工作做好了，实际上就是增加了贫困生自身的造血功能，是从根本上解决问题。

其次，高校的领导在激励机制的实行中起着重要的作用。在高等教育实际的管理当中，作为教育的主管者的领导显然在激励的实践活动中扮演着极为重要的角色。美国著名的管理学家孔茨曾经说过："领导者和主管人员（如果是有效率的主管人员，几乎肯定是领导者），假如他要设计一个人们乐意在其中工作的环境，就必须使这个环境体现出对个人的激励作用。"而且他还进一步地说："一个主管人员如果不知道怎样激励人，便不能胜任这个工作。"很显然，学校的领导在每一项具体的管理工作中都应该始终如一地贯彻好激励这一措施，他应该是带头执行这一措施的模范，是这一措施的坚定的拥护者和执行者。如何充分地调动和激发广大教师学习和工作的积极性，这应该是学校领导经常要思考的重要问题，他们不但要倡导和建立起必要的激励机制，更应该带头把这些激励机制使用起来，让它们在实践活动中产生出实实在在的效果。

另外，激励机制的建立，应该是符合高等院校最广大的教师和学生的根本利益，并为广大教师和学生所拥护和接受。过去甚至包括现在，很多高等院校（当然包括很多的团体），虽然表面上也有自己的各种奖励条例、办法，但很多时候只是在重复着让很少的人在不断地获得奖励，这样长期下去，会让绝大多数的人失去前进的动力。激励机制在教育管理活动中应该切实地把对群体的激励放在重要的位置上，激励的目的既然是调动绝大多数人的学习和工作的积极性，以期达到改善教育教学的工作质量，从而加速实现学校预定的办学目标。教师是作为学校的一个整体而存在的，它们共同承担着提高教学质量、实现教育目标和教书育人的责任，所以任何将这个群体忽略而又期望搞好管理的做法都是行不通的，而且是十分可笑的。所以，我们可以明确地强调的一点是，这种对教师进行激励的重点是在于对教师的群体激励，而不是在于对教师的个体激励。对学生的激励也是一样道理。当然，我们所要明确的一点是，我们所实行的这种群体的激励并不是要搞新的"大锅饭"，并不是要搞新的平均主义。只是我们在实行激励机制的时候，既要突出群体，又不能忽视了重点，如果能够正确地处理好这两点，相信绝大多数人工作和学习的积极性是能够被充分地调动起来的。在我们为了某一种目标而努力奋斗的过程中，群体的力量应该是最为重要、最为全面的，而相比较，个体的力量就永远都显得格外地渺小和微不足道。我们如果只是片面地注重了对个体的激励，从而忽略了对群体的激励，那么这个群体完全可能变成一盘散沙，并因此失去它应有的活力和竞争力。但是我们在注重了对群体的激励的同时，也不能藐视个体存在的重要性，我们还应该充分地激励那些"学术带头人""教学骨干"和"科研骨干"等，以对他们个体的激励，来更深层次地激励和带动大多数人，以对个体的激励反过来对群体进行激励。这二者的关系是相互统一的，并不矛盾。

再一个，我们所施行的激励机制是一种全面的激励机制，而不是某一种单纯、片面的激励机制。我们过去过多地强调了精神激励的内容从而忽视了物质奖励的方面，后来又过分地强调了物质奖励而把精神奖励忽略了许多。并且我们还应该明确地知道，精神奖励的内容较之过去又有了广泛的补充，早已经不是过去一张奖状所能包括的。在新的历史时期，精神奖励的内容越来越具有了新的意义。我们可以把激励机制理解为一种助燃剂或是润滑剂什么的，我们应该全面而科学地执行激励机制，充分地利用它特有的效应，让它在我们的教育管理的过程中发挥新的甚至更大的作用。

激励机制在高等院校的管理中发挥着越来越重要的作用，这是高等院校在今后的发展中所不可缺少也不可能回避的现实。我们只能充分地利用它的特殊性，在高等院校的教育管理中既对学生也对教师产生作用，充分地调动最广大的学生和教师的学习和工作的积极性，搞好教育改革与发展，从而更好、更多地培养出对现代化建设有用的人才。

第二节　应用型高校教师激励机制的现状

提高教育质量是高校工作永恒的主题，是学校生存和发展的生命线。教师作为教学的主体，其教学质量是高校教育质量的关键因素，对教师进行行之有效的激励，是高校提高教育质量的重要环节。因为，只有建立有效的教师激励机制，才能充分发挥教师工作的积极性、主动性和创造性，才能最大限度地提高教师的工作绩效，从而提高学校的教育质量和办学效益，为高校可持续发展提供动力源泉。目前，高校在建立有效的教师激励和约束机制方面的工作，还有待进一步加强。仍存在激励手段相对单一，各种配套制度不够科学完善，忽视教师个体激励的差异性，忽视教师内在情感的激励等一系列问题。高校教师作为一个特殊的社会群体，有着鲜明的特征。因此，学校要提高教学质量，必须充分考虑教师的实际情况，对于教师的激励不能仅仅限于单纯而传统的激励方法，而需要建立一个全面有效的激励机制来充分满足他们的需求，最大限度地挖掘他们的潜力，引导他们创造性地工作。

一、现有激励机制的定位不能适应新形势的发展要求

随着高等教育的发展，很多高校把建设高水平研究型大学作为发展目标，在此目标下高校对教师的教学水平的要求也提上了一个新层次。在当前的学校管理中，激励这个概念是指激发人的行为动机过程，也就是指用各种有效方法去调动教师的积极性，使教师努力完成教学任务。而研究型大学要求教师的角色要由"教书匠"变成"研究者"，由"传授者"变成"开发者"，由"组织者"变成"创造者"。由此可以看出，研究型大学对教师的要求不是简单地完成教学任务，更重要的是要求教师要充分发挥自身的能动性和创造性，注重思考、研究、创新，逐渐把自己培养成研究者、创造者。

因此，现有的激励机制已经不能满足在研究型大学背景下需要教师的主动性、创造性得以充分发挥的客观要求。

二、评价和考核手段欠科学，缺乏有效的竞争机制

很多高校在教师考核工作中，基本停留在教师的思想政治表现、职业道德、业务水平和工作业绩等几项指标上，并以此作为教师晋升、奖励或处分的依据。对教师的评价和考核主要是以所在组织评议和民主评议为主，手段比较单一，缺乏科学的量化指标。评价理念、评价模式、评价方法和评价结果等诸多方面都一定程度地存在着不完善的地方，直接影响教师的选拔、任用等工作。长期以来，人事分配制度上的积弊在部分高校仍然存在，教师资源的配置不能像其他人力资源那样完全由市场调节，人员的合理有序流动，教师资源共享缺乏有效机制，致使人的潜能不能有效充分发挥。很多高校真正的教师聘任制度尚未建立，在教师职务聘任考核上，对教师是否达到任职要求，是否履行相应的岗位职责，也缺乏有效监督，往往使得合同书流于形式，使聘任制变成了走过场。

三、对教师奖励有余而约束不足

由于学校规章制度不健全或虽有制度而不能有效执行，使得对教师奖励有余而约束不足。准确地说，激励包括激发和约束两方面，奖励和惩罚是两种最基本的激励措施。激励的两方面含义是对立统一的，激发导致一种行为发生，约束则是对所激发行为加以规范，使其符合一定的方向，并限制在一定的时空范围内。学校为防止不希望出现的行为发生，就必须辅之以约束措施和惩罚措施，将教师的行为引导到特定方向上。实际上，很多学校尚未能采用适合本校背景和特色的激励方式，通过制定相应的制度创建合理的校园文化，综合运用不同种类激励方式，来激发教师的主动性、创造性，约束和控制教师一些不符合要求的行为。

四、学术权力未得到充分的发挥

高等院校特殊的组织结构特点决定学术权力是高校中的一种重要权力。我们国家由于受历史"官本位"思想影响，使得行政权力代替学术权力现象屡有发生。在高校由行政权力管理和控制学校教学科研活动的现象屡有发生，一些"服务部门"变成"权力部门"，使教学和科研人员地位没有提到应有位置，很大程度上影响了教师的工作积极性。管理人员和部门与教师之间缺乏有效的沟通工作，有时虽然做了大量的服务工作，但效果欠佳，无法达到预期效果。

五、以物质激励为主的激励机制渐显弊端

物质需要是人类的第一需要，是人们从事一切社会活动的基本动因。因此，物质激励是激励的主要模式，也是目前许多高校使用较为普遍的一种激励模式。物质激励是指通过物质刺激手段来鼓励教师工作。它的主要表现形式有发放奖金以及各种福利待遇等。在实践过程中，不少学校在运用物质激励的过程中，耗费不少，教师的积极性和创造性并未得到提高，也没有达到预期的目的。一些高校在物质激励方面为避免矛盾而采取平均主义，不但没有达到预期目的，而且极大损伤了部分教师的工作积极性。因为平均等于无激励，造成干多干少、干好干坏都没有区别，非常不利于教师积极性的调动。事实上，作为高校教师这一特殊群体，他们不但有物质上的需要，更重要的是有精神方面的需要。

由上可以看出，传统的激励机制已不能适应建设研究型大学的客观需要，要在充分考虑激励有效性的前提下，建立一套符合高校现实需求的教师激励机制体系。所谓激励有效性从经济学角度来讲，就是要从投入和产出的比例来衡量和评价。学校管理中的有效激励就是选取那些量化、简约、系统化、标准化的方式来实现组织目标的技术过程。

第三节　应用型高校教师二元激励机制的提出

实施人才强国战略，高校必须大力实施人才强校战略，加快提升学术管理水平、教学科研水平和学科建设水平。而完善与强化高校教师激励机制，是大力实施人才强校战略的重要措施之一。

一、深化认识高校教师激励机制运行要素是完善和强化高校教师激励机制的基础

高校教师激励机制是指高校教师的激励主体根据高校管理工作特点、教师激励工作特点和教师心理特点，对高校教师的激励客体发出激励信息，刺激工作需求，激发工作动机，施行激励行为，调控激励效应，使他们充分发挥内在的工作潜力，为实现激励主体和客体所一致认同的激励目标而努力的机制。高校教师激励机制的运行要素主要包括激励主体、激励客体、激励行为。

（一）深化认识高校教师的激励主体及其特点

广义地说，只要是向高校教师发出激励信息并施行了激励行为的任何个人、群体或组织，都可视为高校教师的激励主体。狭义地说，高校各级领导和师资管理工作者（包括中青年教师的指导教师等）是高校教师最直接的激励主体。激励主体具有主导性和层次性的特点。激励主体的主导性，要求激励主体必须主动、积极、系统地实施激励行为，关注激励效果，而不可被动应付。激励主体的层次性，要求激励行为通过多层次的工作来系统实施，而不可单一地依靠某一专职部门或某一项政策措施。激励主体尤其需要建立激励客体的相互激励机制，促使他们为共同目标而共同奋斗。

（二）深化认识高校教师的激励客体及其特点

高校教师的个体、群体或组织都是高校教师的激励客体。其中，教师个体在一定条件下充当双重角色，既可以是激励客体，又可能成为激励主体。激励客体具有从动性、能动性、差异性和动态性的特点。激励客体的从动性和能动性，要求激励主体和客体之间建立协调互动的关系，尤其不能忽视激励客体的能动性。激励客体的差异性和动态性，要求激励机制和激励行为应当注重因人而异、因时而异。

（三）深化认识高校教师的激励行为及其内涵

激励行为是指激励主体为了激发激励客体的潜在能力和调动激励客体的工作积极性、主动性和创造性所采取的一系列措施和行动。狭义地说，激励主体增强自身的激励意识、提高自身的综合素质、掌握激励客体思想动态等行为是教师激励的前奏曲；激励主体优化激励客体的发展环境、系统运用激励方法、积极协调与激励客体关系等行为则是教师激励的进行曲；激励主体深化对激励效应的认识和研究、建立激励效应的检验与反馈机制、探索激励效应的检验方法等行为则是教师激励的后续曲。广义地说，无论是教师激励的前奏曲、进行曲还是后续曲，都属于高校教师激励行为的基本内涵。

二、高度重视教师激励的前期工作是完善和强化高校教师激励机制的前提

长期以来，我国高校师资管理专家学者一直呼吁要建立健全高校教师激励机制，但高校教师激励机制始终没有达到相对健全的程度。这固然有整个社会大环境和体制机制等客观原因，但与我国高校普遍忽视教师激励的前期工作有着直接的关系。前期工作包括激励主体的激励意识、自身素质以及对激励客体思想动态的研究分析等。如果把教师激励的前期工作排除在激励机制的基本内涵之外，放到可有可无的位置，那就失去了完善和强化高校教师激励机制的基本前提。

（一）高度重视增强激励主体的激励意识

激励意识是指激励主体对激励客体、激励目标、激励内容、激励方法、激励效应的认识、判断等的积极的心理过程。激励主体的激励意识直接关系到对激励客体的态度是否端正，激励目标是否明确，激励内容是否恰当，激励方法是否科学，激励效应是否显著，进而关系到所制定的各种有关高校教师管理的政策、法规、规章制度以及组织行为是否具有激励性，各种组织行为是否积极、主动。因此，必须高度重视增强激励主体的激励意识，促使其在各种工作中始终注重有效融入对激励客体的激励措施。

（二）高度重视提高激励主体的自身素质

激励主体的自身素质是其施行教师激励行为、取得良好激励效应的重要保证。激励主体的自身素质最终体现在人格水准和业务水平两个方面。激励主体的人格水准是一种学习榜样的感召力，是一种人性关怀的亲和力，是一种共同目标的凝聚力，其本身就具有强大的激励作用。激励主体的业务水平，包括学术水平和管理水平，则直接关系到激励行为的科学和有效。因此，必须高度重视提高教师激励主体的自身素质，促使其对激励客体发挥更大、更好的激励作用。

（三）高度重视高校教师思想动态的调研分析

在社会大环境和学校小环境的不同发展时期和阶段，激励客体的思想观念、工作需求和工作动机都会相应发生变化。准确及时地掌握激励客体的思想动态，是激励主体有效施行激励行为的重要前提。当前，高校教师的思想状况是多姿多彩的，既有促进教育事业发展、培养学生成才、在科学研究方面取得成功、提高社会地位等成就需要，又有受到学生爱戴、强化自我认同等自尊需要；既有改善工作条件、获得进修机会、获得晋升机会、增强竞争能力等职业进展需要，又有提高工资待遇、扩大住房面积、改善生活条件等生活需要，等等。因此，激励主体必须高度重视对激励客体各种思想动态的调研分析，做到心中有数，从而使教师激励行为更具有针对性和实效性。

三、积极有效施行教师激励行为是完善和强化高校教师激励机制的关键

积极有效施行教师激励行为包括优化教师工作环境、有效运用激励方法、积极协调激励主体与客体之间关系等重要环节，是高校教师激励机制有效运行的核心内容，是完善和强化高校教师激励机制的关键。

（一）积极有效地优化高校教师的工作环境

高校教师的工作环境是高校教师激励的外部动力源泉，为高校教师激励的形成提供了客观的现实性和可能性，是构成高校教师激励的重要外部条件。高校教师工作环境分为自然环境、社会环境、规范环境和生理心理环境，为此，激励主体相应地要做好四方面工作：一是为教师营造一个净化、美化的自然环境，使他们能够心情舒畅地投入工作；二是为教师营造一个宁静、宽松、和谐的社会环境，使他们减少干扰、安心工作；三是为教师营造一个科学、民主、公平的规范环境，使他们保持正常的工作秩序，积极开展学术研究；四是为教师营造一个健康、健全的生理心理环境，促使他们强健体魄、陶冶情操、稳定情绪、发展人格，实现自身的可持续发展。

（二）积极探索及运用行之有效的高校教师激励方法

激励方法是激励主体在施行激励行为的实践活动中，为达到激励目标所应用的激励途径、激励手段、激励方式的总和。激励方法的实质在于使激励主体和激励客体相联系，运用已经掌握的激励客体特点和思想动态，采取适当的途径、手段和方式作用于激励客体，以达到有效地调动激励客体工作积极性、主动性和创造性的目的。高校教师的激励方法很多，如目标激励方法、使命激励方法、信任激励方法、奖惩激励方法、薪酬激励方法等。激励主体只有充分掌握并恰当地针对激励客体的不同需求和特点，选用恰当的激励方法，才能达到一定的激励目标。

（三）积极有效地协调好激励主体和客体之间的关系

高校教师的激励主体和激励客体之间的关系应是利益关系相同、工作目标相同但工作性质不同、工作角色不同的工作伙伴关系，更应该是相互联系、相互依存、相互协作、互为补充、和谐相处的同事关系。在施行教师激励行为过程中，协调好激励主体和客体之间的关系，是强化高校教师激励效应十分有效的途径，更是完善和强化高校教师激励机制的重要环节。由于激励主体拟定的激励目标与激励客体本身要实现的目标往往不会完全一致，甚至可能处于一种对立矛盾的状态。在这种情况下，如果激励主体和客体之间没有协调好关系，激励作用就会完全失效。因此，激励主体必须积极有效地协调好与激励客体之间的关系，实现积极有效地施行激励行为的目的。

四、切实做好教师激励的后续工作是完善和强化高校教师激励机制的保证

当前，我国高校不同程度地存在着教师激励机制运行效果不佳的现象，有一个往往被忽视的原因，那就是没有真正把教师激励的后续工作纳入激励机制的基本内涵，工作没有到位。因此，高校必须切实做好教师激励的后续工作。

（一）切实加强高校教师激励效应的研究

激励效应是指激励主体对激励客体施行激励行为后所产生的各种思想、态度、行为、状况的变化。激励效应可分为正效应、负效应和无效应，但无论哪种效应，具体体现在高校教师身上，都表现出一定的行为特征和心理特征。高校教师激励效应的行为特征又称外部特征，其正效应表现为高校教师的积极工作行为，具有外显性，激励主体比较容易了解到。高校教师激励效应的心理特征又称内部特征，主要指心理活动即需要、动机、兴趣、信念等的选择性。这些内在状态往往要通过对高校教师的注意、疲劳、紧张、轻松、忧伤、喜悦等的观察才能间接地了解到，具有隐现性特征。深入研究激励机制运行全过程的激励效应，及时做出准确判断，才能为高校教师激励机制的完善和强化提供有效的决策依据和行为的修正。

（二）积极探索建立高校教师激励效应的检验与反馈机制

积极探索建立高校教师激励效应的检验与反馈机制对于完善和强化高校教师激励机制具有十分重要的意义。这是因为，其一，通过激励效应的检验机制能及时掌握真实的激励结果，从而促进激励机制和激励行为的调整。其二，通过激励效应的反馈机制可以了解激励过程中制约激励效应的有利条件、不利条件以及出现的问题，并及时传递到激励主体，成为修正、完善激励机制的依据，同时通过主动调节激励信息和激励行为，使其更加适应完善后的激励机制的运行需要，从而强化激励的正效应。

（三）积极探索并运用行之有效的激励效应检验方法

目前通常采取的激励效应检验方法主要有观察法、调查法、统计法和追踪法等。由于高校教师的激励效应是十分复杂的，激励主体应该根据高校管理工作特点、教师激励工作特点以及激励客体行为特点，结合目前通用的激励效应检验方法，积极探索并运用行之有效的激励效应检验方法，达到准确、客观地反映教师激励效应的目的，为完善与强化高校教师激励机制、有效推进人才强校战略的实施做出创新性的贡献。

第四节　应用型高校教师二元激励机制的结构性分析

高校教师激励机制即在尊重高校教师主体性的基础上，通过多种外部诱因来满足其正当需要，从而激活教师内驱力和维系教师积极行为的过程。建立和完善高校教师激励机制，就必须科学地分析教师的需求结构与需求层次，并尽可能地满足其中的正当需要，因为只有在准确把握教师需求的基础上而建立的激励机制才能达到应有的激励效果。

一、高校教师需求的基本特征

（一）高校教师需求的高层次性

高校教师的文化层次和精神素质都比较高，教师劳动的特殊性和认知状态差异使其需求也呈现出较高的层次。借鉴需要理论对个人需要层次的划分，高校教师除了有基本的物质需要外，还有强烈的学习与发展需要、自尊与荣誉需要、创造与成就需要等高层次需要。

（二）高校教师需求的精神主导性

高校教师在最基本的生存需要得以满足的基础上，会渴望自身的付出得到社会客观公正的评价、认可与尊重，渴望能最大限度地体现自我的价值。他们有专业成长的需要，而且这种需要能成为高校教师进行科学研究、提升学术水平、改善知识结构的强大动力。总之，高校教师更需要事业上有成就、能力上有提高、学术上有建树。

（三）高校教师需求的物质暂时性

高校教师职业具有和一般社会职业不同的高层次性和精神性等特点，而当他们的物质需求得到满足并认为回报基本公平公正的时候，往往就不再强调物质需要，其主导需求很快向专业发展和学术发展转移。也就是说，高校教师的物质主导需求具有暂时性的特点，并不是完全连续的，只有当工资待遇等相对值较低或其报酬缺乏公平公正的时候，物质需求才会成为他们的主导需求。

（四）高校教师需求的动态差异性

高校教师群体和个体都存在个性、能力、价值观方面的动态差异，并且这些差异会随着工作经历、年龄增长、知识丰富和满足程度而随时发生变化，从而导致需求的动态差异性。他们既有教学效果显著、学生成才成功、科研水平增强、社会地位提高的成就需要，又有受学生尊重、强化自我认同的自尊需要；既有改善工作条件、取得进修与晋升机会、提高竞争能力的职业发展需要，又有提高收入待遇、改善生活条件的物质需要。

二、高校教师需求的结构与层次分析

（一）尊重的需要

在当今快速发展的经济社会中，高校教师不仅有基本的生存需求，还有更高的理想和目标追求，他们不但希望获得较高的收入，更渴望得到整个社会的尊重并获得事业发展的更大空间。尊重教师是尊重知识和尊重创造力的具体体现，它能激励教师更加自觉地以人格魅力、学术魅力和创造性的工作赢得全社会的尊重。因此，承认并尊重教师的价值，为其搭建一个实现自我价值的平台，使他们有一个知识更新与能力提升的渠道，将会对他们形成更加有力的激励。高校教师的尊重需要主要表现为对高一级技术职称的追求和教学、科研绩效的认可，因为这些是教师工作成就、自我实现和社会地位的主要标志，而且职称、绩效亦与其工资收入紧密相连。

（二）职业发展与自我实现的需要

自我实现指发挥个人能力和实现个人理想抱负的最大程度。根据马斯洛的需要层次理论，自我实现需要是人最高层次的需求。教师良好的职业发展空间可以激发其成就动机与自我实现的预期，对教师教学而言，它能促使其不断创新和探索有效的教学方法，促进教学相长。从高校教师的职业性质来分析，高校教师是社会各阶层中受教育程度较高的职业群体，职业的"知识性"和"学术性"特点使其具有很高的成就动机。从教师职业的特点来看，高校教师从事的工作智力性较强，对教学、科研、教书育人工作的程序与成效很难进行具体规定与控制，也很难全部采用高度量化的经济效益指标来衡量，对他们最有效的激励就是推进其职业发展，促进其自我实现。

（三）酬薪满意的需要

需要是人的本性，需要是教师工作积极性的基本动因和重要源泉。工资酬薪能对高校教师产生明显的激励，因为工资不仅体现教师工作收入的多少，更是教师职业价值的体现，是其社会地位和荣誉的象征。然而，在许多高校，工资和津贴对相应级别的教师来说几乎是固定不变的，并已成为"保健因素"，没有起到多大的激励效应。近几年，高校教师的收入在纵向上已有较大幅度的提升，但在横向上与社会其他行业人员相比，其社会地位、劳动价值、工作付出与收入整体水平仍然不高。研究表明，以酬薪改善为主要内容的经济因素已成为当前高校教师的主导需求之一，高校教师既希望增加工资收入水平，又希望收入的增加能体现公平公正的原则，包括学校内部分配的公平公正和社会其他职业横向比较的公平公正。

（四）外部环境和谐的需要

高校教师是文化与修养较高的知识群体，他们在创造工作绩效的同时还十分关注所处环境的变化，包括学校的政策制度环境、学术文化环境及自己周围的人际关系等。学校的政策制度环境在教师激励体系中起着导向性作用，如教师职务评聘、岗位绩效考核、教师评价作为教师管理制度中的核心要件，对教师的激励最直接、最有力。高校教师有着强烈的事业发展与自我实现需要，高校应通过各种途径与方式，树立行政管理服务于学术管理的理念，为教师创造良好的学术文化环境，使教师在实现自我价值的同时，学校教育的价值也得到充分的体现。教师期望校园人际关系和谐，希望自己工作在一个互相尊重和互相帮助的和谐环境中，因为只有在和谐的校园环境和氛围中，教师的个性和创造力才能得到最好的发挥。这不仅是高校对自身管理水平和管理效率更全面的追求，也是在社会文明的进步和发展中，人们对自身价值的一种认知与尊重。

（五）学术权力的需要

大学是探求与传播高深知识的场所，其基本活动是学术活动。高校教师职业追求的本质在于知识创造与学术自由，"学术人"特征是高校教师区别于社会其他职业的显著标志，教师学术权力的存在与需要正是其根本属性的要求。学术权力指大学学者对大学学术事务的直接管理和控制，主要指大学教授个体与学术委员会的权力，尤其指学术委员会的权力。保证和尊重教师群体的学术权力是尊重知识、尊重人才的必然要求。然而，目前高校管理中行政色彩浓厚，常常以行政管理模式代替学术管理，以教师形式上的参与代替教师决策，学术权力在行政决策中仅处于咨询与参谋的地位，学术管理行政化严重影响了教师激励机制的建立与运行。高校是行政权力与学术权力并存的学术组织，要正视教师（教授）群体的学术权力需要，建立相对宽松的权力运行环境，推进学术权力与行政权力共同协商、共同处理学校事务，形成相互制衡的运行机制，这样才有利于教师激励机制的有效运行。

三、基于需求分析的高校教师激励机制的完善

基于需求分析和完善教师激励机制，对于高校教师建立正确的行为动机、自觉选择道德行为和努力行为，使其全身心地投入高校改革与发展之中，具有重要的现实意义。

（一）创新生态的大学文化，尊重学术权力

高校教师从事教学、科研和学术活动，独创性和自主性较强，需要拥有一个自主

激励的外在软环境。学校作为一个传授知识的社会场所，学校发展的根是生态的文化而不是权力，因为权力表现出来的是专制和唯我是从，生态的文化表现出来的却是开放的精神和活力。高校要充分尊重广大教师的需要、兴趣和价值，以科学精神为基础，以人文精神为导向，激发他们创造知识和传承知识的使命感、责任感和科学精神。由于教师在高校组织中独立性、自主性和工作的思维性较强，因此高校应强调更多的自律性和责任感，强调人文的柔性约束，强调教师间合作的自愿性和个体的自我激励与自我实现。

（二）设计柔性的激励制度

高校要从制度上寻找激励，毕竟制度比情感更加令人信任，也更容易引导教师理性地投入教学、科研和人才培养工作。一是要构筑有利于学校科学发展的制度落实体系和制度环境。只有根据高校教师的职业特点和主导需要，制定出与之相匹配的、以精神激励为主导的制度创新，强化教师的角色意识和工作职责，科学合理地引导和规范教师的行为选择，才能持久而稳定地提高教师的工作绩效。因此，高校应根据教师的专业特点、个性特点、研究领域等为其进行职业生涯规划，帮助教师明确职业发展的总目标和阶段目标，并为教师实现职业目标创造条件和提供支持。二是核心制度要与配套制度相配合，实施行之有效的政策激励。制度安排是为实现一定的目的服务的，好的制度能引导和激励人朝着制度本身指引的方向积极地做事，差的制度对积极的人起不到激励作用，反而会成为制约人们发展的理由。高校要在教师教学、科研、进修、课程改革、评优、申报课题以及后勤保障等方面制定相应的政策激励，保证教师对学校的有效供给，更要通过政策引导，做好高层次人才和中青年学科带头人、学术骨干等的培养和稳定工作，激励教师的创造活力和创业热情。

（三）满足合理的主导需求

人的需要是有阶段性的，在不同时期常常有压倒其他需要的主导需要，对主导需要的追求才是人的行为的驱动力。影响高校教师工作动力和创造性的主要因素有工作条件与环境、收入水平、领导行为以及个人发展等，这些因素对于不同学校、不同教师所产生的影响也不尽相同，较为普遍和迫切地需要有学历、职称、业务培训、科研经费、课程进修、国内外学术交流、住房等。因此，高校要充分了解教师的需求结构与层次，分清合理需求和不合理需求，并找出合理的主导需求。教师的合理需求主要包括职业稳定需要、改善工资待遇、工作条件、培训进修、学术尊重等内容，对于工资待遇等浅层次的物质需求，高校应尽可能根据整个社会的生活消费水平和学校实际，有条件地给教师以适度满足，并体现出公平和公正。对专业学术发展等高层次的精神需求，高校要紧密结合学校的长远发展需要，创造条件（特别是激励性政策）鼓励和引导教师将自我发展、自我实现与学校总体发展目标保持一致。

（四）重视教师培养和培训

高校教师职业的特殊性决定了其具有强烈的求知欲和进取心，特别在知识经济时代，他们更加渴望通过进修和培训来完善知识结构、提高教学技能、加强自身素质。教师专业发展是一个教师的成长过程，也是一种具体的实践过程，这一发展过程的实现不但要求教师自身主动学习和不懈努力，更需要创设良好的外部环境和条件来帮助和督促他们。培训着眼于人力资源的开发和人们的职业发展，关注的是在现实的职业发展领域，作为组织的成员如何随着外界环境的变化和组织自身发展变革的需要调整自己，以适应这种变化。为此，要有效地对高校教师进行激励，就要突出成长性原则，为他们提供一个有利于自身发展与提高、能够吸引其为之奋斗的事业平台和成长空间。高校管理者要设置一定的帮助机制、督促机制来促进教师的职业发展，实施可持续发展的教师职业管理与职业生涯规划，积极创造条件对教师进行在职培训、自学进修和脱产轮训以及出国深造等，要把教师的使用和培养有机结合起来，努力为其提供培训、进修、学习的机会，支持他们不断进取、不断学习、不断提高。

（五）进行动态的差异性激励

高校教师需求存在着年龄、职称、学历等带来的差异，这决定了高校管理者应针对不同年龄阶段、不同学历和职称的教师采取相应的激励措施，以达到满足各类教师需要的目的。只有充分认识不同层次、不同类型教师的需要结构、需求层次以及他们在不同时期的主导需要，有针对性地设置不同的激励诱因，才能持续有效地对教师进行激励。高校教师需要的复杂性决定了激励手段的复杂性，高校要采取多样化、灵活的激励方案，兼顾教学激励和科研激励，充分考虑不同个体、部门、学科、职称的多样、灵活的激励机制，既要重视物质上的激励，建立包括教师年薪分配、住房医疗等物质奖励机制，合理确定工资制度、奖励制度和评价考核制度，也要重视精神上的激励，建立教师专业技术职务晋升的激励机制、科学的选人用人制度等。此外，高校要积极探索并运用行之有效的激励效应的检验方法，如调查法、观察法、统计法和追踪法等，准确客观地掌握教师激励的效应，以进一步完善与强化教师激励机制，有效地推进人才强校战略的成功实施。

第五节　应用型高校教师二元激励机制的实施

改革开放以来,我国高校教师工资制度一直在变化,薪酬激励机制也随之不断变化。

在现行的工资制度框架内，如何构建合理的高校教师薪酬激励机制对于提高教师工作积极性有着十分重要的现实意义。

一、高校教师薪酬激励机制现状

目前，高校薪酬分配主要采取的是国家工资和校内津贴双轨并行的二元分配模式。工资实行岗位绩效工资，结构包括岗位工资、薪级工资、绩效工资和津贴工资四部分，其中岗位工资、薪级工资为基本工资，实行"一岗一薪、岗变薪变"，"一级一薪，定期升级"制度。其中，岗位工资、薪级工资改革已完成，主要来源于财政拨款，绩效工资和津贴两部分仍保持原来执行标准。校内津贴主要来源于学校创收，由学校根据自己制定的政策发放。校内津贴是拉大收入差距的部分，通过实行岗位考核获得。它的比例高于国家工资一倍甚至几倍，并且每一级划分为几个档次，适当体现同类人员的工作质量和贡献大小。经过几年实践，高校薪酬激励机制改革在一定程度上弥补了事业单位工资制度的缺陷，动摇了高校教师的"铁饭碗"和平均主义陈旧观念。通过改革，扭转了长期以来高校教师在全国各行业中待遇偏低的局面，增强了其岗位在社会上的竞争力，稳定了高校骨干教师队伍，调动了广大教职工的积极性。但是也不能不看到，作为高校内部管理体制改革重要内容的薪酬激励机制改革仍然相对滞后，依然存在着很多弊端。这些弊端在很大程度上阻碍了高校的改革发展。只有客观地总结和分析目前我国高校教师薪酬激励机制的现状，并针对存在的问题进行改革，才能为高校集聚人才提供强有力的机制保障，从而确保人才强校战略的顺利实施。

二、高校教师薪酬激励机制存在的问题

（一）高校教师薪酬激励机制的设计缺乏弹性

我国教师薪酬激励机制没有较好地与实际工作绩效挂起钩，久而久之既挫伤了努力工作者的积极性，又不能对后进者产生鞭策和压力。津贴制的实行，极大地改变了这一状况，但也由此引起了一些教师浮躁、急功近利甚至窃取他人成果的不良倾向，违背了科学研究中的循序渐进、推陈出新的规律。近年来出现的学术腐败和学术造假就是很好的例证。

（二）高校教师薪酬激励机制模式单一，存在着"平均主义"

我国高校薪酬激励机制模式较为单一，对人力资本要素参与分配的重视程度和认识程度不够，存在着平均主义、吃"大锅饭""论资排辈"的弊端，干多干少、干好干坏一个样，整体薪酬水平偏低。这种状况严重阻碍了教师工作的积极性和创造性的发挥，阻碍了办学活力和办学效益的提高，不能适应社会主义市场经济的要求。

（三）高校教师薪酬的增长取决于个人职务的提升

在目前高校的等级工资结构下，教师薪酬的增加通常取决于人职务的提升和工作年限的增加，而不是能力的提高。即使教师的能力达到了较高的水平，如果高校内部没有出现空缺的职位，他也无法获得相应的薪酬。这样，就使得教师为了薪酬的增长而对人职位晋升等方面的问题尤为关注。由此，高校未能向教师传递一种以绩效和能力为导向的组织文化，也就较难引导教师之间进行业务合作和知识共享，缺乏积极的团队绩效文化，从而削弱了高校的凝聚力和竞争力。

（四）高校教师薪酬激励机制缺少长期性

当前，国内高校通常实行"课时结构工资制"和"岗位工资制"。即基本工资、课时费和岗位津贴。这些都属于当期分配，长期激励明显不足。由于教学的成本低于科研而报酬却高于科研，导致高校教师热心于教学而不衷于科研。教师若要晋升职称，必须在过去几年内发表一定量的文章或完成相当数量的学术成果。由于信息的不对称和无法进行完全的监测，有些教师就采取了不正当的行为，导致教师的行为严重的短期化。

（五）高校教师的薪酬竞争力不强，很难体现公平与效率

目前我国大学教师的薪酬水平与他们的个人价值不够匹配。虽然近年媒体纷纷炒作"大学教授已成为有钱人了"，实际上大学教师仍属中等收入行业。历史地看，我国大学教师的薪酬收入正处于低水平阶段。现在，改革校内津贴分配的经费不是政府财政拨款，主要来源于各个高校扩大招生及各院、处创收上缴的经费，是教职员工付出辛勤工作的成果。由于分配的僵化，校内津贴很难体现效益、公平和"多劳多得"的分配原则。

（六）高校教师薪酬机制的实施，产生了一些较难处理的关系

一是教学人员与非教学人员的关系。有的教师对全局情况不甚了解，认为向教师倾斜的力度还不够。有的管理干部认为其津贴明显偏低，也有些想法。二是"双肩挑"人员与专职人员的关系。有个别高校反映"双肩挑"人员多拿或重复享受了。三是领导与群众的关系。大多数教职工认为校领导责任大、贡献大，他们既是教育管理专家又是某学科专家、带头人，在津贴分配上应该多得一些。但是也有个别人反映高校的领导津贴拿得多了，给改革工作带来一定被动。四是骨干与一般的关系。对于有贡献的高层次人才给予倾斜是共识。但拿多少钱才算是倾斜？一般人员多在一线工作，功不可没，应该如何体现？五是在职与非在职（离退休以及进修人员）的关系。在职人

员在改革中得到了实惠，而离退休人员认为学校发展到今天也有他们贡献的积累，应该共享改革成果；进修学习人员关系到队伍建设与发展，也要求享受补贴等。有些学校对此考虑还不够充分，造成意见较多。

三、完善高校薪酬激励机制的对策

薪酬激励机制是高校教师激励机制的一项重要激励机制。在现代市场经济社会，物质待遇在价值评判标准中的分量越来越重，任何人，特别是作为高层次人才的高校教师均会面临自我评价和社会价值评价问题。物质待遇的高低，是最直观的标准。学校应使教师获得的薪酬与教师科研与教学的工作绩效挂钩，加大校内津贴与工作业绩的挂钩力度。根据不同人员的业绩大小，进行相应的薪酬分配，实现"优劳优酬"，在薪酬普遍提高的基础上，拉大现行教师工资差距，重点向优秀教师倾斜，充分发挥薪酬的激励功能，充分调动广大教师的工作积极性，促进广大教师的工作数量和质量的提高。

（一）普遍提高高校教师的薪酬水平

大学教育作为高层次的人才培养教育阶段，肩负着是否能为国家培养出具有时代精神和创新能力的社会主义事业的建设者和接班人，能否为知识特别是基础知识的发展和创新提供智力支持。现有的大学教师的薪酬水平很难满足高等教育的社会要求和历史使命，更不足以吸引一流人才走入高等教育行业。因此，在前期高校分配制度改革的基础上，我们认为应该进一步提高高校教师的收入水平，使高等教育不仅成为全社会最高尚的职业，而且成为薪酬分配相对较高的行业，以便于吸引高层次人才的加盟。

（二）制定和完善岗薪结合的分配体系

1.明确职称评审制度与岗位聘任的关系全面总结多年来各地职称评审体系中的先进经验，克服其先天性和后天性的不足，使其更好地发挥"能力衡量尺度"的作用。尤其是一次评定终身受益的制度结果，即在取得职称评审的结果后就成为个人身份的表现形式，不再需要继续努力，强化现有职称水平。因此，在确定教师岗位等级时，只能将其职称水平作为岗位聘任的参考依据，而主要应当将考察的着眼点放在教师的学术成果和业绩上。

2.以岗位定薪，岗薪结合实行以岗定薪、岗薪结合的关键在于要根据学院发展需要设置岗位级别，明确岗位任务书，并与个人签订岗位任务书，按实际履行岗位职责的情况进行考核、兑现待遇，这种考核及分配方式尽管操作起来很麻烦，但更加符合人们的认知逻辑，可以充分调动高校人力资本拥有者的积极性。

3.根据教学和科研工作量积分，并根据积分数付给相应的劳动报酬学校从宏观上制定了考核指标和相应的计算办法后，各院系根据单位的收入和具体的情况折算每个积分的分值，制定出教学积分津贴、科研积分津贴等。首先是按照学校的考核指标体系进行打分，计算出单位每个教师的总积分数（包括教学积分、科研积分、管理积分等）。然后根据单位的收入情况，将可分配的份额折算出每个积分的分值。最后得出每个教师应该得到的津贴。

（三）处理好教学与科研和数量与质量的关系

1. 教师的工作数量与工作质量的统一　有些学校将学生对老师的教学评价作为教学质量评价的唯一依据，笔者认为这有许多不妥之处。培养人才是高等教育根本使命，在高校的人才培养计划中，课堂教学是十分重要的环节，绝不能被忽略。因此，首先必须扎扎实实地对教师的课堂教学效果进行全面的评价。在教学、科研津贴分配比例上，必须提高教学工作的津贴份额。在此基础上，应强调重点奖励在权威性杂志上发表的文章，提高高水平科研成果的奖励额度。

2. 鼓励教学和科研创新知识的创新本身也是教学、科研工作质量和水平的表现。鼓励教学、科研创新，鼓励科技成果向社会转化，激励广大教学科研人员的创造性和积极性，鼓励多出成果，提升学校教学科研的整体水平，必须加大教学和科研创新的奖励力度。

（四）分配要有所侧重

将岗位聘任和绩效作为分配的重要依据，使收入、分配与绩效、贡献、责任挂钩，充分发挥分配的激励作用。分配向重要岗位倾斜，向有突出贡献的学科带头人倾斜，向教学、科研骨干倾斜，真正做到按实际贡献多少、岗位责任大小、优质优酬，把想留的人留下来，让想走的人走出去，让有限的经费发挥出最大的效益。

参考文献

[1] 强国民. 新疆高校人力资源管理专业应用型人才培养优化研究：基于石河子大学毕业生调查数据 [J]. 宿州教育学院学报，2013（6）：73-75.

[2] 刘俊燕著. 新时期高校人力资源管理机制研究 [M]. 长春：吉林大学出版社，2020.07.

[3] 陈妙娜，吴婷，陈景阳著. 民办高校人力资源管理发展研究与实践 [M]. 北京：企业管理出版社，2020.05.

[4] 黄娜. 高校人力资源管理发展探索与创新 [M]. 延吉：延边大学出版社，2020.

[5] 王丽著. 新时代高校人力资源管理与开发研究 [M]. 中国原子能出版社，2019.11.

[6] 段国华著. 高校人力资源管理创新与实践 [M]. 延吉：延边大学出版社，2019.09.

[7] 杜勇1，杜军2，3，鄢波3. 任务驱动法在实践型人力资源管理教学中的应用研究 [J]. 西南农业大学学报（社会科学版），2009（6）：155-157.

[8] 任康磊. 人力资源成本管控 [M]. 北京：人民邮电出版社，2019.05.

[9] 徐曼著. 高校人事档案管理创新研究 [M]. 北京：人民体育出版社，2019.

[10] 张景亮著. 高校人力资源管理与教育研究 [M]. 北京：北京工业大学出版社，2018.12.

[11] 杨静编著. 高校人力资源管理信息化建设 基于"双一流"建设背景 [M]. 北京：科学出版社，2018.11.

[12] 周志刚，范爱玲，谷双著. 高校人力资源与教学管理研究 [M]. 北京：台海出版社，2018.05.

[13] 汪昕宇主编. 人力资源管理理论创新与实践 [M]. 北京：中央民族大学出版社，2018.05.

[14] 杨金玉著. 一带一路背景下的人力资源管理研究 [M]. 咸阳：西北农林科技大学出版社，2018.05.

[15] 唐杰著. 人力资源管理理论在高校学生管理中的应用研究 [M]. 成都：电子科技大学出版社，2018.02.

[16] 高升著. 高校人力资源管理及其创新机制研究 [M]. 哈尔滨：哈尔滨工业大学

出版社，2018.01.

[17] 徐明祥著.地方应用型本科院校人力资源管理机制研究 [M]. 昆明：云南教育出版社，2017.12.

[18] 姜丹.高校人力资源开发与管理 [M]. 长春：吉林人民出版社，2017.07.

[19] 樊文婧.我国高校人力资源管理效能提升研究 [J]. 中国管理信息化，2022（14）：143-145.

[20] 李媛著.新时期高校人力资源管理改革的理论研究 [M]. 哈尔滨：东北林业大学出版社，2017.06.

[21] 阙胜齐著.高校人力资源配置和管理研究 [M]. 武汉：中国地质大学出版社，2017.04.

[22] 李晓.创新创业背景下应用型高校人力资源管理专业实践教学体系改革研究 [J]. 小作家选刊，2018（第 1 期）：259.

[23] 殷玉玲.OBE 教育理念下人力资源管理专业应用型人才培养模式探讨 [J]. 创新创业理论研究与实践，2022（12）：119-121.

[24] 许彩霞.创新创业背景下应用型高校人力资源管理专业实践教学体系改革研究 [J]. 鸡西大学学报，2016（4）：23-26.

[25] 袁仕海.民办高校人力资源管理专业应用型人才培养模式的创新研究与实践 [J]. 当代青年（下半月），2015（12）：349-350.

[26] 皇甫峰，栗艳龄.应用型本科高校战略性人力资源管理探析 [J]. 中国管理信息化，2022（16）：127-129.

[27] 郑媛，刘毅君，杨俊逸.应用型人才培养目标下的"人力资源管理"课程教学创新研究 [J]. 大学，2022（29）：177-180.

[28] 王永.应用型高校人力资源管理专业实践教学改革分析 [J]. 空中美语，2020（4）：734.

[29] 刘艳.产教融合背景下应用型高校人力资源管理专业实践教学模式研究 [J]. 创新创业理论研究与实践，2019（17）：132-133.

[30] 李超."大众创业、万众创新"背景下应用型高校人力资源管理专业人才培养改革探索 [J]. 人才资源开发，2018（23）：46.

[31] 蔚燕舞 1，李涛 2，熊桂芳 3.高校人力资源管理专业与创新创业教育深度融合的实践教学路径研究 [J]. 中国管理信息化，2020（8）：217-218.

[32] 成娅.关于应用型高校人力资源管理课程教学改革的实践 [J]. 企业科技与发展，2019，（3）：173-174.

[33] 李超."应用型"转型下民办高校人力资源管理课程教学改革探析 [J]. 风景名胜，2018（9）：56.

[34] 吕瑞 . 应用型本科院校人力资源管理课程一体化教学改革探索与实践 [J]. 陕西教育（高教），2021（11）：30-31.

[35] 任淑婧 . 双创背景下应用型高校人力资源管理专业实践教学体系改革探索 [J]. 才智，2018（16）：10，12.

[36] 孙华 . 应用型高校人力资源管理专业政校企协同人才培养模式研究 [J]. 产业科技创新，2020（14）：83-84.

[37] 张娜 . 双创背景下应用型高校人力资源管理专业实践教学体系改革探索 [J]. 才智，2018（7）：15-16.

[38] 贺冬怡 . 创新实践教学体系培养高素质应用型人才——以人力资源管理专业为例 [J]. 岭南学术研究，2017（4）：65-68.

[39] 王静，哈静 . 新时代背景下应用型民办高校人才培养模式研究 ——以人力资源管理专业为例 [J]. 湖南科技学院学报，2019（6）：52-53.

[40] 赵玉娟 . "应用型"转型下民办高校人力资源管理课程教学改革探析 [J]. 教育，2016（6）：265.

[41] 崔丽娜 . 案例教学法在应用型普通高校人力资源管理课程教学中存在的问题及对策研究 [J]. 牡丹江教育学院学报，2015（11）：113-115.

[42] 奚昕 . 应用型普通高校人力资源管理课程教学改革研究 [J]. 滁州学院学报，2011（3）：94-97.

[43] 戴天晟 . "产学研"实践在人力资源管理专业实践中的应用 [J]. 中阿科技论坛(中英文），2023（3）.